U0515935

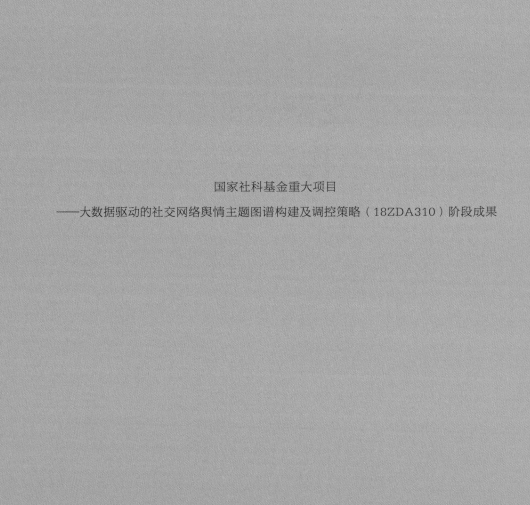

国家社科基金重大项目

——大数据驱动的社交网络舆情主题图谱构建及调控策略（18ZDA310）阶段成果

吉林大学哲学社会科学学术文库

社交网络舆情
主题图谱构建及调控策略

Social Network Public Opinion:
Theme Map Construction and Control Strategies

王晰巍◎著

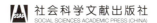

社会科学文献出版社
SOCIAL SCIENCES ACADEMIC PRESS (CHINA)

序

　　随着信息技术的快速发展，社交媒体成为人们获取信息、表达情感和交流意见的重要平台。社交网络舆情是公众在社交媒体平台上对某一事件或公共事务所表达的态度、情绪和意见的集合，是社会舆情在互联网空间的映射。受社会转型、网民信息素养不同等因素的影响，社交网络舆情具有突发性、复杂性、链式反应等典型特征，其研究和治理面临着诸多挑战。特别是人工智能、大数据等新一代信息技术的快速发展，使得网络空间中暗藏着更多的新风险。例如，近年来兴起的短视频平台，通过鼓励用户创作内容、创新网络信息交流机制，已逐渐成为信息传播和舆论热点生成的主要渠道。然而，这种快捷、高效的信息交互优势也使其成为社交网络舆情事件的"策源地"和"发酵池"，容易引发更多潜在的舆情风险。

　　到目前为止，学界虽然针对社交网络舆情已经有了一定的探讨，但对于大数据驱动思维的应用则比较缺失，有必要进一步完善社交网络舆情分析与调控的理论方法与技术手段，以契合新环境的需要。本书以大数据驱动的社交网络舆情主题图谱构建为主线，推动互联网生态治理的现代化和落实总体国家安全观中的网络安全，构建中国特色社交网络舆情大数据主题图谱及风险调控策略。这一研究具有非常重要的理论价值和实践价值。

　　本书注重理论与实践的结合、数据驱动思维与跨学科思维的运用，是一部充满创新的著作。这主要体现在以下几个方面。

　　第一，在研究视角上，成果基于信息生态理论，致力于从社交网

1

络舆情中的关键舆情人物、关键舆情事件和关键舆情传播平台入手，进行主题图谱构建和调控策略制定。成果遵循问题导向，为我国网络安全及互联网生态治理提供现代化手段和工具，为构建大数据驱动的中国特色社交网络舆情治理体系贡献智识。

第二，在研究内容方面，构建大数据驱动的社交网络舆情主题图谱和调控策略知识体系，内容丰富、深入。专著以信息生态为理论支撑，以大数据驱动的社交网络舆情人物、事件和多平台主题图谱为对象，建立起大数据驱动的社交网络舆情理论问题研究的完整体系和问题结构。在更深层的理论逻辑和现实问题导向上，为社交网络舆情调控策略提供风险识别及互联网生态治理的依据。借助对自然灾害事件、社会安全事件等典型舆情图谱的分析，优化社交网络舆情风险识别和舆情引导的技术路线，实现对舆情调控策略的全景可视化分析。

第三，在研究方法层面，注重前沿技术方法的运用和集成方法路径的探索和创新。专著以大数据驱动的知识图谱作为核心技术框架，综合应用访谈法、问卷调查、聚类分析、语义分析、文本挖掘、社会网络分析等多种定性和定量研究方法和工具，致力于推动大数据驱动下社交网络舆情智能治理路径创新。

第四，在跨学科方面，研究超越单一学科界限，在多学科综合的更大论域中展开大数据驱动的社交网络舆情主题图谱构建及调控策略研究，促进学科交叉融合。在信息资源管理学科内部，进一步促进社交网络舆情研究理论的纵深发展；在信息资源管理学科外部，以总体国家安全观中的网络安全为契机，吸收计算机学科方法和工具及新闻传播、马克思主义理论等学科的知识，推动信息资源管理学科与其他学科的对话与融合。

专著是作者及团队多年来探索和积累的成果，可更好推动社交网络舆情主题图谱及风险调控知识体系构建，更好指导政府和社交媒体平台的舆情智能治理，进一步推动国家对应急话语体系的建设。

总体来看，社交网络舆情治理具有动态变化性，是一个复杂的系统工程，本书提出的理论与方法对于相关方面难题的解决是一种有益的探索。我愿意推荐本书给本领域的学者、研究人员和研究生、本科生阅读，也希望更多不同学科领域的学者积极参与相关领域，发挥集体智慧，助力互联网生态治理和建设网络强国。

南京大学信息管理学院教授

孙建军

2025 年 1 月

前　言

2024年全国两会期间，网络生态治理成为代表委员们热议的话题。人工智能、大数据等信息技术快速发展的同时，网络中的新问题和新风险也层出不穷，社交网络舆情成为网络生态治理中的难点。本书以习近平新时代中国特色社会主义思想为指导，以大数据驱动的社交网络舆情主题图谱构建为主线，通过大数据、知识图谱和人工智能技术推动互联网生态治理的现代化和落实总体国家安全观中的网络安全，构建中国特色社交网络舆情主题图谱及风险调控策略自主知识体系。

本书基于信息生态理论，致力于从社交网络舆情中的关键舆情人物、关键舆情事件和关键舆情传播平台入手，进行主题图谱的构建和调控策略的制定。本书遵循问题导向，为我国网络安全及网络生态治理提供现代化治理手段和工具，在一定程度上促进我国互联网国家治理体系、技术和手段的完善，加快我国网络生态治理的现代化进程，为构建中国特色社交网络舆情主题图谱及风险调控策略自主知识体系贡献智识。本书的核心内容包括以下五个方面。

大数据驱动的社交网络舆情主题图谱构建理论及方法。研究内容包括：基于社交网络和主题图谱相关概念及信息生态理论，对舆情传播本质及规律、舆情演化和传播路径进行分析，提出舆情多维主题图谱构建方法。

大数据驱动的社交网络舆情用户主题图谱构建。研究内容包括：社交网络舆情用户主题图谱构建及社群发现，重点对舆情空间中网络社群的主题偏好与用户特征等进行分析；社交网络舆情用户身份图谱构建及意见领袖识别，重点针对意见领袖进行分析；社交网络舆情用户情感图谱构建及情感演化，重点围绕用户情感演化进行分析。

大数据驱动的社交网络舆情事件主题图谱构建。研究内容包括：社交网络舆情事件用户种群图谱构建与分析，主要对用户种群的组成和情感结构等进行分析；社交网络舆情事件信息群落图谱构建与分析，重点针对信息传播主体的参与时间、影响力、发布内容等进行分析；社交网络舆情事件时空演化图谱构建与分析，主要对舆情事件的时空分布格局与时空网络模式进行分析。

大数据驱动的社交网络舆情多平台主题图谱构建。研究内容包括：针对微博、哔哩哔哩和抖音三个具有代表性的社交网络平台，构建用户角色图谱，对多平台用户角色、用户功能等进行分析；构建群落信息图谱，对多平台群落语义内容、情感表达及主题演化进行分析；构建时空特征图谱，对多平台时空网络结构、时空社团、时空聚集特征进行分析。

大数据驱动的社交网络舆情调控策略。研究内容包括：基于信息生态理论对社交网络舆情生态性进行评价，并重点结合微博这一典型社交媒体平台进行生态治理效果分析；构建社交网络舆情多平台风险识别模型和社交网络谣言甄别模型，在此基础上提出社交网络舆情引导策略。

本书部分内容源于笔者承担的国家社科基金重大项目"大数据驱动的社交网络舆情主题图谱构建及调控策略研究"（项目编号：18ZDA310）的阶段性研究成果，部分内容来自笔者指导的张柳、贾若男、李玥琪博士撰写的学位论文。基于信息生态理论构建大数据驱动的社交网络舆情主题图谱是本书主要特色。在理论层面，研究成果可更好地推动中国特色社交网络舆情主题图谱及风险调控策略自主知识体系的构建；在实践层面，基于知识图谱实现社交网络舆情的全景可视化分析，并建立基于大数据的社交网络舆情风险识别和舆情调控机制，为相关政府部门及产业界开发舆情监管平台提供参考。

研究团队后续还将从以下几个方面进行改进并拓宽研究领域，以更好地呈现大数据时代背景下的舆情监管的新技术、新特点、新方法，也希望广大读者在阅读过程中提出宝贵的意见和建议。

第一，平台范围和事件类型的扩展。在后续的研究中，将关注多种社交网络平台舆情的对比分析，如代表性短视频平台抖音、即时通信平台微信等，以期为国家舆情生态治理体系的完善提供更有意义的参考。同时，扩大对不同类型事件的研究，在以后的研究中将考虑不同类型的事件，如公共卫生事件和自然灾害事件等，并在此过程中尝试将本书的研究方法进行改进和完善，以丰富研究结论，并增强研究结果的代表性和普适性，拓宽其适用范围。

第二，对事件关系的深入探究。在今后的研究中，充分发挥知识图谱的知识组织与推理能力，借助舆情事件不同要素主题图谱中的实体和关系进行联合学习与推理，以刻画事件之间的逻辑语义关系，对社交网络舆情事件的关系与演变机理进行更加深入的探究和解析。同时，将进一步创新方法，优化舆情数据爬虫技术，爬取跨平台信息交互的关系和数据，同时发挥知识图谱、多模态融合等技术方法在知识组织、关系推理、类别判断中的优势，通过对社交网络舆情跨平台主题图谱的构建，对跨平台舆情传播的语义关系和逻辑联系进行学习和推理，实现对社交网络舆情多平台关系的深入挖掘。

第三，建立社交网络舆情事件知识库和社交网络舆情多平台风险知识库。一方面，将舆情事件的主题图谱数据进行集成，构建社交网络舆情事件知识库。对社交网络舆情事件中的多源数据、多维度要素进行归类和链接，方便舆情知识的挖掘、推理与查询，以及新型关系的发展等，减少舆情分析与治理过程中的重复劳动，提升舆情生态治理效率。另一方面，将基于事件知识库进一步构建社交网络舆情多平台风险知识库。可以通过海量数据的归纳、推理和演绎更细致地对新案例的社交网络舆情多平台传播的走势进行刻画，以动态及时地对社交网络舆情多平台传播的风险进行预警，并基于传统的舆情演化案例为相关部门应急对策的提出和应急力量的分配提供参考。

目　录

第三篇　对策篇

绪　论

一　大数据驱动的社交网络舆情研究的时代背景

习近平总书记多次讲到加强互联网建设的问题，提出建设"网络强国"，"推动互联网、大数据、人工智能和实体经济深度融合"。党的十九大报告指出，要"加强互联网内容建设，建立网络综合治理体系，营造清朗的网络空间"，还将"坚持总体国家安全观"纳入新时代坚持和发展中国特色社会主义的基本方略。坚持总体国家安全观，是应对我国国家安全环境新变化、新发展的必然要求。我们必须科学认识网络传播规律，提高用网治网水平，使互联网这个最大变量变成事业发展的最大增量。

（一）社交媒体中的网络舆情引发社会的广泛关注

近年来，随着社交媒体的广泛应用，QQ、微博、微信、抖音等社交网络平台成为网民发表意见和表达情绪的重要途径。随着5G时代的到来，互联网普及率和网民数量迅速增长，社交网络应用产品形态不断创新和优化。随着图片社交、声音社交和视频社交等多儿社交应用的出现，网民规模持续扩大。与此同时，一段不起眼的网络视频，一篇表示质疑的文章，一个未经证实的传言，都足以掀起一场舆论风暴，甚至带来严重的社会问题。加强对社交网络舆情传播的监控和管理成为学界和政府监管部门关注的新问题。我国社交网络平台发展态势良好，具有多元化、矩阵化、纵深化特点，为公众信息获取、信息互动、情感宣泄和观点碰撞提供了多种选择，使得社交网络讨论空间进一步扩大。多平台联动的社交网络成为舆论场传播的新内核和舆情产生、发酵、演变的新型阵地。

（二）社交媒体中的网络舆情对网络生态产生重要影响

相较于传统舆情的生态环境，网络舆情信息生态具有用户身份多样、舆情结构复杂、传播半径广、影响深远等诸多特点。网络舆情信息生态中的信息生产、信息组织以及信息消费等信息行为，也与传统舆情生态环境有着显著的区别。以图片、视频为主要形式的信息生产方式成为当下的主流，信息组织呈现出显著的社群化特征，舆情用户的信息消费习惯也呈现出显著的碎片化特征。与此同时，网络舆情信息生态的引导策略尚不健全，如何通过制定与完善相关的引导策略，保障信息生产的多样性，对信息组织形成有效的监管与疏导，不断优化信息消费体验，是当下迫切需要解决的生态性问题。只有从理论层面上准确解决上述问题，监管部门才能遵循信息生态系统的客观运行规律，根据新时代网络舆情的特点开展舆情管理工作，保障网络舆情信息生态的良性发展。党的二十大报告强调要完善国家风险监测预警体系，构建全域联动、立体高效的国家安全防护体系，维护意识形态安全，加强全媒体传播体系建设，推动形成良好网络生态。网络舆情的风险监测及识别是我国防范重大安全风险行动中的关键一环，是健全国家安全体系的重要组成部分，也是总体国家安全观下维护我国网络空间安全及意识形态安全的客观需要。推进完善风险应急响应处置流程和机制，强化重大问题研判和风险预警，切实有效防范各类风险叠加可能引发的社会稳定问题成为亟待达成的目标。

（三）大数据驱动的社交网络舆情主题图谱为网络生态建设提供现代化手段

随着社交网络平台的多元化、矩阵化、纵深化发展，以及网络舆情的多平台并发式扩散和传播，社交网络舆情的传播演化路径更加复杂。网络舆情传播的参与主体更加多元、舆情传播平台复杂多样、舆情信息表达形式和种类多源异构，使得网络舆情的管理难度进一步加大，网络舆情风险发生的可能性进一步加大。寻找科学且智能的网络舆情多平台分析方法，解读网络舆情多平台传播的机理和特征规律是当前舆情研究的现实需求。知识图谱作为一种揭示实体和实体之间关系的有向图结构知识库，在语义网的基础上更加注重实体或概念之间的结构化表达，能够通过可视化图形来表现实体或概念间的关联，更加有利于对研究对象及研究对象间的关系进行有效的抽象、归纳、推理和互联，十分适用于网络舆情多平台的知识组织、表示及隐含关系发现。因此网络舆情知识图谱研究成为当前舆情研究的现实需求和科学指向。

在大量社交媒体信息交互和传播过程中，舆情监管部门如何快速找到舆情事件传播中的关键人物并针对舆情事件进行引导，以保证舆情传播朝着健康的方向发展？如何快速阻止社交媒体中谣言和欺诈信息以及低俗、有害影像的传播？如何构建健康发展的互联网生态环境从而引导社交网络舆情健康发展？根据现阶段我国社交媒体信息传播的现实情境，进行社交网络舆情主题图谱构建及调控策略研究是解决上述问题的切入点。

二　研究价值和意义

（一）独到的学术价值

1. 从信息生态理论视角搭建大数据驱动的社交网络舆情主题图谱

从"信息人、信息、信息技术和信息环境"和谐发展的信息生态视角，利用信息生态理论中的"信息生态要素、信息生态链、信息生态系统"的核心思想类比社交网络舆情主题图谱构建中的"舆情节点、舆情信息链和舆情信息网"，从信息人维度构建大数据驱动

3

的社交网络舆情用户主题图谱，从信息维度构建大数据驱动的社交网络舆情事件主题图谱，从信息环境维度构建大数据驱动的社交网络舆情多平台主题图谱，并从信息技术维度采用大数据等相关工具为社交网络舆情主题图谱提供技术支撑，从而通过主题图谱的构建，识别社交网络舆情风险，指导舆情调控策略制定。

2. 以实现互联网生态治理为目标制定社交网络舆情调控策略

以社交网络舆情内容为核心，以社交媒体用户价值为导向，采用大数据分析、情感语料分析、涉敏语料分析、问卷调查等多种研究方法，构建社交网络舆情生态性评价指标体系，基于已有研究对我国社交网络舆情生态性进行客观评价；运用大数据驱动的社交网络舆情主题图谱，对社交网络舆情的风险进行可视化识别，并对网络谣言进行甄别；构建"政府、网民、网站"多利益主体共同参与、相互协作、上下联动的舆情管控机制，通过社交网络舆情传播主体、政府引导能力、网民互动等多种途径，实现互联网生态治理。

（二）研究的应用价值

1. 基于知识图谱实现社交网络舆情的可视化分析

基于构建的社交网络舆情主题图谱，呈现社交网络舆情传播中人物、事件、社交媒体的全景画像，对热点事件的实体关系进行层级展开和关系挖掘等不同层面的图谱多级扩展与聚焦，实现实体节点之间的关系查询与分析，从而为相关政府部门进行社交网络舆情多角度全方位监管、快速定位案件性质等提供决策支持。

2. 建立基于大数据分析平台的社交网络舆情风险识别和管控机制

利用知识图谱可视化分析平台，呈现我国三个代表性社交媒体中的热点事件舆情传播规律和情感倾向，从传播、媒介、热点、人物、情感、话题、观点等方面对负面舆情事件进行风险识别，并利用敏感词词库对涉敏舆情进行意识形态的监管及引导，构建社交网络舆情传播的舆情管控机制和引导策略。

（三）研究的社会意义

1. 建设网络强国是新时代赋予我们的历史使命

我国互联网生态的治理和舆情的管控需要由满足时代发展需求的现代化治理工具和平台提供相应的支撑。构建大数据驱动的社交网络舆情大数据集，聚焦社交网络舆情传播中的热点问题与舆情事件，揭示社交网络舆情传播的新特点和新规律，有助于促进国家网络治理水平的现代化，更好地构建新时代背景下国家互联网生态治理体系。

2. 构建基于社交媒体数据源的知识图谱可视化分析平台

本课题与全球领先的大数据和人工智能企业中译语通公司进行合作，在该公司现有全球大数据分析平台和基于新闻数据源的Jove-Mind知识图谱工具的基础上，结合课题在大数据驱动的社交网络舆情主题图谱理论与方法、社交网络舆情用户主题图谱、社交网络舆情事件主题图谱、社交网络舆情多平台主题图谱方面的应用研究，开展高校与企业之间的合作，发挥各自的优势，从而为我国提供更好的社交网络舆情大数据分析和监管平台，为国家互联网生态治理和网络强国建设提供现代化治理工具。

三　社交网络舆情知识图谱发展动态及趋势

（一）社交网络舆情研究现状

1. 外文文献中社交网络舆情研究现状

（1）社交网络舆情用户研究

社交网络舆情用户研究主要分为三个方面，即用户行为研究、意见领袖识别及情感分析。在用户行为研究方面，Moreno 等[1]通过在线

---

[1] Moreno Á, Fuentes-Lara C, Navarro C. COVID-19 Communication Management in Spain: Exploring the Effect of Information-Seeking Behavior and Message Reception in Public's Evaluation [J]. Profesional de la Informacion, 2020, 29 (4): e290402.

调查，探索新冠疫情期间公众信息寻求行为和信息接收效果；Zhao 等[①]针对老年人对在线社区的信息需求进行主题分析，结果发现老年人的信息需求主要包括新闻、情感、知识等方面；Mahmoudi 等[②]基于时间模型对社交网络中有影响力的用户进行识别；Xie 等[③]利用分层逻辑回归模型探究社交媒体用户的在线信息传播行为和影响因素。在社交网络舆情传播过程中，确定有影响力的个人是一个重要的研究领域。典型的意见领袖识别方法多基于网络拓扑，如中心性、中介中心性、接近中心性、K-Shell 中心性等[④]。随着研究的发展，学者们提出了许多改进的方法，如 PageRank[⑤]、LeaderRank[⑥]、改进的混合排名算法[⑦]等。也有基于动态网络和网络社区的意见领袖识别算法，它们主要通过节点或边的删除与添加[⑧]或基于社区的动态加权和算法[⑨]，以及重叠网络社区检测与分析[⑩]等，对意见领袖进行识别。

社交网络包含众多交流信息与多模态情感资源。对网络舆情事

①　Zhao D, Zhang Q, Ma F. What is Discussed about Eldercare? A Netnography Study on a Chinese Online Community for Older Adults [J]. The Electronic Library, 2020, 38 (2)：239-255.

②　Mahmoudi A, Yaakub M R, Bakar A A. New Time-Based Model to Identify the Influential Users in Online Social Networks [J]. Data Technologies and Applications, 2018, 52 (2)：278-290.

③　Xie Y, Qiao R, Shao G, et al. Research on Chinese Social Media Users' Communication Behaviors during Public Emergency Events [J]. Telematics & Informatics, 2017, 34 (03)：740-754.

④　Chen G, Zhou S, Liu J, et al. Influential Node Detection of Social Networks based on Network Invulnerability [J]. Physics Letters A, 2020, 384 (34)：126879.

⑤　Lv L, Zhang K, Zhang T, et al. PageRank Centrality for Temporal Networks [J]. Physics Letters A, 2019, 383 (12)：1215-1222.

⑥　Xu S, Wang P. Identifying Important Nodes by Adaptive LeaderRank [J]. Physica A：Statistical Mechanics and Its Applications, 2017, 469 (1)：654-664.

⑦　Bhat N, Aggarwal N, Kumar S. Identification of Influential Spreaders in Social Networks using Improved Hybrid Rank Method [J]. Procedia Computer Science, 2020, 171：662-671.

⑧　Boudebza S, Cazabet R, Azouaou F, and Nouali O. OLCPM：An Online Framework for Detecting Overlapping Communities in Dynamic Social Networks [J]. Computer Communications, 2018, 123：36-51.

⑨　Ahmad A, Ahmad T, Bhatt A. HWMSCB：A Community-Based Hybrid Approach for Identifying Influential Nodes in the Social Network [J]. Physica A：Statistical Mechanics and its Applications, 2019, 545 (1)：123590.

⑩　Zhao Z, Chao L, Zhang X, et al. An Incremental Method to Detect Communities in Dynamic Evolving Social Networks [J]. Knowledge-Based Systems, 2019, 163 (JAN.1)：404-415.

件中用户的情感进行分析，一般称为意见挖掘、情感计算或用户情感分析①。用户情感分析旨在通过对用户发表想法的媒介进行分析，揭示用户所表达的不同情感。在文本情感分析领域，从文本标注方式到分类预测模型都已经建立了完善的框架系统②。Huang 等③通过构建深度多模态注意融合（Deep Multimodal Attentive Fusion，DMAF）模型，You 等④基于跨模态一致性回归（Cross-Modality Consistent Regression，CCR）模型，对多模态情感分析展开深入探索。Ragini⑤ 通过情感分析提出了一种大数据驱动的灾难响应方法。Vizcarra 等⑥则构建了一种基于知识的社交网络情感分析方法，实现了知识图、相似性度量、医论算法和消歧过程，并将获得的结果与从 Twitter 和亚马逊的用户评论中检索的数据进行了比较分析，从而对社交网络舆情用户开展深入分析。

（2）社交网络舆情的分析方法与技术创新研究

学者开始对已有的研究成果或存在的研究局限进行创新和改善，以达到更高的准确率和更好的分析效果。Wang 等⑦在已有话题检测研究的基础上，根据舆情的多维度、多层次和多重属性等特征，结合社会心理学和系统科学构建网络舆情拓扑多维网络模型，设计了多

---

① Picard R W. Affective Computing ［M］. Cambridge：MIT Press，2000.

② 孔婧媛，滕广青，王思茗，等. 舆情当事人回应对网民情感的影响研究 ［J］. 图书情报工作，2020，64（18）：89-96.

③ Huang F R，Zhang X M，Zhao Z H，et al. Image-Text Sentiment Analysis via Deep Multimodal Attentive Fusion ［J］. Knowledge Based Systems，2019，167：26-37.

④ You Q Z，Luo J B，Jin H L，et al. Cross-Modality Consistent Regression for Joint Visual-Textual Sentiment Analysis of Social Multimedia ［C］//Proceedings of the 9th ACM International Conference on Web Search and Data Mining. 2016，13-22.

⑤ Ragini J R，Anand P M R，Bhaskar V. Big Data Analytics for Disaster Response and Recovery through Sentiment Analysis ［J］. International Journal of Information Management，2018，42（10）：13-24.

⑥ Vizcarra J，Kozaki K，Ruiz M T，et al. Knowledge-Based Sentiment Analysis and Visualization on Social Networks ［J］. New Generation Computing，2020.

⑦ Wang G，Chi Y，Liu Y，et al. Studies on a Multidimensional Public Opinion Network Model and Its Topic Detection Algorithm ［J］. Information Processing & Management，2019，56（3）：584-608.

维舆情话题检测的算法，并通过实证研究进行了 70% 的有效性检测。Li 等[1]在定义用户影响力、话题流行度和话题兴趣度的基础上，结合意见融合 HK 模型和传染病 SEIR 模型提出了一种新的舆情演化 HK-SEIR 模型，对舆情用户在兴趣和置信度阈值下的交互行为进行了分析。为解决以往研究中无法对舆情用户情感进行实时评估的缺陷，Barachi 等[2]开发了一个包括复杂双向长短期记忆模型的情感分类器，与已有情感分类算法和技术相比，其准确率得到了明显的提高。Gong 等[3]在社会网络分析和结构洞研究的基础上，提出了一种新的基于结构洞的社交网络舆情控制方法（SHCPO），通过改进的 Friedkin-Johnsen（FJ）模型探究和分析舆情演变趋势，与传统引导消极意见向积极意见转变的方法相比，效率平均提高了 10%。

（3）社交网络舆情演化传播建模研究

以数学、传播学、生物学、复杂网络以及系统动力学等理论和模型为基础，结合社交网络舆情的相关特征进行建模仿真，对舆情演化和传播过程进行模拟或预测。典型的模型和理论包括基于传染病 SI 模型的 SIR 模型、SIS 模型、SIRS 模型等解释舆情信息传播过程的解释模型，以及独立级联模型（ICM）和线性阈值模型（LTM）等预测未来舆情信息传播演化的预测模型[4]，还有博弈论[5]、

---

[1] Li Q, Du Y J, Li Z Y, et al. HK-SEIR Model of Public Opinion Evolution Based on Communication Factors [J]. Engineering Applications of Artificial Intelligence, 2021, 100 (2): 104192.

[2] Barachi M E, Alkhatib M, Mathew S, et al. A Novel Sentiment Analysis Framework for Monitoring the Evolving Public Opinion in Real-Time: Case Study on Climate Change [J]. Journal of Cleaner Production, 2021, (5): 127820.

[3] Gong C, Du Y, Li X, et al. Structural Hole-Based Approach to Control Public Opinion in a Social Network [J]. Engineering Applications of Artificial Intelligence, 2020, 93: 103690.

[4] Camacho D, Panizo-Lledot N, Bello-Orgaz G, et al. The Four Dimensions of Social Network Analysis: An Overview of Research Methods, Applications, and Software Tools [J]. Information Fusion, 2020, 63: 88-120.

[5] Fengming L and Mingcai L. A Game Theory-Based Network Rumor Spreading Model: Based on Game Experiments [J]. International Journal of Machine Learning and Cybernetics, 2019, 10 (6): 1449-1457.

复杂网络[1]等。Yin 等[2]结合社交网络舆情信息转发量、意见同质性和异质性指数构建的意见延迟转发免疫模型（OD-SFI），模拟用户意见对舆情传播效率的影响，并结合实际数据对模型进行了拟合和敏感性分析。Wang 等[3]基于演化博弈理论，通过识别舆情事件中涉及的利益相关者构建三方演化博弈模型，探究利益相关者在舆情演化传播过程中的策略均衡条件，并通过模拟实验提出舆情传播管理和关键干预点相关的策略。Lian 等[4]依据自然灾害事件发生后公众在社交网络中发布的内容，基于无标度网络构建舆情信息传播的仿真模型，通过虚拟实验评估灾难后舆情信息的传播方式和模式。

（4）特殊话题的社交网络舆情研究

除了上述研究外，国外学者还较多关注政治选举话题、移民话题、种族主义话题以及核相关话题等方面的社交网络舆情。Ertan 等[5]根据"回声室效应"和"羊群行为"效应，对网民关于公民移民行为的身份认定政策的网络空间中的对话及辩论现象进行解读等。以政治话题为主要研究对象，开发了一种基于网络的框架——认知政治网络（CPNs），对政治话题舆情中的两极分化现象进行衡量，并使用 2018 年土耳其大选后的舆情数据进行实证分析。Heizler 和 Israeli[6]针

① Li R, Cao Y, and Liu Z. Analysis of Information Dissemination and Public Opinion Based on Complex Network [J]. Advances in Applied Mathematics, 2020, 9（1）：86-93.

② Yin F, Zhu X, Shao X, et al. Modeling and Quantifying the Influence of Opinion Involving Opinion Leaders on Delayed Information Propagation Dynamics [J]. Applied Mathematics Letters, 2021, 121：107356.

③ Wang J, Wang X, Fu L. Evolutionary Game Model of Public Opinion Information Propagation in Online Social Networks [J]. IEEE Access, 2020, 8：127732-127747.

④ Lian Y, Liu Y, Dong X. Strategies for Controlling False Online Information during Natural Disasters：The Case of Typhoon Mangkhut in China [J]. Technology in Society, 2020, 62（1）：101265.

⑤ Ertan G, Çarkoğlu A, Aytaç S E. Cognitive Political Networks：A Structural Approach to Measure Political Polarization in Multiparty Systems [J]. Social Networks, 2022, 68：118-126.

⑥ Heizler O, Israeli O. The Identifiable Victim Effect and Public Opinion toward Immigration：A Natural Experiment Study [J]. Journal of Behavioral and Experimental Economics, 2021, 93：101713.

对欧洲的移民潮，基于可识别受害者理论，研究了移民事件对公众情绪变化的影响，以及影响的时间模式和持续时间。Mickelson 等[①]基于政策反馈理论，研究了美国五个地区的公众舆论与废除种族隔离政策之间的关系，为公共政策的制定和实施提供了相关建议。Kim 等[②]使用综合的国家舆情数据，通过逻辑回归分析了公众的受教育程度、政治意识形态、知识增益等要素对核能舆论变化的影响，为世界各地的核能政策制定者解决核能政治分化问题提供了更深入的见解。

2. 中文文献中社交网络舆情研究现状

（1）社交网络舆情用户分析研究

国内社交网络舆情用户分析研究主要是对用户舆情参与行为及用户情感态度的研究。用户舆情参与行为研究多从用户发表的内容的主题切入[③]，从主题与行为的关联演化的视角出发，分析用户参与社交网络舆情的全过程[④]；也有对用户参与社交网络舆情承担的用户角色和用户群体特征的研究[⑤][⑥]。用户情感态度研究关注用户针对社交网络舆情展现的情感分类及情感演化[⑦]。情感分类是情感分析的基础和依据[⑧]，相关研究多采用情感词典计算及机器学习的方法对用户

① Mickelson R A, Quiñones M, Smith S S, et al. Public Opinion, Race, and Levels of Desegregation in Five Southern School Districts [J]. Social Science Research, 2021, 93: 102477.

② Kim P, Kim J, Yim M S. How Deliberation Changes Public Opinions on Nuclear Energy: South Korea's Deliberation on Closing Nuclear Reactors [J]. Applied Energy, 2020, 270: 115094.

③ 安璐, 梁艳平. 突发公共卫生事件微博话题与用户行为选择研究 [J]. 数据分析与知识发现, 2019, 3 (4): 33-41.

④ 成俊会, 李梅. 全过程视角下基于扎根理论的微博舆情传播行为参与机制研究 [J]. 情报杂志, 2020, 39 (7): 114-118.

⑤ 陈苗苗, 安璐. 突发传染病情境下社会化问答平台用户角色形成及转变——以知乎平台为例 [J]. 图书情报工作, 2022, 66 (12): 68-81.

⑥ 王帅, 纪雪梅. 基于在线健康社区用户画像的情感表达特征研究 [J]. 情报理论与实践, 2022, 45 (6): 179-187.

⑦ 赵晨阳, 张鹏, 王娟, 等. 共生视角下网络舆情中公众情感的演化及趋势预测 [J]. 情报理论与实践, 2022, 45 (7): 148-157.

⑧ 范涛, 王昊, 林克柔, 等. 基于视觉的网络舆情事件中网民情感分析研究 [J]. 情报资料工作, 2022, 43 (4): 83-91.

情感进行分类。典型的情感分类算法包括朴素贝叶斯模型①、长短期记忆模型②、卷积神经网络③、循环神经网络④等。情感演化是通过分析带有情感色彩的主观性信息，并基于情感态度和观点分析情感在时间和空间上的演化规律⑤。

（2）社交网络舆情演化传播建模研究

社交网络舆情演化传播建模是掌握舆情演化规律、传播特点和演化路径的重要手段和途径，国内学者对社交网络舆情演化传播建模的研究主要是基于传播学、心理学、数学以及系统动力学等相关理论和模型，构建社交网络舆情演化传播模型，并通过仿真实验对模型进行验证。例如，基于冲突分析图模型理论构建网民、意见领袖、媒体以及政府机构四极舆情博弈模型，并借助冲突分析决策系统对模型进行稳定性和均衡分析⑥；构建包括舆情事件、网民和媒体三个子系统的网络舆情应对仿真模型，结合具体案例对舆情传播的动态机制进行探究⑦；将心理学研究成果中的反从众心理引入网络舆情演化模型，构建考虑反从众心理因素的网络舆情演化模型，量化心理因素对舆情演化与传播的影响⑧；在 SIR 模型的基础上引入情绪感染埋

①　余传明，原赛，王峰，等. 大数据环境下文本情感分析算法的规模适配研究：以 Twitter 为数据源 [J]. 图书情报工作，2019，63（4）：101-111.

②　吴鹏，李婷，仝冲，等. 基于 OCC 模型和 LSTM 模型的财经微博文本情感分类研究 [J]. 情报学报，2020，39（1）：81-89.

③　蔡庆平，马海群. 基于 Word2Vec 和 CNN 的产品评论细粒度情感分析模型 [J]. 图书情报工作，2020，64（6）：49-58.

④　邱尔丽，何鸿魏，易成岐，等. 基于字符级 CNN 技术的公共政策网民支持度研究 [J]. 数据分析与知识发现，2020，4（7）：28-37.

⑤　王晰巍，刘宇桐，李玥琪. 突发公共卫生事件中公民隐私泄露舆情的情感演化图谱研究 [J]. 情报理论与实践，2022，45（3）：19-27；曾子明，孙晶晶. 基于用户注意力的突发公共卫生事件舆情情感演化研究——以新冠肺炎疫情为例 [J]. 情报科学，2021，39（9）：11-17.

⑥　李燕丽，方凡舒. 基于 GMCR 的网络舆情四极博弈研究 [J]. 情报杂志，2020，39（7）：101-107+133.

⑦　祁凯，韦晓玉，郑瑞. 基于系统动力学模型的政务短视频网络舆情动力演化分析 [J]. 情报理论与实践，2021，44（3）：115-121，130.

⑧　刘泉，贾媚媚，马晓普，贾茹，张新刚. 考虑反从众心理因素的微博网络舆情演化模型 [J]. 情报科学，2020，38（11）：16-20.

论，构建包含情感倾向传播状态和用户强弱关系的社交网络舆情传播模型，通过仿真实验验证模型的有效性①。

（3）社交网络舆情研判与预警研究

社交网络舆情研判与预警是对社交网络中传播的舆情信息进行价值和趋向判定的过程，能够对舆情进行全面的监控，并预判和预警舆情风险，属于舆情管理的研究范畴②。国内的相关研究主要围绕舆情研判与预警的模型构建、分析方法和指标体系等方面展开。舆情研判与预警模型的构建主要以数学模型、传播学模型和知识图谱等为基础，如基于直觉模糊 Choquet 积分构建包含舆情预警指标交互性和决策者风险偏好的网络舆情预警模型，对舆情风险等级进行研判和预警③；构建基于 SIRS 的舆情传播动态演化模型，探究不同演化状态下的阈值特征和舆情预警充分条件④；针对多来源舆情信息，构建 CLOpin 跨语言舆情分析与预警知识图谱架构，实现跨语言的舆情研判与预警⑤。

（4）社交网络舆情引导与治理策略研究

有效进行社交网络舆情引导与治理是国家治理体系和治理能力现代化建设中重要的和亟待解决的问题。国内舆情引导与治理策略的研究主要围绕策略建模以及策略转型与创新两个方面展开。策略建模主要是针对舆情引导与治理策略中涉及的主体或维度进行建模，发现存在的问题及成因，以及提出平衡策略。舆情引导与治理策略的转型与创新研究多关注新时代、新技术和新媒体背景下，已有策略存在的问

---

① 魏静，丁乐蓉，朱恒民，洪小娟，林萍. 基于情感和亲密度的社交网络舆情传播模型研究 [J]. 情报科学，2021，39（4）：37-46.

② 张思龙，王兰成，娄国哲. 基于情报感知的网络舆情研判与预警系统研究 [J]. 情报理论与实践，2020，43（12）：149-155.

③ 林玲，陈福集，谢加良，李凤. 考虑风险偏好的网络舆情预警模型——基于直觉模糊和 Choquet 积分 [J]. 情报杂志，2021，40（10）：52-58.

④ 万立军，郭爽，侯日冉. 基于 SIRS 模型的微博社区舆情传播与预警研究 [J]. 情报科学，2021，39（2）：137-145.

⑤ 梁野，李小元，许航，胡伊然. CLOpin：一种面向舆情分析与预警领域的跨语言知识图谱架构 [J]. 数据分析与知识发现，2020，4（6）：1-14.

题进而提出相关改进建议。黄苏芬等①列举自媒体时代舆情信息传播机制、传播范围、传播内容等方面的变化和存在的问题,从舆情应对体系、实时监控与处理、动态变化跟踪机制、舆情引导联动机制和意见领袖培养等方面对舆情管控与引导机制的创新提出了对策和建议。张新平和金梦涵②对人工智能时代技术流变为舆情引导与治理带来的困境进行抽象分析,将舆情引导与治理视作有机整体,从新技术应用、技术赋权、虚拟与现实空间等角度提出舆情治理的转型与创新举措。

(二)舆情知识图谱研究现状

1. 外文文献中网络舆情知识图谱的应用

(1) 网络舆情知识图谱的应用

通过知识图谱的结构化知识组织方法、隐含关系发现、社区检测及知识查询等功能对社交媒体平台中的信息内容进行知识组织、语义关联以及自动化审查和分类,从而实现对社交媒体中的社交网络关系、信息传播规律、行为轨迹、事务对象间交互机理的审查。例如,使用知识图谱的图论分析方法破解社交网络中上下文信息关联研究瓶颈,实现多层社交网络的知识图谱模型表示,并采取不同领域实例进行展示③;利用知识图谱可视化、轨迹可视化、确诊患者数据和地图分布可视化等多视角协同交互方法深入分析公共卫生事件中患者信息的行为轨迹,对病情传播和舆情传播的交互机理进行审查和分析④;基于知识图谱的图算法、知识管理、语义分析和关联关系

① 黄苏芬,司雯,穆亭钰.自媒体时代高校网络舆情管控与引导机制创新研究 [J]. 情报科学,2021,39(4):62-67+91.
② 张新平,金梦涵.人工智能时代舆情治理的转型与创新 [J]. 情报杂志,2021,40(10):66-73+165.
③ Dörpinghaus J, Klante S, Christian M, et al. From Social Networks to Knowledge Graphs: A Plea for Interdisciplinary Approaches [J]. Social Sciences & Humanities Open, 2022, 6(1): 100337.
④ Wu J. Construct a Knowledge Graph for China Coronavirus (COVID-19) Patient Information Tracking [J]. Risk Management and Healthcare Policy, 2021: 4321-4337.

发现技术，构建虚假信息自动化检测系统，以检测互联网上与健康相关的虚假新闻[①②]；基于知识图谱理论，通过对文本分析和用户资料的知识组织实现 Twitter 平台的仇恨言论分类[③]；基于知识图谱提出社交网络数据抽样框架，深入挖掘社交网络信息内容提供用户的社区空间位置、偏好信息及语义知识以完善用户推荐算法[④]。

（2）网络舆情主题图谱的构建

网络舆情主题图谱是以知识图谱为基础，结合领域主题进行领域内知识的组织和表示，通过知识图谱的算法挖掘领域知识的潜在语义关系和特征规律，重点关注舆情信息内容主题图谱和事件主题图谱构建[⑤]。有学者使用主题挖掘及识别模型对社交媒体平台中的主题进行分类，构建以主题类别和用户关联关系为核心的舆情主题图谱[⑥]，通过主题图谱检测重叠语义社区及其有影响力的成员等[⑦]。以事件为中心的舆情知识图谱研究主要是对网络舆情进行事件知识图谱建模、事件提取和检测等。有学者基于新闻文章，构建以事件为中

① Lara-Navarra P, Falciani H, Sánchez-Pérez E A, et al. Information Management in Healthcare and Environment: Towards an Automatic System for Fake News Detection [J]. International Journal of Environmental Research and Public Health, 2020, 17 (3): 1066.

② Liu J, Wang C, Li C, et al. DTN: Deep Triple Network for Topic Specific Fake News Detection [J]. Journal of Web Semantics, 2021, 70: 100646.

③ Del Valle-Cano G, Quijano-Sánchez L, Liberatore F, et al. Social Hater BERT: A Dichotomous Approach for Automatically Detecting Hate Speech on Twitter through Textual Analysis and User Profiles [J]. Expert Systems with Applications, 2023, 216: 119446.

④ Wang Y, Zhu L, Ma J, et al. Knowledge Graph-Based Spatial-Aware User Community Preference Query Algorithm for Lbsns [J]. Big Data Research, 2021, 23: 100169; Arafeh M, Ceravolo P, Mourad A, et al. Ontology based Recommender System Using Social Network Data [J]. Future Generation Computer Systems, 2021, 115: 769-779.

⑤ Chen X, Xie H, Li Z, et al. Topic Analysis and Development in Knowledge Graph Research: A Bibliometric Review on Three Decades [J]. Neurocomputing, 2021, 461: 497-515.

⑥ Koukaras P, Tjortjis C, Rousidis D. Mining Association Rules from COVID-19 Related Twitter Data to Discover Word Patterns, Topics and Inferences [J]. Information Systems, 2022, 109: 102054.

⑦ Horta V A C, Ströele V, Oliveira J, et al. Detecting Topic-Based Communities in Social Networks: A Study in a Real Software Development Network [J]. Journal of Web Semantics, 2022, 74: 100739.

心的知识图谱，增强用户对事件情节的解读①；也有学者基于独立分量分析的知识图谱模型对舆情事件进行分解以及对舆情事件的时间的关系进行表示，从而用于自动构建社交网络舆情事件知识图谱系统②；还有学者制作舆情事件知识的主题标签，利用文本语义特征与事件内在关联性实现事件监测，提升事件监测的精度③。

2. 中文文献中舆情知识图谱研究现状

（1）网络舆情知识图谱构建的理论分析

网络舆情知识图谱的理论分析是指以知识图谱构建为目标，挖掘并确定网络舆情知识图谱研究范畴、构建流程、构建原则及构建结果以确定网络舆情知识图谱的具体构建方法、知识表示理论的研究④。首先界定知识图谱的概念范畴，明确知识图谱是一种信息可视化方法，与知识地图之间有交叉但并不完全等同，用于对知识结构特征的揭示，并进一步提出网络舆情知识图谱的定义⑤；其次对知识图谱构建过程中的知识抽取、本体构建、知识表示、知识推理和知识融合等关键技术进行总结，并提出大数据驱动下的社交网络舆情知识图谱构建思路⑥；最后基于知识图谱理论给出网络舆情知识图谱的结构化定义，分析网络舆情管理活动的知识需求，阐述网络舆情知识图谱的

①　Rospocher M，Van Erp M，Vossen P，et al. Building Event-Centric Knowledge Graphs from News［J］. Journal of Web Semantics，2016，37：132−151.

②　Nguyen H L，Jung J J. Social Event Decomposition for Constructing Knowledge Graph［J］. Future Generation Computer Systems，2019，100：10−18.

③　Lu G，Mu Y，Gu J，et al. A Hashtag-Based Sub-Event Detection Framework for Social Media［J］. Computers & Electrical Engineering，2021，94：107317.

④　步一，薛睿，孟凡，等. 知识图谱的关键技术及其在情报学中的应用［J］. 情报学进展，2022，14（00）：349−384.

⑤　焦晓静，王兰成. 知识图谱的概念辨析与学科定位研究［J］. 图书情报工作，2015，59（15）：5−11.

⑥　袁荣亮，姬忠田. 基于深度学习的网络信息资源知识图谱研究［J］. 情报理论与实践，2021，44（5）：173−179.

构建方法并提出基于知识图谱的网络舆情知识组织架构[1][2]。

（2）基于知识图谱的网络舆情知识组织

基于知识图谱的网络舆情知识组织是以知识图谱的理论为基础对社交网络舆情信息进行组织挖掘，并利用知识图谱的图算法、知识查询、链接预测等功能实现对社交网络舆情传播规律本质的把握。张思龙等[3]基于知识图谱对社交网络舆情风险进行研判。安宁和安璐[4]基于 ELECTRA 和 REDP 方法分别对舆情文本信息进行实体抽取与关系抽取，并对不同平台的网络舆情知识图谱进行构建以发现不同平台舆情事件下的群体知识共享特征。翟姗姗等[5]以突发公共事件的时间特征为切入点，通过突发词项识别、语义补充与完善等步骤构建包含语义关系的突发话题图谱，实现对突发公共事件网络舆情热点话题的监测。还有学者通过对社交网络关系中用户实体识别及用户间的关系发现，构建用户主题图谱，对社交网络舆情的意见领袖识别及话题传播路径进行解析[6][7]。

（3）以事件为中心的舆情知识图谱研究

区别于针对舆情某一组成部分或主题进行知识图谱构建的研究，以事件为中心的舆情知识图谱构建研究主要是以事件为中心、聚焦事件及其关系、关联扩展事件要素等方面的研究，主要包括两类：一

① 娄国哲，王兰成．基于知识图谱的网络舆情知识组织方法研究 ［J］．情报理论与实践，2019，42（1）：58-64.

② 王兰成．多学科视域网络舆情知识图谱研究的现状和展望 ［J］．情报学报，2020，39（10）：1104-1113.

③ 张思龙，王兰成，娄国哲．基于知识图谱的网络舆情研判系统研究 ［J］．现代情报，2021，41（4）：10-16.

④ 安宁，安璐．跨平台网络舆情知识图谱构建及对比分析 ［J］．情报科学，2022，40（3）：159-165.

⑤ 翟姗姗，王左戎，陈欢，等．会话分析视角下的突发公共事件主题演化研究——以"新冠肺炎疫情"为例 ［J］．图书情报工作，2022，66（11）：87-99.

⑥ 王晰巍，张柳，韦雅楠，等．社交网络舆情中意见领袖主题图谱构建及关系路径研究——基于网络谣言话题的分析 ［J］．情报资料工作，2020，41（2）：47-55.

⑦ 牟冬梅，邵琦，韩楠楠，等．微博舆情多维度社会属性分析与可视化研究——以某疫苗事件为例 ［J］．图书情报工作，2020，64（3）：111-118.

是事件图谱构建方法与技术的研究，二是事理图谱研究。王毅等[①]通过文献调研法对领域事件图谱的定义、构建流程、识别方法等研究成果进行梳理和总结，归纳了基于规则、基于特征学习以及基于神经网络的三种事件抽取方法，并对比分析了事件抽取、事件关系抽取的相关方法。项威[②]对事件图谱构建技术、事件知识表示、事件知识抽取、关系抽取等进行了系统的阐述，并根据事件知识图谱在舆情领域的典型应用，指出了事件知识图谱构建方法与技术目前存在的挑战并对未来研究进行展望。事理图谱相关的研究主要是通过事理图谱的构建对网络舆情进行分析。以医疗舆情为例，单晓红等[③]使用规则模板进行事件关系识别和提取，通过 Word2Vec 和 K-means 聚类分别构建了网络舆情事理图谱和抽象网络舆情事理图谱，从不同层次对网络舆情的演化路径进行了分析。夏立新等[④]利用事件抽取技术抽取舆情子事件，结合多种文本分析和文本挖掘技术构建事理图谱，并基于事理图谱生成多维特征网络舆情事件摘要，反映了不同维度视角下的舆情事件特点。田依林和李星[⑤]通过层次聚类进行事件泛化并构建事理图谱对公共卫生事件网络舆情进行演化路径的分析，同时改进聚类算法以实现事件泛化并构建抽象事理图谱，基于图谱中事件的演化方向和概率大小对舆情事件进行预测研究。

（三）研究现状述评

通过对国内外研究的文献梳理和归纳可以看出，国内外社交网

① 王毅，沈喆，姚毅凡，成颖．领域事件图谱构建方法综述［J］．数据分析与知识发现，2020，4（10）：1-13.
② 项威．事件知识图谱构建技术与应用综述［J］．计算机与现代化，2020，（1）：10-16.
③ 单晓红，庞世红，刘晓燕，杨娟．基于事理图谱的网络舆情演化路径分析——以医疗舆情为例［J］．情报理论与实践，2019，42（9）：99-103+85.
④ 夏立新，陈健瑶，余华娟．基于事理图谱的多维特征网络舆情事件可视化摘要生成研究［J］．情报理论与实践，2020，43（10）：157-164.
⑤ 田依林，李星．基于事理图谱的新冠肺炎疫情网络舆情演化路径分析［J］．情报理论与实践，2021，44（3）：76-83.

络舆情研究和舆情知识图谱研究在研究主题、内容和方法上既存在相同点，也存在差异。总体的研究述评如下。

第一，社交媒体环境下网络舆情的传统分析方法相对较多，针对大数据驱动环境下社交媒体网络舆情研究的成果相对较少。国内外的研究成果，起初以社交网络舆情的传播和知识图谱的理论分析为中心，现已逐渐扩展到将二者结合的可视化分析，尤其是从社交网络舆情视角构建主题图谱和事件图谱，以直观可视化的方法展现社交网络舆情的发展脉络成为研究热点。近年来，人工智能、知识图谱以及机器学习等技术的不断更新与应用，对社交网络舆情和知识图谱的研究起到了重要的推动作用。虽然国内在此领域的研究起步较晚，但社交网络舆情和网络舆情知识图谱方面的研究成果数量多于国外。另外，国内社交网络舆情以及网络舆情知识图谱的发展，受限于中文文本数据的信息抽取等技术难题，依旧存在着很多亟待解决的技术问题。从国内外学者选择的研究主题来看，突发事件网络舆情的演化研究以及网络舆情知识图谱的可视化分析都有较高的关注度。

第二，社交媒体环境下网络舆情用户传播行为和突发事件研究较多，针对社交媒体网络舆情主题图谱的交叉性系统研究成果和研究方法相对较少。在情感分析的研究中，朴素贝叶斯、长短期记忆模型、支持向量机等算法和模型是国内外学者研究中常见的典型情感分析方法。不同的是，除了基于机器学习和深度学习的情感分析方法，国内学者还关注基于词典的情感分析，而国外学者已经开始通过基于 Transformer 的模型对情感分析研究进行更加深入的探索。国内外学者在研究内容上的明显差异在于，国内学者在进行舆情研究时所选取的舆情话题基本围绕高校、食品安全、自然灾害、公共卫生事件等展开，较少涉及政治、民族等特殊或敏感话题。而在国外的舆情研究中既包含前几种话题，也包含类似于种族、国际政治局势等特殊话题，并且特殊话题的舆情研究已经成为交叉学科关注的重要问题。

第三，对知识图谱的应用和构建层面的研究成果相对较多，运用主题图谱分析社交媒体网络舆情引导策略的研究成果相对较少。知识图谱已成为国内外学者研究的热点，其用可视化技术描述知识资源及其载体，挖掘、分析、构建、绘制和显示知识及它们之间的相互联系，研究种类可以概述为理论研究、应用研究、构建研究和可视化分析，其作用主要是明晰学科结构、分析研究内容、描述科研合作、预测学科前沿、揭示学科关系、促进科研管理、探究学科历史、进行科学评价、细化学科分类和检索知识等。针对社交网络舆情，进行主题图谱分析，加强对社交媒体环境下网络舆情传播中热点词汇、意见领域、不同群体、不同事件的主题图谱构建分析，可以更好地帮助政府和行业机构规范社交媒体环境下网络舆情信息传播行为和制定舆情传播引导策略。

第四，进行社交网络传播规律分析的研究成果相对较多，对社交网络舆情进行风险识别及防范的研究成果相对较少。从国内研究现状来看，社交网络舆情研究的本质目的是发现我国社交网络舆情的传播规律，从而为舆情应对、引导、治理和预警提供理论依据。我国正处于社会主义现代化建设的关键时期，全球国际战略格局深刻演变，外部环境更趋复杂严峻，传统安全和非传统安全问题交织互动，国家安全形势不稳定性显著上升，尤其是我国的意识形态安全和社会网络空间安全存在风险。因此，利用知识图谱理论，深入挖掘社交网络舆情在新时代背景下的特征和规律，更有效地对社交网络舆情进行应对及处理，构造良好的社交网络舆情空间，对于全面建设社会主义现代化国家、营造天朗气清的网络环境具有重要的现实意义。

对比上述社交网络舆情和知识图谱分析在国内外领域的发展动态，可以看出目前我国针对社交媒体环境下网络舆情知识图谱的构建研究才刚刚起步。随着社交媒体和知识图谱在推动我国舆情传播中作用的不断提升，如何结合中国社交网络舆情发展的现实情境，构建大数据驱动的社交网络舆情知识图谱的理论及方法，并结合中国现实情境制定社交网络舆情传播的调控策略，是追踪和借鉴此领域最新研究成果，推动我国舆情研究在理论和实践层面纵深发展所面临的新课题。

（四）进一步突破的空间

现有文献已经在社交网络舆情信息传播与演化规律、用户行为、突发事件、舆情预警及监管等方面展开相关分析，知识网络图谱的理论、应用、构建和分析等方面也取得了相对丰富的研究成果。但是目前来看，将二者结合起来，寻求大数据驱动环境下社交网络舆情主题图谱构建和引导策略的研究相对较少。基于此，本书拟在理论、应用和对策实践方面开展系统的研究。

1. 理论视角上的突破

从"信息人、信息、信息技术和信息环境"和谐发展的信息生态视角，基于社交媒体的大数据平台，利用信息生态理论中信息生态要素、信息生态链、信息生态系统等核心理论，遵循社交网络中的"舆情节点→舆情信息链→舆情信息网"的研究思路，从"人物（即舆情节点）→热点事件（即舆情信息链）→典型社交媒体平台（即舆情信息网）"三个关键环节入手，基于大数据技术构建主题图谱，从而对社交网络舆情事件的复杂关系网络进行可视化分析，帮助舆情监管部门识别舆情风险，提高舆情事前预警和事后监管效率，更好地制定舆情调控策略。从这一理论视角来看，本课题将突破传统社交网络舆情分析和策略引导理论。

2. 现有文献进一步探讨后形成的问题点

基于我国社交网络舆情发展的新变化、新特点、新趋势和新挑战，以及维护互联网内容安全和互联网生态治理的新目标，本书聚焦三个关键问题：①大数据驱动的社交网络舆情知识图谱构建的理论及方法；②大数据驱动的社交网络舆情主题图谱构建；③大数据驱动的社交网络舆情调控策略。

3. 具体问题点进一步突破后的研究空间

大数据驱动的社交网络舆情主题图谱构建理论及方法分析。当前网络舆情和知识图谱的研究主要是从宏观角度展开，多为运用知识图谱分析网络舆情相关领域研究的态势、主题研究领域及研究热点等。大数据驱动的社交网络舆情主题图谱构建，需要对社交网络舆情中的人物、实体、事件、关系等进行系统的分析，需要有一个完整、全面且有代表性的知识库支撑。而目前从学术层面进行的研究多是运用知识图谱进行学科前沿可视化分析，从产业层面构建的知识图谱多是基于新闻数据进行大数据采集后的可视化图谱，少有基于社交网络构建知识图谱的相关理论、方法及平台工具。因而，构建大数据驱动的社交网络舆情知识图谱，研究社交网络舆情中人物、事件、地点、时间等在"实体—关系—实体"中的知识表示、推理机制和异构信息整合理论及方法，对大数据驱动的社交网络舆情主题图谱的构建具有重要作用。

在典型人物、事件、社交媒体层面构建社交网络舆情主题图谱。随着社交媒体在人们生活和工作中影响的加深，社交媒体环境下的网络舆情信息更具多样性、复杂性和多变性，很难再使用传统研究方法对社交媒体环境下的网络舆情演变趋势、规律及用户行为进行分析。因此需要通过新的方法、手段和技术，针对不同类型的数据源、不同的数据载体形式、不同的事件类型、不同群体、不同地域等进行社交媒体环境下舆情信息的采集、组织和分析。这就需要利用大数据方法对社交媒体环境下的不同敏感话题和热门话题进行舆情传播规律和特点的分析。但社交网络舆情涉及众多人物类型、各种舆情事件、不同媒体类型，需要选择典型的人物、事件和社交媒体进行研究，从而以点带面，把握社交网络舆情发展规律进而对其进行有效引导。

制定舆情调控策略。在社交媒体快速发展的过程中，相关舆情监管部门如何针对不同类型的重大突发事件的社会舆情进行监管，以保证舆情朝着健康的方向发展？如何利用"两微一短"的社交网络舆情传播工具，对舆论生态进一步进行净化？政府部门如何结合不同类型重大舆情突发事件的演化规律，从信息人、信息、信息技术、信息环境和谐发展角度制定社会舆情应对策略？要解决上述新问题，需要根据现阶段我国社交网络舆情传播的现实情境，分析我国典型人物、典型事件、典型社交媒体在网络舆情传播中的作用，并进行社交网络舆情生态性评价，进而结合实际设计研究方案，从多角度展现我国社交网络舆情的全景，识别其发展中存在的风险，制定网络舆情管控机制及引导策略，从而推动我国互联网生态健康发展。

四 研究内容及方法

（一）研究内容

本书以探究、揭示和优化大数据驱动的社交网络舆情主题图谱构建和调控策略为目标，锚定推进和深化大数据驱动的社交网络舆情监管和舆情生态治理体系中的主题图谱构建理论和实践问题，围绕大数据驱动的社交网络舆情主题图谱构建理论与方法、社交网络舆情人物用户图谱构建、社交网络舆情事件主题图谱构建、社交网络舆情多平台主题图谱构建以及社交网络舆情调控策略五个方面问题展开全面、深入和系统的研究。

（二）研究方法

1. 大数据文本挖掘和聚类可视化方法

采用大数据文本挖掘和聚类可视化方法，对社交网络舆情的人物、事件、社交媒体三个关键领域的主题进行文本挖掘和聚类分析，同时采用以特征为中心的聚类方法，使用时间信息来确定在不同时间窗口内呈现的特征，以监控社交网络舆情的热点话题，并确定舆情话题的热门时间段和聚类特征。

2. 自然语言处理方法

自然语言处理（NLP）方法，能够将人类自然语言转化为机器可识别的语言，进而实现对舆情信息的分析与挖掘。该方法是信息提取、语义挖掘、智能推理等应用的重要基础与工具。特别是在大数据环境下，基于海量数据的自然语言处理方法已经在机器翻译、语义识别等方面取得突破性的进展。高效准确的自然语言处理是课题研究的前提保障，也是研究使用的主要方法。词是自然语言处理的基本单位，分词及词性标注是各种自然语言算法的基础。通过相关的分词及词性标注工具，在实体及关系分析中对社交网络舆情中的网页内容进行分词处理。

3. 社会网络分析法

采用社会网络分析法，对社交网络舆情的社群关系进行分析，探讨社交网络舆情人物的社群关系及相互联系，重点利用社会网络分析中的度中心性、接近中心性、中介中心性、小世界效应、小团体研究、凝聚子群等属性进行分析，并利用 Gephi 工具绘制可视化云图。

4. 实证分析与比较分析相结合

针对大数据驱动的社交网络舆情事件，从人物、事件、社交媒体三个维度构建主题图谱。同时，分析不同话题、不同类型的舆情事件以及不同社交媒体各自的演化规律、影响因素、关键节点、关键路径等。

5. 聚类分析

采用聚类分析对社交网络舆情中的群体或成员进行分类，从而使社交网络中的人物呈现社群化特征；同时基于点连接、随机游走、自旋玻璃、中介中心性、标签传播等构建社群发现模型，并用网络密度、网络聚类系数进行聚类特征的分析。

6. 文本情感分析

在进行人物主题的分析时，可结合人物主题中的文本情感，运用情感分析软件自动识别出文中表达的观点或情感倾向，并给出能够表示情感极性和强度的情感倾向指标。情感极性一般有极正面、一般正面、中性、一般负面、极负面 5 种。

7. 网络分析方法

知识图谱的构建与分析基于网络科学（NS）的理论与方法。以网络科学为基础的复杂网络分析（CNA）和社会网络分析（SNA）突破经典统计分析的独立性假设，更专注于结构关系的揭示与模式识别。网络分析方法能够从舆情知识图谱的网络拓扑结构层面，分析研究知识图谱的高 Hub 节点、结构洞、社群识别、子群交叠、网络涌现等现象。网络分析中的 SW 模型、BA 模型等有助于知识图谱的结构特征与演化涌现分析，SIR 模型、SIS 模型则是舆情传播跟踪与预测的有力分析方法。

（三）研究对象

本书主题图谱构建中的研究对象选择如下。

1. 用户主题图谱研究对象选择

网络"大 V"是在新浪微博（以下简称"微博"）上获得个人认证且十分活跃的用户。被认证的"大 V"在公共舆论中具有很高的公信力和权威，甚至可以控制舆论走向，是引导社交网络舆情健康发展的关键人物节点。因此，选择"大 V"作为用户主题图谱的研究对象。

网络社群和在线问答平台近年来高速发展，吸引大量年轻网民使用。这类平台用户发声较为理性、思辨能力强，往往能将对单一话题的讨论转为对更大范围议题的探讨，把讨论焦点引向更为广义的、基础的、持续的公共事件。知乎、果壳等知识问答社区更是聚集了一批高学历的社会精英。随着知识型网络社群和在线平台的发展，"答主"作为新的网络活跃群体，他们中的一部分已经具备很强的网络影响力。因此，作为社交网络舆情传播的新型社会群体，网络社群在未来社交网络舆情传播中的作用值得关注。

2. 事件主题图谱研究对象选择

社会民生事件往往涉及群众的利益，备受大众关注，一旦事件处置不当极易引发网络舆情危机。与时事政治类舆情相比，社会民生舆情与普通民众的生活直接相关，如疫苗造假、洋垃圾处理、雾霾治理等。同时，社会民生舆情是相对感性的舆情，如校园暴力、食品药品安全、住房保障等很容易引发公众的情绪波动，可谓"敏感型舆情"。

在社会安全事件中，网民的情绪化表达较为突出，一方面表现在事件所造成的生命财产损失激起了公众内心的不安全感；另一方面，社会安全事件在一定程度上反映了政府在保障公共安全方面存在的问题，而这正契合了部分网民的不满情绪。因此，要及时发现和化解社会安全事件可能引发的网络舆情危机，就必须对社交网络中网民的言论进行实时监测和跟踪，分析并挖掘网民的观点，把握舆情在社交媒体上的传播特点和传播规律。基于此，选择社交网络中的社会民生事件和社会安全事件构建主题图谱。

3. 多平台主题图谱研究对象选择

微博的活跃用户持续稳步增长，截至 2023 年 6 月，微博月活跃用户数为 5.99 亿，同比净增约 1700 万，其中移动端用户占月活跃用户数的 95%；日均活跃用户数为 2.58 亿，同比净增约 500 万。社交媒体平台与中国网民的公共文化生活深度融合，触达网民生活的各个垂直领域，成为网民分享意见、立场和观点的重要平台和工具，是网络舆情话题空间生成的重要支撑和载体。《2022 全球社交媒体趋势报告》① 显示，全球社交媒体用户数量达 46.2 亿，其中中国社交媒体用户数量达 10.2 亿，稳居全球各国之首。报告显示，按月活跃用户数量来衡量，国内最受欢迎的社交媒体为微信、抖音、QQ、微博及快手 App。按主要意见领袖在社交媒体平台中吸引的活跃用户数量划分，排在前 5 位的应用是微信、抖音、微博、快手和哔哩哔哩。因此，在综合考虑平台用户数据隐私性、平台用户数量的代表性及平台类型选择的全面性等原则的基础上，本书选取微博、抖音和哔哩哔哩分别作为公共社交平台、短视频社交平台及垂直社交平台的代表进

---

① 　DATAREPORTAL. 2022 全球社交媒体趋势报告［EB/OL］．［2022-12-01］．https：//datareportal. com/reports/digital-2022-global-overview-report.

行多平台主题图谱的分析。

（四）技术路线

本书将"社交网络舆情主题图谱构建及调控策略"作为核心研究问题，按照"理论研究→应用研究→对策研究"这一逻辑主线设计五个方面的关键研究内容，详见图0-1。

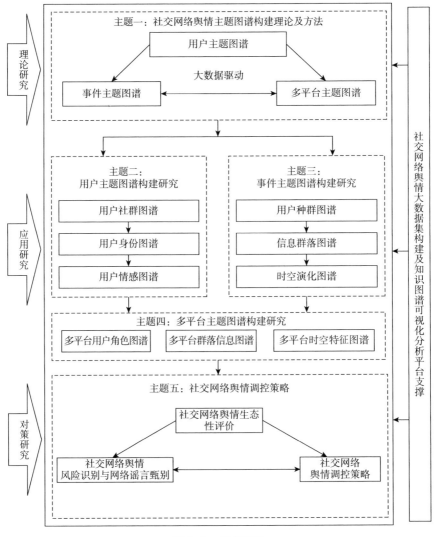

图0-1 技术路线

主题一通过对大数据、社交网络舆情、知识图谱三个关键理论的分析，构建大数据驱动的社交网络舆情主题图谱构建的理论和方法体系，并结合社交网络舆情特点，抽取社交网络舆情中相应的实体及关系。此部分是后续应用研究的前提和基础，为主题二、三、四的研究提供相应的理论和方法支撑，是全书的理论研究重点。

主题二与主题三从社交网络舆情的微博数据源入手，分别构建用户和事件主题图谱。在主题二和主题三的基础上，主题四深入分析微博、哔哩哔哩、抖音三个典型社交媒体在社交网络舆情可视化中的作用。主题四为主题二、主题三提供平台支撑，也为深度进行社交网络舆情用户、事件的分析提供支持。上述研究为主题五提供相应的解决问题的切入点。

五 研究创新

（一）在学科体系创新方面

本书超越单一学科界限，在多学科融合的更大论域中展开大数据驱动的社交网络舆情主题图谱构建及调控策略的应用研究。一是以信息资源管理学科的研究为平台和聚焦点，在信息资源管理学科的内部推进社交网络舆情的现代化治理研究，综合运用总体国家安全观、计算机学科的研究方法和工具以及新闻传播、马克思主义理论学科、政治学等领域的理论，提升社交网络舆情研究的理论水平和学术高度；二是在信息资源管理学科的外部，以总体国家安全观下的网络安全为研究契机，推动信息资源管理学科与国家安全学、新闻传播学、计算机科学、马克思主义理论等学科的对话和融合，推进信息资源管理的学科建设。

（二）在学术体系创新方面

基于信息生态理论构建大数据驱动的社交网络舆情主题图谱及

调控策略的分析架构。一是基于信息生态理论，建立大数据驱动的社交网络舆情基础理论问题研究的完整体系和问题结构；二是通过运用知识图谱构建社交网络舆情用户、事件和多平台主题图谱，对自然灾害事件、公共卫生事件等典型社交网络舆情进行分析，推进大数据驱动的社交网络舆情学术研究，提高我国网络舆情分析和预警研究的学术水平；三是回应当前社交网络舆情引导和预警中的新挑战，实现对社交网络舆情分析和调控策略的全景可视化展示，在更深层的理论逻辑和现实问题导向上为社交网络舆情调控策略的制定提供依据。

（三）在话语体系创新方面

引导创建安全清朗的网络空间。一是运用大数据、知识图谱、人工智能技术，对新冠疫情等突发事件中的舆情活动展开分析并提出研判策略，构建突发事件舆论引导话语体系，坚决维护我国意识形态安全和政治安全；二是从用户、事件、多平台主题图谱的大数据可视化分析入手，分析突发事件下社交网络中虚假信息和网络谣言的关键传播路径和传播节点，构建突发事件舆论引导话语体系，凝聚人心和凝聚力量，推动国家舆论话语体系建设；三是通过对社交网络舆情的风险进行研判和预警，制定舆情调控策略，及时回应公众关切，保持正确的舆论导向。

（四）在研究方法创新方面

综合运用情报学、计算机、公共管理、新闻传播和生态学等多个学科理论与范式。一是信息资源管理学科引导下的跨学科综合研究，本研究就学科性质而言是一项信息资源管理学科下用户信息行为和信息技术在舆情研究场景中的研究，同时又是一项跨学科的综合研究；二是研究方法上，以知识图谱作为核心技术框架，综合应用文献研究法、自然语言处理方法、社会网络分析法、聚类分析、比较分析等多种定性和定量研究方法和工具；三是现实问题研究，即本研究直面社交网络中网络谣言治理、虚假信息传播、群体极化、算法推荐、信息茧房等新的社会现实问题，围绕自然灾害、事故灾难、公共卫生事件和社会安全事件，应用知识图谱、社群聚类、文本情感分析、语料库构建、空间话题聚类、自然语言处理、机器学习、质性研究等跨学科方法展开综合分析。

第一篇

理论篇

第一章

大数据驱动的社交网络舆情
主题图谱构建的相关概念

第一节　社交网络舆情的相关概念

一　社交网络舆情的内涵

网络舆情是社会舆情在网络空间中的一种表现形式，即在一定条件和环境下，由网民或特定社会群体通过互联网表达的言论或观点的集合。这些言论或观点是网民或社会群体对社会热点事件、突发公共事件或社会公共问题的发生、发展、变化等过程所持有的评价、态度、立场、观点以及情感等的总和①②。在互联网和传统媒体的基础上，社交网络整合了人际传播、大众传播等多种传播模式，以Twitter（现改名为X）、Facebook（现改名为Meta）、微博、微信等为典型代表的社交网络应用大量兴起和普及，改变了信息的传播和接收方式，使人与人之间的沟通突破了时间和空间的限制，用户可以随时通过社交网络创造和交换信息。越来越多的公众通过社交网络针对社会舆情事件进行信息的传递以及观点和意见的交换，如此便形

---

① 张继东，蒋丽萍．融入用户群体行为的移动社交网络舆情传播动态演化模型研究［J］．现代情报，2021，41（5）：159-166+177.

② 孙倬，赵红，王宗水．网络舆情研究进展及其主题关联关系路径分析［J］．图书情报工作，2021，65（7）：143-154.

成了社交网络舆情。社交网络舆情事件多遵循"线下事件突发—线上信息引爆—线上信息扩散—线下极化扩散"的典型规律，具有"线下发生，线上传递"的空间交互特性①。因此，本研究将社交网络舆情定义为公众在社交网络中所表达的对于社会热点事件、社会问题或突发公共事件的态度、立场、观点、情绪等的集合。

二 社交网络舆情的构成

社交网络舆情一般由 4 个方面的内容构成，即舆情的主体、本体、时空和载体②③。

1. 社交网络舆情主体

主体为参与社交网络舆情的用户，是舆情发生和发展的主要促成者和推动者④。社交网络舆情主体不是单一的，舆情的发生和发展过程通常涉及不同类型的主体，如政府、网络媒体、意见领袖、普通网民等。此外，社交网络舆情主体既可以是单个用户，也可以是特定的社会组织、机构或用户群体。

2. 社交网络舆情本体

本体是舆情的基本内容，包括参与社交网络舆情的用户的全部意识形态，即用户所表达的多种观点、立场、态度以及情感的总和⑤。舆情本体具有不同的表现形式，可以是传统的文本，也可以是图片、表情符号、音频、视频以及外部链接等多媒体形式。

---

① 徐迪. 基于时空大数据的重大疫情类突发事件网络舆情研判体系研究 [J]. 现代情报，2020, 40 (4): 23-30+81.
② 高承实，陈越，荣星，邬江兴. 网络舆情几个基本问题的探讨 [J]. 情报杂志，2011, 30 (11): 52-56.
③ 王连喜. 网络舆情领域相关概念分布及其关系辨析 [J]. 现代情报，2019, 39 (6): 132-141.
④ 王曰芬，王一山. 传播阶段中不同传播者的舆情主题发现与对比分析 [J]. 现代情报，2018, (9): 28-35.
⑤ 黄微，李瑞，孟佳林. 大数据环境下多媒体网络舆情传播要素及运行机理研究 [J]. 图书情报工作，2015, 59 (21): 38-44+62.

3. 社交网络舆情时空

社交网络舆情时空是指舆情发生的时间和空间环境[①]。社交网络舆情会持续一段时间，并在此期间对各种参与要素产生一定的作用和影响。因而社交网络舆情时间包括舆情发生和发展过程中的各个时间点和时间段等，社交网络舆情空间包括舆情在传播演化的过程中所涉及的现实地理空间。舆情时空反映的是舆情演化的内部环境，会因舆情事件性质或类型的不同而存在明显的差异，区别于舆情所处的经济、社会、法律、政治等相对稳定的外部环境。

4. 社交网络舆情载体

载体是支撑社交网络舆情发生和发展的各种信息技术、工具、平台等的总称[②]。载体作为舆情传播的虚拟介质，包括但不限于各类新闻网站、社交网站、论坛及其提供的各种信息生成、传播、接收、处理等技术。

三　社交网络舆情的生命周期

通常情况下，社交网络舆情是一个动态演化的过程，具有规律性、周期性和连续性的特点，并且在舆情生命周期的不同阶段，舆情的主体、本体、载体等内容都呈现出不同的特点。社交网络舆情生命周期是舆情演化中的重要因素之一，能够从动态角度揭示舆情演化的形态和规律。生命周期理论是准确刻画社交网络舆情阶段特征和演化路径的有效手段和理论基础，也是目前已有的对舆情生命周期进行阶段划分的研究中最常使用的理论。

具有代表性的舆情生命周期阶段划分模型有三阶段、四阶段[③]、

---

① 李昊青，朱丁一，夏一雪，张鹏，刘冰月. 网络舆情信息生态链研究［J］. 现代情报，2017，37（6）：31-35.

② 李晚莲，高光涵. 突发公共事件网络舆情热度生成机理研究——基于48个案例的模糊集定性比较分析（fsQCA）［J］. 情报杂志，2020，39（7）：94-100.

③ Spence P R, Lachlan K A, Lin X, et al. Variability in Twitter Content across the Stages of a Natural Disaster：Implications for Crisis Communication［J］. Communication Quarterly, 2015, 63（2）：171-186.

五阶段①和六阶段模型②，每个模型的阶段细分各有差异。三阶段模型主要按照"发生、变化和结束"的划分模式对社交网络舆情的生命周期进行划分；四阶段是在三阶段模型基础上进行的扩展，将舆情视为一个连续的线性系统，并将舆情的内在变动过程考虑在内；五阶段模型考虑到了网络媒介和网民的特性，从线性连续和动态发展相结合的角度进行舆情生命周期的阶段划分；六阶段模型结合 Web 2.0 环境下社交网络舆情的特点，从信息传播学的角度进行划分。除此之外，还有研究根据社交网络舆情发展的规律，提出"四点三关"模型，将舆情阶段划分为"散播—集聚—热议—流行"四个阶段和"爆发、升华、延续"三个关口③，以及"四点四阶段"模型，即基于触点的突发阶段、基于燃点的爆发阶段、基于拐点的降温阶段和基于融点的失焦阶段④等。

第二节　社交媒体平台的相关概念

一　社交媒体平台的内涵

社交媒体最早是由国外学者 Jennifer 于 1999 年提出⑤，其定义为网络用户进行信息交互的平台，是公众彼此分享见解、经验、意见和观点的工具，为网络用户提供信息交换的服务，同时支持网民自主创

---

① 刘金荣. 危机沟通视角下微博舆情演变路径研究［J］. 情报杂志，2012，31（7）：21-24.

② 崔鹏，张巍，何毅，齐婧. 突发公共事件网络舆情演化及政府应对能力研究［J］. 现代情报，2018，38（2）：75-83+95.

③ 曹劲松. 网络舆情的发展规律［J］. 新闻与写作，2010，（5）：45-47.

④ 胡峰. 重大疫情网络舆情演变机理及跨界治理研究——基于"四点四阶段"演化模型［J］. 情报理论与实践，2020，43（6）：23-29+55.

⑤ Unger J B, Chen X. The Role of Social Networks and Media Receptivity in Predicting Age of Smoking Initiation：A Proportional Hazards Model of Risk and Protective Factors［J］. Addictive Behaviors, 1999, 24（3）：371-381.

造和交换信息内容①。随着 Web 2.0 时代的到来，社交媒体的定义趋近完善，是指互联网上基于用户关系的内容生产与交换平台。本研究认为社交媒体是以 Web 2.0 的思想结合移动互联网的技术为基础，并允许用户创造和分享内容以实现用户之间的社交联系的信息交互平台，典型平台包括 Twitter、Facebook、Google＋、微博、抖音等②③。随着移动互联网技术的发展和 5G 时代的到来，社交媒体平台持续发展，呈现多元化、矩阵化、纵深化格局，深入我国网民的社会生活，为公众进行信息收集、信息置换、观点辩论和立场表达提供多种平台选择，社交媒体平台成为网络舆情传播和发酵的主要场所。

二　社交媒体平台的类型

伴随着我国社会经济及信息技术的进步，人们在信息文化生活中的需求表达进一步促进了社交媒体应用的多元化发展。不同于"双微一抖"时代，如今的社交媒体应用更加多元，包括哔哩哔哩、小红书、知乎等在内的新型平台不仅在用户活跃量上不容小觑，而且各自在内容生产上呈现更为垂直细分的趋势，给予平台用户更为丰富的信息消费体验，使得社交网络舆情传播的场所进一步扩大。根据内容生产及信息服务的不同，当前国内主流的社交媒体平台主要为即时通信平台、公共社交平台、短视频社交平台及垂直社交平台等④。

1. 即时通信平台

即时通信平台是通过即时通信技术来实现实时线上聊天及交流

① 王晰巍，邢云菲，张柳，等．社交媒体环境下的网络舆情国内外发展动态及趋势研究［J］．情报资料工作，2017，217（4）：6-14.

② Kaplan A M，Haenlein M. Users of the World，Unite！The Challenges and Opportunities of Social Media［J］．Business horizons，2010，53（1）：59-68.

③ 孟猛，朱庆华．移动社交媒体用户持续使用行为研究［J］．现代情报，2018，38（1）：5-18.

④ 中国互联网络信息中心．第 50 次《中国互联网络发展状况统计报告》．［EB/OL］．［2022-08-31］．http://www.cnnic.net.cn/n4/2022/0914/c88-10226.html.

的软件，如微信、QQ、钉钉、飞书等应用①②。即时通信平台的特点是注重信息的实时传递性，同时具有人际社会网络的复杂关系，通过用户与其社交好友关系的交互，实现用户观点的即时链接和信息置换，进而生成共同的观点，间接推动舆情演进。在即时通信平台，信息主要在由亲朋好友组成的人际关系小社群中进行传播，用户更容易被现实生活中具有强工作关系或社交联系的用户所影响，缺少用户全面接入社会网络空间与陌生人进行信息交互的可能③④。

2. 公共社交平台

公共社交平台围绕公共社交软件或网站构建社交网络生态，用于大众之间信息分享及评论互动，促进网民在网络空间中实现实时的信息交流和互动⑤，是一种以用户关系为核心的社交媒体平台，用户主要以发布文字、图片、视频等多种形式的信息，实现信息的即时分享、传播互动⑥⑦。代表性平台为微博，微博用户能够公开实时发表内容，通过裂变式传播，全网用户可进行互动从而与网络世界紧密相连。微博平台功能全面，提供热点话题查询、粉丝社区运营、交互式访问等多种社交功能，垂直深入网民生活，成为用户发表个人观点、参与社会治理的重要载体。微博平台为网络舆情的传播、扩散和

① 庞怡，许洪光，姜媛．即时通讯工具现状及发展趋势分析［J］．科技情报开发与经济，2006，（16）：169-170．

② Théro H，Vincent E M．Investigating Facebook's Interventions against Accounts that Repeatedly Share Misinformation［J］．Information Processing & Management，2022，59（2）：102804．

③ 赵英，范娇颖．大学生持续使用社交媒体的影响因素对比研究——以微信、微博和人人网为例［J］．情报杂志，2016，35（1）：188-195．

④ 工玉珠．微信舆论场：生成、特征及舆情效能［J］．情报杂志，2014，33（7）：146-150．

⑤ Zola P，Ragno C，Cortez P．A Google Trends Spatial Clustering Approach for a Worldwide Twitter User Geolocation［J］．Information Processing & Management，2020，57（6）：102312．

⑥ Stamatelatos G，Gyftopoulos S，Drosatos G，et al．Revealing the Political Affinity of Online Entities through Their Twitter Followers［J］．Information Processing & Management，2020，57（2）：102172．

⑦ 孙小岚．新媒体时代科技期刊推广宣传路径［J］．科技传播，2022，14（12）：45-47+55．

发酵提供了场所和空间，一直是社交网络舆情研究的主要对象[1][2]。

3. 短视频社交平台

短视频社交平台用户通过创作短视频来分享其所见所闻，进一步通过对视频内容的讨论、分享产生用户间的社交联系，满足用户接入网络空间并记录生活的需求，短视频社交平台以抖音、快手、火山、秒拍等为典型代表[3]。短视频社交平台由于其信息记录方式极具沉浸性及娱乐性，具有庞大的用户群体及流量，用户可以采用视频记录的方式对社会热点事件及话题内容进行记录和观点表达。短视频平台是社交网络舆情传播及发酵的新型场所[4][5]。官方媒体也经常采取视频的方式发挥舆论引导作用，疏导网民情感[6]。

4. 垂直社交平台

垂直社交平台是在特定主题领域为用户提供内容交流场所从而产生社交联系的平台。网民可以在垂直社交平台中自由地分享知识，同一主题的垂直社交平台集聚了具有共同兴趣的访问者。垂直社交平台根据社区主要分发和传播的信息内容差异可分为多种类别，如视频分享类社区哔哩哔哩[7][8]，其与短视频社交平台相比更具有垂直

① 王晰巍，邢云菲，赵丹，等．基于社会网络分析的移动环境下网络舆情信息传播研究——以新浪微博"雾霾"话题为例［J］．图书情报工作，2015，59（7）：14-22．

② Riquelme F, González-Cantergiani P. Measuring User Influence on Twitter：A Survey［J］. Information Processing & Management，2016，52（5）：949-975.

③ Vaterlaus J M, Winter M. TikTok：An Exploratory Study of Young Adults' Uses and Gratifications［J］. The Social Science Journal，2021：1-20.

④ 祁凯，韦晓玉，郑瑞．基于系统动力学模型的政务短视频网络舆情动力演化分析［J］．情报理论与实践，2021，44（3）：115-121+130．

⑤ Scherr S, Wang K. Explaining the Success of Social Media with Gratification Niches：Motivations behind Daytime，Nighttime，and Active Use of TikTok in China［J］. Computers in Human Behavior，2021，124：106893.

⑥ 姜景，王文韬．面向突发公共事件舆情的政务抖音研究——兼与政务微博的比较［J］．情报杂志，2020，39（1）：100-106+114．

⑦ 陈峻俊，符家宁，汪凌宇．互动与满足：B站ACG亚文化群体认同风格与行为动因分析［J］．新闻与传播评论，2022，75（2）：103-113．

⑧ Xi D, Xu W, Chen R, et al. Sending or not? A Multimodal Framework for Danmaku Comment Prediction［J］. Information Processing & Management，2021，58（6）：102687.

细分性，更加强调用户通过对特定主题领域内的视频内容的创作、设计和发布，吸引具有相同喜好的粉丝群体，满足其信息交互和内容分享需求。垂直社交平台还包括网络阅读社区豆瓣、问答社区知乎、生活记录社区小红书等。垂直社交平台的主要特征在于，在为用户分享自己的观点及经验提供场所的基础上，增强用户的身份认同感和群体意识。用户在垂直社区中更容易根据观点、立场和情感共识产生群体性聚集行为[1][2]。

三 社交网络舆情多平台

网民有选择性地在不同社交媒体平台中发布其关于社会事件和热点话题的观点，促进多平台中的社交网络舆情传播及舆情生态的形成。

需要注意的是，互联网企业为锁定用户流量，倾向于使网民在平台内部实现完整的信息活动，不支持网民进行跨平台的信息交互和置换[3]。因此，本研究认为在每一个社交媒体平台中传播的社交网络舆情都是独立的社会网络，所有独立的社会网络共同组成整体的社交网络舆情多平台，每个平台舆论场之间不存在跨平台的信息交互和流动。整体上，社交网络舆情爆发后同时在不同的社交媒体平台传播，多个社交媒体平台组成社交网络舆情发酵的场所和空间，多平台联动的社交网络成为舆论场传播的新内核和舆情产生、发酵、演变的新型场所。

① 程门立雪. 身份认同的转变及其对传播的影响——以哔哩哔哩弹幕视频网站为例 [J]. 科技传播，2022，14（9）：135-138.
② 李武，胡泊. 性格驱动与认同建立：网络阅读社区用户行为研究 [J]. 现代传播（中国传媒大学学报），2020，42（10）：140-147.
③ 中国青年网. 工信部整治屏蔽网址链接，头部互联网公司陆续响应 [EB/OL]. [2022-02-01]. http://news.youth.cn/gn/202109/t20210913_13218711.htm.

第三节　主题图谱的相关概念

一　知识图谱

1. 知识图谱的内涵

知识图谱（Knowledge Graph，KG）是一种由实体、概念和属性组成的类似于网状的图结构知识库，以结构化的形式对客观现实世界中的概念、实体及其关系进行描述[1][2]。知识图谱也是一种通过图模型进行知识描述和关系建模的技术方法，能够实现信息的检索和知识的推理[3]。最初的知识图谱是指科学知识图谱，属于科学计量学的范畴，通过图形的形式来显示科学知识的发展过程与结构关系，广泛应用于科研领域[4]。Google 于 2012 年在其搜索引擎中引入了"知识图谱"，其本质上来说是一种语义网络，即从数据中获取知识，并基于某种规则表示为易于理解、使用和维护的统一格式[5]。知识图谱通过可将不同种类的信息连接在一起的关系网络实现对现实世界的结构化语义描述[6][7]，可为知识驱动的各项智能任务提供支持[8]。

知识图谱以三元组的形式对数据和知识进行存储和表示，并建

----

① 袁荣亮，姬忠田 . 基于深度学习的网络信息资源知识图谱研究［J］. 情报理论与实践，2021，44（5）：173-179.

② 陈雅茜，邢雪枫 . 基于本体建模的动态知识图谱构建技术研究［J］. 西南民族大学学报（自然科学版），2021，47（3）：310-316.

③ Fensel D，Şimşek U，Angele K，et al. Introduction：What is a Knowledge Graph？［M］. Knowledge Graphs. Springer，Cham，2020，1-10.

④ 陈悦，陈超美，刘则渊，胡志刚，王贤文 . CiteSpace 知识图谱的方法论功能［J］. 科学学研究，2015，33（2）：242-253.

⑤ Yan J，Wang C，Cheng W，et al. A Retrospective of Knowledge Graphs［J］. Front. Comput. Sci. -Chi. 2018，12（1）：55-74.

⑥ AMIT S. Introducing the Knowledge Graph［R］. America：Official Blog of Google，2012.

⑦ 高龙，张涵初，杨亮 . 基于知识图谱与语义计算的智能信息搜索技术研究［J］. 情报理论与实践，2018，41（7）：42-47.

⑧ 张雨琪，李宗友，王映辉，等 . 中医药知识图谱的构建与应用研究进展［J］. 世界中医药，2021，1-10.

立数据之间的语义链接①。三元组由实体、属性及实体间的关系组成，通常表示为〈实体，属性，属性值〉或〈实体，关系，实体〉。知识图谱作为一种揭示实体间关系的有向图结构知识库，节点代表实体或者概念，节点间的边代表实体或概念之间的各种语义关系，同一个实体或关系可以拥有一个或多个属性，并且同一组实体可以拥有一种或多种关系②。知识图谱吸收了语义网络的优点，更加注重通过可视化图形来表现实体或概念间的关联，其基于图模型、RDF 和本体库等，通过互联网技术实现实体（概念）的提取、属性的结构化和形式化以及实体间的关系推理和互联③。

2. 主题图谱的内涵

主题图谱本质上存储和表示某种主题的知识及知识之间的逻辑或语义关系，是一种主题逻辑知识库，形式上表现为以主题知识为节点和以主题知识关系为边的有向图结构④。主题图谱以知识图谱的形式对现实世界中的实体、概念及其关系进行存储，并形成以实体为节点、关系为边的语义关系网络⑤。主题图谱作为一种分布式的知识表示方法，通过可视化的知识网络来揭示知识之间的相互联系，并实现分布式知识的集成、共享、互联和推理⑥。作为一种由多种技术融合而成的新兴技术，主题图谱能够对知识进行数字化组织、智能化索引、模型化表示和分布式链接。在社交网络舆情中，主题图谱有利于非结构化舆情信息的应用和分析，可通过对不同主题内容的分析，发现网络舆情存在的传播模式和规律。例如，用户主题图谱能够识别舆

---

① 项威. 事件知识图谱构建技术与应用综述［J］. 计算机与现代化, 2020, 1：10-16.
② 漆桂林, 高桓, 吴天星. 知识图谱研究进展［J］. 情报工程, 2017, 3（1）：4-25.
③ 孙雨生, 常凯月, 朱礼军. 大规模知识图谱及其应用研究［J］. 情报理论与实践, 2018, 41（11）：138-143.
④ 肖明, 栗文超, 夏秋菊. 基于 Prefuse 和层次聚类的信息检索主题知识图谱研究［J］. 数据分析与知识发现, 2012, 28（4）：35-40.
⑤ 陈健瑶, 夏立新, 刘星月. 基于主题图谱的网络舆情特征演化及其可视化分析［J］. 情报科学, 2021, 39（5）：75-84.
⑥ 韩永青, 陈卓群, 夏立新. 国内外主题图应用研究述评［J］. 图书情报知识, 2008, （6）：105-109+128.

情中的关键节点及其之间的关联关系；事件主题图谱能够探明舆情中的关键要素以及特征；多平台主题图谱能够反映不同社交媒体的传播特点和传播规律；等等。

3. 主题模型的内涵

主题模型是以非监督学习的方式对文本的隐含语义结构进行聚类的统计模型，主要用于处理离散型数据（如文本集合），在信息检索、文本挖掘等领域广泛应用[①]。在主题模型中，主题是以文本中所有字符为支撑集的概率分布，表示该字符在该主题中出现的频繁程度，字符的出现概率与主题关联度成正比。在文本拥有多个主题时，每个主题的概率分布都包括所有字符，但在不同的概率分布中，同一字符有着不同的取值。主题模型将文档的这一特性进行了数学描述，并对每篇文档及文档中出现的词语进行统计，从而判定当前文档蕴含了哪些主题。学者 Chen Shuoying 等[②]为解决短文微博中主题检测出现的问题，提出改进的 TF-IDF 聚类算法对微博文本进行主题检测；Srijit 等[③]提出了一种概率主题模型——分层狄利克雷过程，对 Twitter 数据集中的子事件主题进行检测，并与其他聚类方法比较，验证其优越性能；Hyeok-Jun 等[④]针对 Twitter 中基于时间窗口中的大量推文，使用 HUPM 模型进行主题检测，并指出该方法具有优越的性能和较短的运行时间；Diogo 等[⑤]为捕获事件随时间变化的信息，创建了一个可伸缩的、模块化的主题建模算法，并利用 Twitter 语料库中的子

① Ellouze N, Ben A M, Metais E, et al. State of the Art on Topic Map Building Approaches [C] //Proceedings of the 14th International Conference on Applications of Natural Language to Information Systems. Heidelberg: Springer, 2008: 102-112.

② Shuoying C, Zhensheng J. Weibo Topic Detection Based on Improved TF-IDF Algorithm [J]. Science & Technology Review, 2016, 34 (2): 282-286.

③ Srijith P K, Hepple M, Bontcheva K, et al. Sub-Story Detection in Twitter with Hierarchical Dirichlet Processes [J]. Information Processing & Management, 2017, 53 (4): 989-1003.

④ Hyeok-Jun C, Hee P C. Emerging Topic Detection in Twitter Stream Based on High Utility Pattern Mining [J]. Expert Systems with Applications, 2019, 115 (1): 27-36.

⑤ Diogo N, Jonice O. Subevents Detection through Topic Modeling in Social Media Posts [J]. Future Generation Computer Systems, 2019, 93 (4): 290-303.

事件进行检测评估；Tinghuai 等①将基于时间序列的聚合方案用于微博的 LDA 主题建模中，发现这可以提高聚类质量，更好地发现基础主题；唐晓波和肖璐②认为聚类分析是挖掘热点主题的重要方法，提出以依存句法分析对微博文本进行聚类，挖掘热点主题；梁晓贺等③基于超网络模型揭示微博舆情子网络的信息特征，并进行舆情主题挖掘和主题演化分析；赵常煜等④基于 LDA 主题模型挖掘 Twitter 推文中"一带一路"的讨论主题，实现主题和情感的交叉分析；朱晓霞等⑤基于主题-情感挖掘模型对微博评论中主题和情感的分布与联系进行挖掘，并通过实验验证模型的准确性；徐敏和李广建⑥基于词频均值的波动性，构建了概率语言模型，将其用于短文本热点主题预测。国内外学者现有的研究，多从文本聚类、主题模型与自然语言处理等方面对网络舆情主题进行挖掘。主题模型中最经典的是隐性狄利克雷分布（Latent Dirichlet Allocation，LDA）模型，其适用于主题建模。相较于传统研究方法，LDA 主题模型可以有效地深入挖掘文本中的潜在语义信息。并且，LDA 主题模型在短文本的主题挖掘中表现较好。

4. 事件主题图谱的内涵

事件是由一个或多个相关主体参与的事情或状态的组合，事件在特定时间点或时间段及特定空间范围内发生或发展。主题图谱能

① Tinghuai Ma, Jing Li, Xinnian Liang, et al. A Time-Series Based Aggregation Scheme for Topic Detection in Weibo Short Texts [J]. Physica A：Statistical Mechanics and Its Applications, 2019, 536（15）：120972.

② 唐晓波, 肖璐. 基于依存句法分析的微博主题挖掘模型研究 [J]. 情报科学, 2015, 33（9）：61-65.

③ 梁晓贺, 田儒雅, 吴蕾, 等. 基于超网络的微博舆情主题挖掘方法 [J]. 情报理论与实践, 2017, 40（10）：100-105.

④ 赵常煜, 吴亚平, 王继民."一带一路"倡议下的 Twitter 文本主题挖掘和情感分析 [J]. 图书情报工作, 2019, 63（19）：119-127.

⑤ 朱晓霞, 宋嘉欣, 孟建芳. 基于主题-情感挖掘模型的微博评论情感分类研究 [J]. 情报理论与实践, 2019, 42（5）：159-164.

⑥ 徐敏, 李广建. 基于词频均值波动和概率语言模型的短文本热点主题探测研究 [J]. 情报杂志, 2019, 38（6）：152-158.

够清晰地描述和表示事件的内容及其关系，剖析事件及其要素之间的内在和外在联系①。因此，本研究将事件主题图谱定义为：以事件为核心和基础建立起来的知识图谱，包含了事件要素及各种语义和逻辑关系。事件主题图谱本质上就是现实世界发生的事件所包含的语义对象和描述该对象的属性以及对象之间关系的集合，具体包括事件参与实体（即参与事件的个人、群体或组织）、事件实体（即事件本身）、事件时间实体和空间实体②等；事件参与实体之间的转发、评论、点赞等语义关系；事件参与实体与事件实体之间的发起、关注、推动等语义关系；事件实体之间的共指、因果、时序、顺承等逻辑语义关系。事件主题图谱中的节点代表事件包含的实体，边代表实体之间的关系（如图 1-1 所示）。事件主题图谱从静态的角度描述了事件所包含的各类要素的特征，同时从动态角度展现了事件的发展模式和规律，以及事件与事件要素之间的各种关系等。

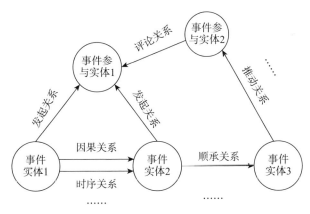

图 1-1　事件主题图谱示例

5. 社交网络舆情多平台主题图谱的内涵

社交网络舆情多平台主题图谱是以社交网络舆情多平台为中心

---

①　邢云菲，李玉海. 高校网络舆情传播主题图谱可视化研究［J］. 情报科学，2020，38（11）：86-91.

②　杜亚军，吴越. 微博知识图谱构建方法研究［J］. 西华大学学报（自然科学版），2015，（1）：27-35.

的知识图谱，包含了社交网络舆情多平台的全部实体、实体之间的关系和实体的属性，即发生在多个社交网络平台中的舆情包含的全部要素对象、要素对象的属性及要素对象之间的语义和逻辑关系，能够从对象和关系两个视角出发，全面地描述社交网络舆情多平台中各类要素的特征、各类要素之间的关系及舆情多平台的发展模式和规律。图谱中的节点是舆情话题、平台、舆情信息、舆情用户、舆情时间和空间等；图谱中的关系是平台之间的并列关系，舆情用户之间的转发、评论、点赞关系等，舆情信息之间的发起、推动、关注语义关系等（见图 1-2）。

本研究特意强调，社交网络平台是独立的舆情传播单元，因此社交网络舆情多平台主题图谱中包含的舆情子平台是独立的，平台和平台之间是并列关系，跨平台的节点不存在直接的交互和信息流动。本研究重点关注每个平台中舆情的传播扩散规律，并对平台间的分析结果进行对比分析，动态且全面地对社交网络舆情多平台的传播全貌进行揭示。

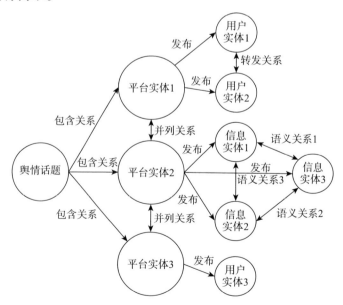

图 1-2 社交网络舆情多平台主题图谱示例

二　突发事件

1. 突发事件的内涵

突发事件是指突然发生，造成或可能造成严重的社会危害，需要采取应急处置措施予以应对的自然灾害、事故灾难、公共卫生事件和社会安全事件①。广义上，突发事件可被理解为突然发生的事情：第一层的含义是事件的发生令人始料未及，且发展得很快；第二层的含义是事件在短时间内难以找到妥善的应对方法，事件发展令人难以招架，无法控制。狭义上，突发事件就是突然发生的重大事件，且这类重大事件往往带有一定的敏感性，如自然灾害、社会冲突等都属于突发事件。沈正赋②认为突发事件是指突然发生并呈现为异常状态，民众缺乏准备却普遍予以关注的新闻事件。突发事件一旦被网络媒体或者网民报道，一段时间内就会引起舆情用户的广泛关注，并在短时间内聚集成强大的舆论场，最终形成突发事件网络舆情③。突发事件网络舆情的形成或"喷涌"是多种因素作用的结果。突发事件极易引起舆情用户的广泛关注和深度共情，在这种状态下用户所表达的情绪、形成的看法，以及通过简单过滤后形成的观点、思想都将迅速聚集为强大的舆论势力④。

2. 突发事件的类型

根据突发事件的发展过程及事件性质，突发事件可以分为自然灾害、事故灾难、公共卫生事件以及社会安全事件四类⑤。

---

① 于晓虹，楼际通，楼文高，等. 突发事件网络舆情风险评价的投影寻踪建模与实证研究［J］. 情报科学，2019，37（11）：79-88.

② 沈正赋. 灾难性事件报道方法论初探［J］. 新闻战线，2003，（9）：26-28.

③ 李弼程，林琛，郭志刚. 突发事件网络舆情研究探讨［J］. 情报杂志，2010，29（7）：54-57.

④ 方付建，王国华，徐晓林. 突发事件网络舆情"片面化呈现"的形成机理——基于网民的视角［J］. 情报杂志，2010，29（4）：26-30.

⑤ 夏长勇. 我国四类公共危机传播现状与发展态势［J］. 新闻与写作，2009，（11）：58-60.

（1）自然灾害

自然灾害主要包括水旱灾害、气象灾害、地震灾害、地质灾害、海洋灾害、生物灾害和森林草原火灾等。自然灾害类突发事件由自然界的不确定因素导致[①]。

（2）事故灾难

事故灾难主要包括工矿商贸等企业的各类安全事故、交通运输事故、公共设施和设备事故、环境污染和生态破坏事件等。事故灾难类突发事件主要由主观上的人为因素导致，也不排除由客观因素与主观因素共同导致[②]。

（3）公共卫生事件

公共卫生事件主要包括传染病疫情、群体性不明原因疾病、食物和职业中毒以及其他严重影响公众健康和生命安全的事件。公共卫生类突发事件，通常由客观因素中的病菌、传染病等引起[③]。

（4）社会安全事件

社会安全事件主要包括恐怖袭击事件、经济安全事件和涉外突发事件等。社会安全事件主要由人的利益冲突因素与价值冲突因素造成[④]。

3. 突发事件的特征

（1）突发事件产生的瞬间性

从发展速度来说，突发事件的各个周期进程及蔓延速度快，且发展趋势难以预估。整个社会对突发事件的认知在一定时期内都将处于不足的状态，因而难以进行准确的判断和应对。

---

① 蔡梅竹. 突发自然灾害事件网络舆论特征研究［D］. 华中科技大学，2012.
② 张洁，宋元林. 事故灾难类突发公共事件网络舆论引导模式的构建及运用［J］. 重庆理工大学学报（社会科学版），2013，27（3）：72-75.
③ 王林，王可，吴江. 社交媒体中突发公共卫生事件舆情传播与演变——以2018年疫苗事件为例［J］. 数据分析与知识发现，2019，3（4）：42-52.
④ 陈璟浩，李纲. 突发社会安全事件网络舆情演化的生存分析——基于70起重大社会安全事件的分析［J］. 情报杂志，2016，35（4）：70-74.

（2）突发事件爆发点的偶然性

突发事件发生的地点和时间具有很强的随机性。这种随机性往往会扰乱社会的正常运转，使人们难以对其进行掌控，也无法做到有效的预警。突发事件发生后，人们往往难以在第一时间把握事件的发生方向，也无法对其性质做出科学的判断。

（3）突发事件发展趋势的危机性

在现代社会，通信技术的发展为舆情事件的快速传播提供了条件。但突发事件舆情在短时间内的快速传播，较易形成社会恐慌。突发事件往往是危机的先兆和前奏，或充当危机爆发的原因。在一定的外界条件下，突发事件可能会进一步恶化，危害局部地区甚至全社会的安全。当突发事件因处理不当而失去控制，朝着无序的方向发展时，危机便会形成并扩大[①]。

① 朱力. 突发事件的概念、要素与类型［J］. 南京社会科学，2017，（11）：81-88.

第二章
大数据驱动的社交网络舆情
主题图谱构建理论及方法

第一节 信息生态的相关理论

一 信息生态的内涵

信息生态是一套以生态学为基础，利用生态学相关理论和方法对人类信息活动过程中的相关问题和现象进行研究的理论，用于研究生态观念与信息环境之间的关联，其目标是促进信息生态系统的平衡与稳定①。信息生态这一概念最早被正式提出是在 1989 年发表的题为"Towards an Information Ecology"的论文中，该论文对包括信息污染、信息平衡、社会生态性质量以及数字鸿沟在内的几种信息生态问题进行了探讨②。我国最早提出信息生态的是张新时，他认为信息生态在信息科学的高科技与理论优势的基础上，继承和发展了生态学的传统理论，并且强调对人、生态系统以及生态圈的综合分析、研究、模拟和预测③。随着信息生态相关理论与研究的发展，学者就

---

① 肖钠. 我国信息生态理论研究综述 [J]. 情报科学, 2011, 29 (7): 1114-1120.
② Capurro R. Towards an Information Ecology [C] // the NORDINFO International Seminar "Information and Quality". Copenhagen: Royal School of Librarianship, 1989.
③ 张新时. 关于生态重建和生态恢复的思辨及其科学涵义与发展途径 [J]. 植物生态学报, 2010, 34 (1): 112-118.

信息生态达成共识：信息生态是信息、信息人、信息环境和信息技术以及这几个要素之间相互作用和关系的总和。其中，信息人是主体和关键因素，信息是进行交流和反馈的纽带，信息环境是基础，信息技术是手段，信息生态系统是信息生态研究的核心。

二　信息生态系统

信息生态系统是在特定环境中，由人、实践、价值和技术构成的一个有机系统[①]。信息生态系统是信息生态的核心和主要研究对象，从系统的角度强调信息人与信息之间的关系。从生态系统的角度看，信息生态系统与自然界的生态系统具有相似的性质和功能；从社会学的角度看，信息生态系统是由包括具备适应能力的主体和环境等要素在内的多种要素按照一定规则形成的动态复杂的人工系统。信息生态系统也是一个开放的系统，能够与社会、经济、政治等环境相互作用、相互影响。为适应环境的变化，该系统还具有一定的自我调节能力。可见，信息生态系统是一个由信息人、信息、信息环境和信息技术共同构成的具有复杂性、适应性和动态性的统一整体，其以人类的信息活动作为核心，并强调系统中各信息生态要素之间的相互影响和相互作用。

三　信息生态要素

从生态学的观点看，生态系统由生产者、消费者、分解者和无机物等生态要素构成。基于生态学基础发展起来的信息生态也一样，其由不同的信息生态要素构成。关于信息生态要素，学界有不同的认知，主要包括信息人-信息环境两要素说[②]、信息-信息人-信息环境

---

①　Nardi B A, O'Day V. Information Ecologies：Using Technology with Heart ［M］. Mit Press, 1999：40-50.

②　娄策群，赵桂芹. 信息生态平衡及其在构建和谐社会中的作用 ［J］. 情报科学, 2006，（11）：1606-1610.

三要素说①，以及信息-信息人-信息环境-信息技术四要素说②。信息是信息主体之间进行交流和传播的一切内容的总和。信息人是指一切具有信息需求并参与信息活动的个体或群体，包括信息生产者、信息组织者、信息传播者、信息消费者和信息分解者等。信息环境是除信息主体外一切能够直接或间接影响信息主体生存、发展以及进行信息活动的要素的总和。信息技术是开发、利用、传播和接收信息的所有手段或工具的总和。综上，本研究认为信息是信息主体之间在互动过程中产生的一切文本、图片、表情符号、音频和视频等形式内容的总和；信息人是发起或参与一切信息活动的个体、组织、机构或群体；信息环境是信息活动得以进行所依托的外部环境和内部环境；信息技术是一切为了进行信息活动而使用的技术、手段和工具的总称。

四　信息生态群落

从生态学角度看，群落是在特定空间或环境下生物物种有规律的组合。信息生态群落综合了生态学与信息学的概念，是指由信息人、信息在信息技术和特定信息环境中聚集而成的具有特定功能的组织形态③。作为信息生态系统的一部分，信息生态群落是一个中观信息生态系统，信息在信息生态系统中的传播具有社会性，所以信息生态群落便在这一过程中形成，并在一定的环境和其他因素的作用下，以某种方式进行演化。根据信息聚集理论，信息生态群落存在聚集和协同效应。具体地，具有相同信息需求，或扮演相同信息角色，或具有相同信息特征的信息人会逐渐聚集，并形成信息人种群。信息人种群是信息生态群落内部的子群落，不同的种群之间存在着信息协作和信息竞争。

①　李美娣. 信息生态系统的剖析［J］. 情报杂志，1998，17（4）：3-5.
②　张海涛，王丹，张连峰，等. 商务网络信息生态链的演化逻辑及演化模型研究［J］. 图书情报工作，2015，95-101.
③　田世海，张家毓，孙美琪. 基于改进SIR的网络舆情信息生态群落衍生研究［J］. 情报科学，2020，38（1）：3-9+16.

五　信息生态链

信息生态链源自信息生态和信息链的交叉应用研究，是存在于特定信息生态中的人造系统，包含信息、信息人、信息环境和信息技术等基本要素。信息生态链是信息人在信息环境中利用信息技术进行信息加工、利用和传递的过程中，按照信息处理和流转的顺序而排列成的链状结构，包含平等关系、共生关系、互动关系、合作关系和竞争关系等多元复合关系[①]。信息生态链的结构以节点和节点间的链接构成，其在不同的时空范围、不同的生态子系统、不同的信息活动中，会呈现不同的结构形式。①线性结构，节点之间只有前后或者上下的信息流，信息流动方向单一且按顺序依次流动。②星状结构，信息生态链存在中心节点，信息可以从中心节点向外发散或由其他节点向中心节点汇聚。③树状结构，信息流呈现由上至下发布或由下至上汇总的层级特点，信息流除了上下流转，还能够向外扩散。④网状结构，节点之间存在交叉纵横的链接，信息流的联通线路更多且存在交叉，信息流动速度较快、效率较高（详见图2-1）。

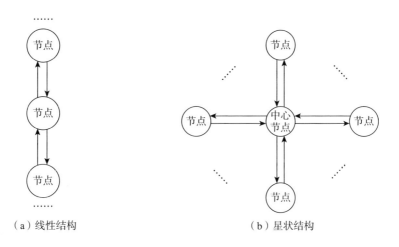

（a）线性结构　　　　　　　　　　（b）星状结构

---

① 娄策群，周承聪. 信息生态链：概念、本质和类型［J］. 图书情报工作，2007，（9）：29-32.

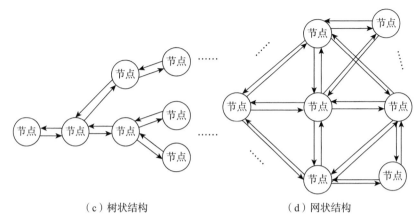

（c）树状结构 　　　　　　　　（d）网状结构

图 2-1　信息生态链的不同结构

第二节　大数据驱动的社交网络舆情主题图谱的构建

一　信息生态要素

大数据驱动的社交网络舆情主题图谱系统模型与信息生态理论有着密不可分的联系，而主题图谱可以对信息生态要素进行可视化分析[①]。本节重点分析大数据驱动的社交网络舆情主题图谱的信息生态四要素，即信息人要素、信息要素、信息环境要素以及信息技术要素，并基于以上四个要素，描述信息生态要素模型的作用机理。

1. 大数据驱动的社交网络舆情主题图谱的信息人要素

信息人作为在一定条件下通过各种手段或形式，关注舆情事件发展且就舆情事件公开发表观点或立场、表达情绪或态度的参与对象的集合，对应社交网络舆情用户、事件、多平台主题图谱的主体要素。信息人在社交网络舆情中扮演着不同的角色，包括舆情信息生产

① 赵丹，王晰巍，李师萌，等. 新媒体环境下的网络舆情特征量及行为规律研究——基于信息生态理论［J］. 情报学报，2017，36（12）：1224-1232.

者、组织者、传播者、消费者及分解者等①，不同角色的信息人根据其角色功能在社交网络舆情多个平台中发挥不同的作用，通过多个平台中的多种信息人角色的协同共同推进舆情的演进。信息生产者主要是零次、一次或二次信息的制造者；信息组织者通过信息技术将信息进行有序化处理；信息传播者借助一定信息技术和通道实现信息传播；信息消费者具有信息需求，通过各种技术和方式消费信息；信息分解者对过时、错误、虚假等信息进行处理②。

虽然几类信息人之间有明确的角色界限，但是在社交网络舆情事件中，参与主体不是单一的，即一个事件通常涉及不同类型的信息人，信息流是由多种类型的用户共同控制的，如政府、网络媒体、意见领袖和普通网民等③。由于社交网络的高度互联性，信息人在信息技术的支持下进行信息生成或发布、信息交流和反馈的同时，也会接收或传播来自其他信息人的信息，在舆情事件中，信息人在不同阶段或场域可能扮演双重或多重角色，推动事件的演变和发展。在平台间，信息人也有明确的角色界限，在每一个平台内既可相互依存，又可相互转化，具有动态性，信息人在不同的舆情周期或者不同的社交媒体平台中也可能出现角色的更改。尽管如此，社交网络舆情中均存在政府、普通网民、意见领袖、网络媒体等信息人，他们掌握舆情信息资源，彼此间进行舆情信息交换，促进信息的流动，共同推进社交网络舆情的演进。大数据驱动的社交网络舆情主题图谱的信息人要素如图 2-2 所示。

---

① 王曰芬，王一山. 传播阶段中不同传播者的舆情主题发现与对比分析 [J]. 现代情报，2018，38（9）：28-35+144.
② 靖继鹏，张向先，王晰巍. 信息生态学的研究进展 [J]. 情报学进展，2016，11（00）：1-26.
③ Kim J, Bae J, Hastak M. Emergency Information Diffusion on Online Social Media during Storm Cindy in U. S. [J]. International Journal of Information Management, 2018, 40：153-165.

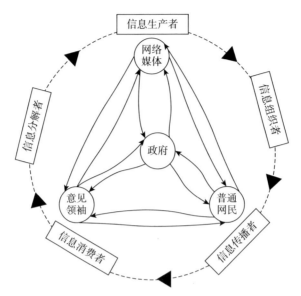

图 2-2 大数据驱动的社交网络舆情主题图谱的信息人要素

（1）政府

政府是指某政府机构在社交网络中开通的官方账号，具有一定的行政级别并且代表政府发声。随着社交网络的普及和发展，社交网络平台已经成为政府发布信息、与公众交流、进行舆情事件引导与管控的重要工具之一①。政府一般具有较大的影响力与权威性，在社交网络舆情事件中通常扮演信息发布者的角色，主要进行官方信息的生成与发布，旨在对公众关心的舆情事件相关问题进行回应，如澄清事件真相及公布事件进程、解决办法、处理结果等。同时，政府在舆情事件传播中也充当着信息守门人和信息分解者的角色②，政府除了生成、组织和传播信息，还可以通过舆论监督预警、言论限制、负面舆论屏蔽、舆论引导等措施来对舆情事件的走向和进程进行干预和

---

① Zhang W, Wang M, Zhu Y. Does Government Information Release Really Matter in Regulating Contagion-Evolution of Negative Emotion during Public Emergencies? From The Perspective of Cognitive Big Data Analytics [J]. International Journal of Information Management, 2020, 50: 498-514.

② 张志安，晏齐宏. 个体情绪　社会情感　集体意志——网络舆论的非理性及其因素研究 [J]. 新闻记者，2016（11）：16-22.

引导。政府的回应速度、信息公开透明度以及公众对政府的信任等，都会影响政府在社交网络舆情事件中的作用，以及对社交网络舆情事件走向进行引导和管理的效果[1]。

（2）普通网民

普通网民是社交网络舆情的促成者，也是社交网络舆情事件的主要参与者。当大量的网民参与舆情事件的讨论并表达和交换自己的立场、意见、诉求以及情绪时，就形成了网络舆情[2]。普通网民具有群体数量庞大、参与度高、身份复杂等特点，在参与舆情事件信息交流时与其他几类信息人存在差异，信息表达相对主观和情绪化。同时，普通网民虽然经常在社交网络中发布或传播与舆情事件有关的信息，但其个人影响力与其他类型的信息人相比十分有限，在事件的讨论中容易受到其他信息人或群体的影响[3]。因而普通网民在社交网络舆情事件中既可以扮演信息生成者的角色，也可以是信息的传播者和消费者。

（3）意见领袖

意见领袖通常被认为是社交网络社区中的意见、思想与观点的提供者，在社区内拥有众多追随者[4]。意见领袖是在某一领域或网络社区内具有一定的权威性、知名度和影响力的公众人物或社会组织，能够在舆情事件传播过程中对其他用户，尤其是普通用户产生深远的影响[5]。意见领袖可以是某一领域的专家、某一社交网络平台中的

①　李悦，王法硕．邻避事件中的公众情绪、政府回应与信息转发意愿研究［J］．情报杂志，2021，40（4）：179-186.

②　唐雪梅，赖胜强．情绪化信息对舆情事件传播的影响研究［J］．情报杂志，2018，37（12）：124 129.

③　Hou J，Yu T，Xiao R. Structure Reversal of Online Public Opinion for the Heterogeneous Health Concerns under NIMBY Conflict Environmental Mass Events in China［J］．Healthcare，2020，8（3）：324.

④　钟磊，宋香荣，孙瑞娜．基于 LeaderRank 的意见领袖发现模型及其应用［J］．情报杂志，2021，40（4）：194-199.

⑤　Hou J，Yu T，Xiao R. Structure Reversal of Online Public Opinion for the Heterogeneous Health Concerns under NIMBY Conflict Environmental Mass Events in China［J］．Healthcare，2020，8（3）：324.

活跃用户，也可以是对某个特定主题或领域感兴趣的名人等①。意见领袖在社交网络舆情事件信息生态系统中发挥着重要作用，他们能够通过社交网络向公众传播信息并构建共识领域，甚至能够起到主导或逆转事件发展方向的作用。

（4）网络媒体

网络媒体是指通过社交网络进行新闻或事件报道的公共媒体或自媒体。长期以来，社交网络舆情事件的舆论领域主要有两个，一个是"媒体舆论领域"，即以网络媒体为代表的事件报道与讨论；另一个是"口头舆论领域"，即以普通网民为代表的公众讨论②。随着社交网络和互联网的发展，越来越多的人通过在线方式获得信息，网络媒体提供了有价值的信息并构成了公众的认知基础，为舆论发展做出了贡献③。在社交网络中，网络媒体通过生成框架以更简单、更方便和更快速的方式向公众传递舆情事件信息，在舆情事件完整报道、因果分析、信息纠正等方面具有巨大的优势，因此在舆情事件中，公众对网络媒体的依赖性逐渐增强④。网络媒体在社交网络舆情事件中通常较多地扮演信息生成者、组织者和传播者的角色，在一些情况下也会配合政府进行舆情管控与引导，扮演信息分解者的角色。

2. 大数据驱动的社交网络舆情主题图谱的信息要素

在社交网络舆情中，信息作为事件参与主体对事件所表达出的

---

① Wang Z, Liu H, Liu W, et al. Understanding the Power of Opinion Leaders' Influence on the Diffusion Process of Popular Mobile Games: Travel Frog on Sina Weibo [J]. Computers in Human Behavior, 2020, 109: 106354.

② Xie Y, Qiao R, Shao G, et al. Research on Chinese Social Media Users' Communication Behaviors during Public Emergency Events [J]. Telematics & Informatics, 2017, 34 (3): 740-754.

③ Yamada K. Public Response to News Reports on the Mount Kusatsu-Shirane Volcanic Eruption: A Content Analysis of Online Reader Comments [J]. International Journal of Disaster Risk Reduction, 2020, 43: 101388.

④ Yang J, Lee S. Framing the MERS Information Crisis: An Analysis on Online News Media's Rumour Coverage [J]. Journal of Contingencies and Crisis Management, 2020, 28 (4): 386-398.

态度、意见、立场或情绪的总和，是参与主体之间进行交互的主要成果和表现形式①，对应舆情用户、事件、多平台主题图谱的本体要素。信息是信息生态系统中各个信息生态要素相互联系的中介，维系着整个系统的运行，也是整个舆情生态系统运作的主要表现形式②。通过对舆情事件信息的抓取和分析，能够挖掘出网络舆情事件演化、传播的过程和规律，以及发现舆情事件的影响因素、关键内容主题等，有利于舆情监测和引导效率的提升。在多平台中，信息的表达结构较单一平台更加多元，信息是链接不同信息人主体类别或角色类别的中介，也是不同平台间舆情产生相互作用的介质和催化剂。在社交网络中，舆情信息根据其格式和表现形式的不同，可以分成两类，一类是文本信息，另一类是多媒体信息。

（1）文本信息

文本信息是由社交网络用户产生的、以文字为主要表现形式的信息，文本信息是社交网络平台中用户进行交互的主要信息形式。根据社交网络中文本的长度，可以将文本信息分为长文本和短文本。长文本多包涵诸多新词、专业术语及网络词语③，如问答社区中的文本信息、新闻稿件信息、博客文章等。当文本长度过长时，会存在大量冗余信息，因而对长文本进行的研究和分析主要聚焦在长文本的快速分类、摘要、匹配、话题检测等④。短文本通常指长度较短、内容简洁、话题性较强的文本，如发文字符数限制在 140 个字符以内的微博博文和用户评论、微信即时聊天记录中的文字聊天信息、论坛或贴

---

① 王微，土晰巍，娄正卿，等. 信息生态视角下移动短视频 UGC 网络舆情传播行为影响因素研究 [J]. 情报理论与实践，2020，43（3）：24-30.

② 曹海军，侯甜甜. 信息生态视角下政务短视频的内生逻辑与优化路径 [J]. 情报杂志，2021，40（2）：189-194.

③ 王浩镔，胡平. 采用多级特征的多标签长文本分类算法 [J]. 计算机工程与应用，2021，57（15）：193-199.

④ Shen X, Qin R. Searching and Learning English Translation Long Text Information Based on Heterogeneous Multiprocessors and Data Mining [J]. Microprocessors and Microsystems, 2021, 82（2）：103895.

吧的发文与留言及回复等①。短文本在舆情分析、文本情感分类、在线评论分析等众多研究领域中具有较强的利用价值。

（2）多媒体信息

多媒体信息是指除文字信息外的静态图片、动态图片、表情符号、音频、视频以及外部链接等信息。其中，短视频是一种在移动或短时休闲状态下观看、推送的视频内容，时长从几秒钟到几分钟不等②，近年来在研究中具有广泛的应用。短视频的互动性、沉浸感较强，弥补了传统文字信息、图片、语音、表情符号等信息形式存在的环境缺失及"现场力"不足等劣势。短视频社交应用的数量和普及率呈现逐年攀高的态势，近年来已经逐渐成为新的"风口"。短视频信息已经被应用于社交网络领域各类型研究中，如利用短视频数据分析舆情事件的动力演化③、舆情信息内容传播以及舆情监测与危机预防④等。

3. 大数据驱动的社交网络舆情主题图谱的信息环境要素

信息环境是社交网络舆情事件发生、发酵、演变和传播的场所或场域，也是能够对舆情事件产生直接或间接影响的要素的集合，对应社交网络舆情事件的时空要素。社交网络舆情的信息环境可以分为外部环境和内部环境两大类⑤。外部环境是社交网络舆情事件所存在的外部客观环境，不会因为舆情事件的发生和发展而轻易改变，主要包括经济环境、社会环境、法律环境、政治环境。内部环境是社交网络舆情事件发生和演变的内在信息时空环境，会由于舆情事件性质

① 王军，李子舰，刘潇蔓．不同文本长度的体验型产品在线评论时间序列研究——以电影评论为例［J］．图书情报工作，2019，63（16）：103-111.
② 毕达天，王福，杜小民，韩丽萍．短视频产业场景式服务及其价值创造路径研究［J］．情报理论与实践，2021，44（2）：71-76.
③ 祁凯，韦晓玉，郑瑞．基于系统动力学模型的政务短视频网络舆情动力演化分析［J］．情报理论与实践，2021，44（3）：115-121+130.
④ 毕翔，唐存琛，肖俏．短视频社交媒介舆情监测与危机防范机制研究［J］．情报理论与实践，2019，42（10）：102-108.
⑤ 马捷，张光媛，葛岩．社会网络信息生态系统结构及演化模型研究［J］．农业图书情报学刊，2018，30（8）：5-11.

或类型等的不同而发生变化，主要包括时间环境和空间环境。外部环境和内部环境之间相互影响和作用、相互适应和协调，共同构成了社交网络舆情用户、事件与多平台主题图谱的信息环境。大数据驱动的社交网络舆情主题图谱的信息环境要素如图 2-3 所示。

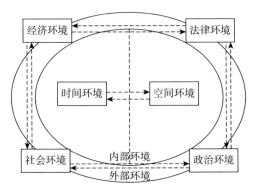

图 2-3　大数据驱动的社交网络舆情主题图谱信息环境要素

（1）外部环境

1）经济环境

社交网络技术及平台的开发、应用与普及离不开经济的发展和支持，经济环境不仅会影响网络基础设施建设和资源的合理分配，还会影响舆情事件参与公众的信息素养，因而经济环境是影响社交网络舆情事件发生、发展、引导和管理的重要外部环境因素[①]。

2）社会环境

社会环境是与舆情事件中的信息和信息人有关的一切社会现实、群体和人文等因素的集合[②]。社会环境的变化会对信息人的知觉产生冲击，并影响其社会认知。由于社交网络舆情事件的复杂性和信息流通的有限性，公众对舆情事件的判断和反应不仅依靠政府、网络媒体

---

①　杨洋洋，谢雪梅. 信息技术、经济发展与政府舆情治理效率——基于三阶段 DEA 模型的实证分析［J］. 现代情报，2021，41（3）：159-167.

②　姚乐野，孟群. 重特大自然灾害舆情演化机理：构成要素、运行逻辑与动力因素［J］. 情报资料工作，2020，41（5）：49-57.

和意见领袖的信息公开和引导，还受制于社会群体和社会认知水平[①]。个体对舆情事件的感知和阐释会影响其在舆情事件中的行动[②]，因而社会环境通过社会心理作用于公众，并影响公众参与舆情事件时的社会行为，从而影响舆情事件的走向和发展。

3）法律环境

社交网络的运营和发展是在国家法律政策的指导下进行的，法律环境是舆情生态平稳、和谐运行的重要支撑。虽然社交网络具有"零门槛"的进入规则，公众可以在社交网络中自由地表达和交换意见观点，但虚假、煽动性、恶意的舆情信息不仅对网络生态的正常秩序产生危害，还会影响现实社会的稳定与和谐。社交网络不是法外之地，舆情的监测与治理不仅依赖信息技术，还有依赖法律的权威性与强制性。社交网络舆情生态的健康良性发展离不开健全的法律环境[③]。

4）政治环境

稳定的政治环境、自由的舆论氛围是社交网络舆情生态系统平衡和进化的重要保障。党和政府的新政策、新规定能够引导网民弘扬正能量，形成健康、高质量的网络舆情生态环境，提升我国互联网生态治理的水平。

（2）内部环境

1）时间环境

时间环境是指舆情信息传播和信息人进行信息交互的时间周期环境，如事件开始的时间点、持续的时间以及事件结束的时间点等。社交网络舆情事件从产生到消亡是有周期的，即在一定的时间环境

---

① 李泽，谢熠，罗教讲．突发公共卫生事件社会心理影响因素分析［J］．学校党建与思想教育，2021（6）：91-93．

② 赖凯声，付宏，晏齐宏，李辉．地理舆情：大数据时代舆情研究的新路径［J］．情报理论与实践，2020，43（8）：64-69．

③ 崔毅．略论新媒体时代我国网络舆情监测与应对的法律治理［J］．法制博览，2020（35）：179-181．

内，事件从潜伏、爆发、蔓延再到衰退或消亡。随着时间的变化，事件的参与主体、参与主体的行为以及参与主体在事件中扮演的角色会随之发生变化。再加上社交网络信息传播的便利性以及机器学习算法的智能性，公众的记忆得到强化，舆情事件信息可以在时间环境内实现重复传播并具有可回溯性。舆情事件爆发后会在社交网络内快速发酵和大范围传播，因而舆情信息的时间环境尤其重要。对时间环境的分析能够从动态角度展示事件的信息结构和演变过程，有利于从不同的时间阶段对舆情事件展开具体的治理和管控。

2）空间环境

空间环境指事件发生的地点，包括虚拟网络空间和现实地理空间。社交网络舆情事件多遵循"线下事件突发—线上信息引爆—线上信息扩散—线下极化扩散"的规律，具有"线下发生，线上传递"的空间交互特性[①]。从内容上看，网络舆情生态是复杂现实社会生态的反映，地理空间环境作为人类生存的重要空间环境载体，在一定程度上能够全面反映并影响舆情的动态发展过程。对于事件空间环境的分析，特别是对事件发生和信息传递现实地理空间的分析，如事件发生的经纬度信息或者所在的行政区域信息等，可以了解和展示事件波及和蔓延的范围，对舆情的引导和治理具有重要的影响[②]。

4. 大数据驱动的社交网络舆情主题图谱的信息技术要素

信息技术是支持舆情信息收集、生产、发布、传递、接收、处理与存储等过程的技术、工具和终端的总称[③]，对应社交网络舆情用户、事件与多平台主题图谱的载体要素。信息技术增强了舆情事件中的信息主体进行信息交互的能力，提高了舆情事件参与主体对信息获取、存储、传播和处理的效率，保障了舆情信息生态系统中信息的

---

① 徐迪. 基于时空大数据的重大疫情类突发事件网络舆情研判体系研究［J］. 现代情报，2020，40（4）：23-30，81.

② 赵又霖，庞烁，吴宗大. 社会感知数据驱动下突发事件应急管理的时空语义模型构建研究［J］. 情报科学，2021，39（2）：44-53.

③ 赵丹. 基于信息生态理论的移动环境下微博舆情传播研究［D］. 吉林大学，2017.

高效流转。社交网络舆情用户、事件与多平台主题图谱中的信息技术要素主要是指社交网络平台及其所包含的各类信息技术。

（1）社交网络平台

社交网络平台是信息人相互作用的介质和纽带。当前国内主流的社交网络平台主要分为四大类，分别是即时通信社交平台、公共社交平台、垂直社交平台和短视频社交平台①。即时通信社交平台以微信、QQ、钉钉等为代表，主要满足公众实时通信和实时信息互动的社交需求。公共社交平台以微博为典型代表，主要满足公众讨论时事、展现自我等社交需求。垂直社交平台是一类相对小众、在特定社交领域为用户提供社交联结的平台，主要代表有百度贴吧、小红书、豆瓣、知乎等。短视频社交平台是近年来兴起的、以用户生成视频内容为主的社交网络平台，主要满足用户关注时事、记录生活、发布创意内容等社交需求，以抖音、快手、火山、秒拍等为代表。

（2）人工智能技术

以机器学习、深度学习、自然语言处理、云计算以及区块链等为代表的人工智能技术开始在社交网络平台中得到广泛应用，改变了传统的社交网络服务方式和信息呈现方式，为用户提供了互动和娱乐的个性化渠道。基于区块链等的人工智能加密技术在用户和社交网络平台之间建立了安全的远程访问通道，为用户的信息隐私安全提供了保障。

（3）大数据分析技术

社交网络中存在海量的信息数据，大数据分析技术为应对海量社交数据带来的技术挑战提供了可能，其能够快速从各种类型的数据中获得有价值的信息，也为社交网络用户行为、用户画像、内容编辑智能化等多个维度的数据分析提供支持。作为数据采集、存储、处理和呈现的有效手段，大数据分析技术使得社交网络数据的调度、加

---

① 中国互联网信息中心．第 48 次中国互联网络发展状况统计报告［EB/OL］．［2022-01-30］https://cit.buct.edu.cn/2021/0925/c7951a157922/page.htm.

载、计算和输出效率得到极大的提升。

（4）知识图谱技术

知识图谱作为一种能够描述知识和建模世界万物之间关系的图模型，是社交网络大数据表示的重要方式之一，也是用户认知信息和知识的底层支撑[①]。依托知识图谱强大的知识推理和认知扩展能力，在语义网络、自然语言处理等算法和技术的共同加持下，社交网络平台为用户提供了包括智能问答、智能搜索和智能推荐在内的多种个性化和智能化的社交服务。另外，各类社交网络平台中产生的数量庞大、结构复杂、关系互联、形式多变的数据信息，借助知识图谱技术在知识表示、知识融合、知识存储以及知识推理等方面的优势，能够提高用户关系网络构建、网络社群发现、多层关系挖掘、舆论话题演化与追踪等的能力与效率。

5. 大数据驱动的社交网络舆情主题图谱的信息生态要素模型

在社交网络舆情事件中，信息、信息人、信息环境和信息技术共同构成了大数据驱动的社交网络舆情主题图谱生态系统。在系统的外部和内部环境中，信息人通过信息技术进行信息的生成、组织、传播和消费。本书基于信息生态理论提出大数据驱动的社交网络舆情主题图谱信息生态要素模型（见图2-4）。通过对信息人的分析，明确什么样的信息人参与到舆情用户、事件与多平台的信息生态系统运作中，如何形成用户种群，以及用户所在种群会对个体用户产生怎样的影响。通过对信息的分析，明晰舆情事件生态系统中的关键信息内容及其传播和演变规律。在对信息环境的分析上，本书主要关注内部环境，即舆情时空，探究信息人在怎样的信息时空环境中进行信息生产与交互，以及舆情的时空信息链是如何形成和演化的。

[①]　艾瑞咨询. 知识图谱白皮书［EB/OL］.［2022-03-06］https://baijiahao.baidu.com/s？id=1684780601496643451&wfr=spider&for=pc.

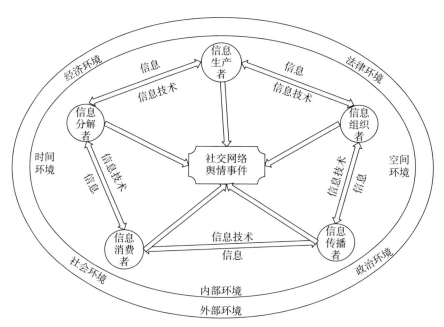

图 2-4　大数据驱动的社交网络舆情主题图谱信息生态要素模型

二　大数据驱动的社交网络舆情主题图谱构建过程

大数据驱动的社交网络舆情主题图谱构建，依赖于成熟的知识图谱处理技术，主要包括实体抽取、属性抽取、关系抽取。其中，实体抽取是大数据驱动的社交网络舆情主题图谱的支撑，通过实体抽取，能够从海量的社交网络舆情用户中准确定位主题图谱的节点。属性抽取是大数据驱动的社交网络舆情主题图谱的重要组成，有助于对主题图谱中的节点进行准确的描述。关系抽取是构建大数据驱动的社交网络舆情主题图谱的关键，节点间的关系决定了主题图谱不同节点之间的连接方式及作用机理。主题图谱的构建在于选择相适应的模型，对图谱中的节点类型或边关系进行识别和抽取。

1. 大数据驱动的社交网络舆情主题图谱的实体抽取

实体是知识图谱的基本单元，大数据驱动的社交网络舆情主题图谱的实体抽取过程就是从多个平台的社交网络舆情中发现其包含的实体类别及对应的数据对象，并以结构化三元组的形式〈实体，属性，属性值〉对实体进行表示①。实体抽取的方法主要有两种，基于规则与词典的方法和基于机器学习的方法。基于规则与词典的方法多依赖知识库与词典，以模式和字符串相匹配为主要手段，具有更高的准确率，更接近人类的思考方式，但规则的指定依赖于语言学家和领域专家。基于机器学习的方法更加灵活，利用预先标注好的语料训练模型，使模型学习命名实体组成部分的概率，进而计算一个候选字段作为命名实体的概率值②。

实体抽取本质上是实体识别，包括实体的检测和实体的分类③。在社交网络舆情中，实体的种类多样，包括舆情参与用户或者多平台的社交网络舆情的时空环境要素等。大数据驱动的社交网络舆情主题图谱的实体抽取包括但不限于以下类别：平台实体、人物实体、组织实体和地点实体等。平台实体是指网民讨论舆情话题时所使用的平台；人物实体是指参与舆情话题的个体对象，如普通网民和部分自媒体；组织实体是指参与舆情话题的某个组织或部门，如政府或公益组织等；地点实体是指舆情话题发生的地点、舆情信息发布的地点或舆情话题参与者所在的地点。对于大数据驱动的社交网络舆情主题图谱的实体抽取，首先通过网络爬虫技术在选定的社交网络平台中采集话题数据，其次利用实体抽取技术从采集到的话题数据中获取相关实体。

2. 大数据驱动的社交网络舆情主题图谱的属性抽取

属性是指实体所具有的某一特性，随着事物的存在而存在，具有客观性。属性可以是对实体特性的描述，也可以是对实体和关系的描述。属性能够对实体的概念、特性进行丰富和揭示，还能够对

---

① 娄国哲，王兰成．基于知识图谱的网络舆情知识组织方法研究［J］．情报理论与实践，2019，42（1）：58-64.

② 徐健，张智雄，吴振新．实体关系抽取的技术方法综述［J］．现代图书情报技术，2008，168（8）：18-23.

③ 刘浏，王东波．命名实体识别研究综述［J］．情报学报，2018，37（3）：329-340.

实体之间的关系做补充描述①。大数据驱动的社交网络舆情主题图谱属性抽取是指对发生在平台的社交网络舆情的特质进行抽取的过程，用以进一步了解社交网络舆情用户、事件和多平台的特征和内涵。属性可以通过两种方式展示，一种以〈实体—关系〉的形式，如图 2-5 所示；另一种是对实体直接进行描述，如人物实体的用户昵称、ID 等。

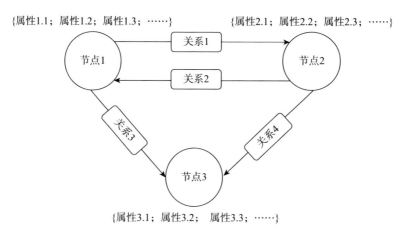

图 2-5　知识图谱〈实体—关系〉概念

目前属性抽取的方法主要包括基于规则的方法和基于统计的方法。基于规则的方法是通过模式匹配，人为定义抽取的规则和模式，侧重领域分析和匹配模式定义，往往依赖于专业领域的背景知识②。基于统计的方法是利用人工标注的语料或者生成的语料进行训练和学习，即信息的获取大部分通过机器完成，客观性比较强。基于统计的属性抽取方法中常用的是弱监督方法，即将语料库中的少量标注属性作为种子，使用统计知识来发现新的候选属性。对于大数据驱动的社交网络舆情主题图谱属性的抽取，是在使用网络爬虫技术获取

①　吴呈，王朝坤，王沐贤．基于文本化简的实体属性抽取方法［J］．计算机工程与应用，2020，56（21）：115-122.

②　翟劼，裴江南．基于规则的知识元属性抽取方法研究［J］．情报科学，2016，34（4）：43-47.

相关数据的基础上，利用属性抽取技术从对应数据中获取相关的属性信息的过程。

3. 大数据驱动的社交网络舆情主题图谱的关系抽取

实体之间的关系是知识图谱构建过程中不可缺少的环节。大数据驱动的社交网络舆情主题图谱关系是指发生在社交网络舆情中的全部类别的实体之间的关系，不同的关系将独立的实体连接在一起。关系抽取就是识别实体之间的关系，并使用〈实体1，关系，实体2〉进行结构化表示及存储的过程。常用的关系抽取的方法主要是基于模板的关系抽取方法和基于机器学习的关系抽取方法。基于模板的关系抽取方法通过人工编辑或者学习得到的模板对文本中的实体关系进行抽取和识别。但基于模板的抽取方法受限于模板的质量和覆盖度。随着机器学习方法的发展，开始使用成熟的机器学习算法抽取关系。

在社交网络舆情中，用户主要在不同的平台中参与舆情的讨论，以关注、评论、转发、点赞等信息行为建立起实体之间的联系。因而在社交网络舆论场中，实体之间的关系包括舆情话题和平台之间的包含关系、平台和舆情用户之间的发布关系和用户之间的转发评论点赞等关系；用户发布的文本内容还包含文本之间的指向和语义关系等；同时，在平台的维度层面还存在平台和平台之间的并列关系。以上关系种类是大数据驱动的社交网络舆情主题图谱构建的基础。对大数据驱动的社交网络舆情主题图谱关系的抽取，主要是在借助网络爬虫技术获取数据的基础上，对收集的数据进行分析，获取实体之间的关联关系，进而得到社交网络舆情主题图谱包含的全部实体关系对。

大数据驱动的社交网络舆情主题图谱的构建过程如图2-6所示。首先，通过大数据技术从社交网络平台中爬取相关数据，并对相关数据进行数据清洗、数据规范以及过滤无关字符和去停用词等数据处理；其次，运用LDA主题模型、朴素贝叶斯、卷积神经网络等机器学习方法对数据进行实体抽取、属性抽取和关系抽取；最后构建主题图谱，并进行可视化分析。

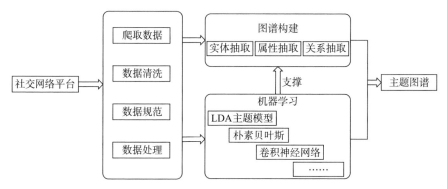

图 2-6　大数据驱动的社交网络舆情主题图谱的构建过程

三　大数据驱动的社交网络舆情主题图谱构成

1. 大数据驱动的社交网络舆情用户主题图谱构成

大数据驱动的社交网络舆情用户主题图谱由三个关键图谱构成：用户社群图谱、用户身份图谱与用户情感图谱。用户社群图谱旨在识别具有相似主题偏好的用户社群及意见领袖，分析社群的主题偏好和用户特征；用户身份图谱通过分析用户参与话题、主题偏好和认证信息，实现更精准的用户身份识别和关注点演化分析；用户情感图谱则深度挖掘用户发表信息的潜在情感倾向，展现用户情感演化特征，为舆情调控和引导提供依据。

图 2-7 展现了社交网络舆情用户主题图谱的生态演化逻辑。横向来看，舆情空间（信息环境）对应用户社群图谱，舆情用户（信息人）对应用户身份图谱，舆情信息（信息）对应用户情感图谱。纵向来看，舆情空间包含舆情用户和舆情信息，从而形成一个从宏观到微观的结构。用户主题图谱、身份图谱和情感图谱分别研究社群特征、用户属性和情感倾向，实现从群体到个体的分析。

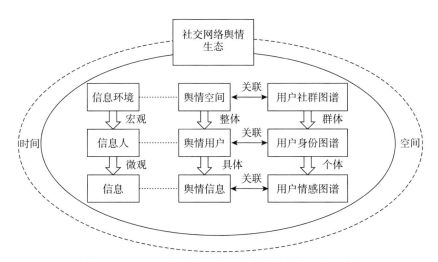

图 2-7　社交网络舆情用户主题图谱的生态演化逻辑

2. 大数据驱动的社交网络舆情事件主题图谱构成

构建大数据驱动的社交网络舆情事件主题图谱，旨在从整体生态系统角度分析舆情事件的演化和治理。该图谱的分析模型整体上分为两个层次：模型原理层形式化地表达事件、子事件、用户、信息、时空等实体及其关系；事件分析层从信息人、信息和信息环境三个维度构建用户种群图谱、信息群落图谱和时空演化图谱。模型分析逻辑则强调从个体到群体、从微观到宏观的分析过程，即从用户个体到用户种群，再到信息群落，最终形成反映舆情事件的时空信息链，如图 2-8 所示。

具体而言，用户种群图谱从信息人角度出发，解决用户群体定位和关系发现问题，通过对用户属性和行为特征进行聚类，识别不同种群，并分析种群间的相互影响。信息群落图谱则从信息角度出发，解决信息内容和流转问题，揭示事件的主要内容、热点话题及其演化过程。时空演化图谱从信息环境角度出发，通过空间自相关分析和图数据库技术，分析事件的时空分布格局和时空网络结构。

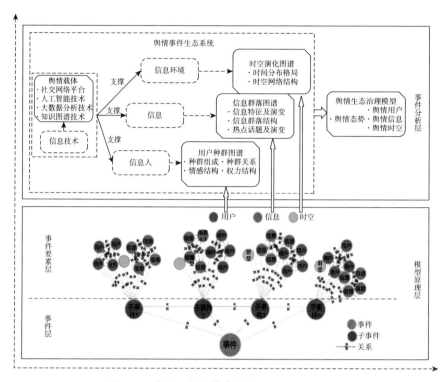

图 2-8 社交网络舆情事件主题图谱分析模型

3. 大数据驱动的社交网络舆情多平台主题图谱构成

构建大数据驱动的社交网络舆情多平台主题图谱，旨在从信息生态系统的视角，识别和防范多平台舆情风险。该图谱的分析模型分为两个层次，具体如图 2-9 所示：模型原理层包括平台层和要素层，直观展示舆情多平台主题图谱的结构和关系，节点包括话题、平台、用户、信息、时空，边为实体之间的关系；数据分析层从信息人、信息和信息环境三个维度构建多平台用户角色图谱、多平台群落信息图谱和多平台时空特征图谱。

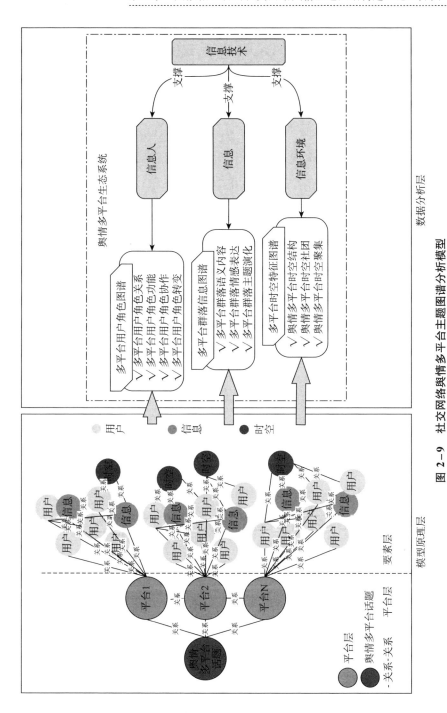

图 2 - 9　社交网络舆情多平台主题图谱分析模型

　　具体而言，多平台用户角色图谱从信息人角度出发，通过分析用户的主题特征、信息行为特征和网络结构特征，识别用户角色和角色种群，揭示不同平台用户角色的异同。多平台群落信息图谱则从信息角度出发，通过构建多平台群落语义图谱、情感表达图谱和主题演化图谱，确定多平台信息群落的语义内容、情感表达和主题演化，体现舆情信息的流转和观点碰撞。多平台时空特征图谱从信息环境角度出发，确定多平台舆情演化发酵的时空环境特征，分析舆情在不同平台中传播扩散的时空异质性以及多平台整体包含的关键城市、时空社团及异常时空聚集点。

第二篇

应用篇

第三章
大数据驱动的社交网络舆情
用户主题图谱构建

第一节　社交网络舆情用户社群图谱构建及社群发现

一　社交网络舆情用户社群图谱问题的提出

随着社交网络普及率的提高及应用程度的加深，以微博为代表的社交网络平台逐步成为舆情用户进行信息消费的首选①。舆情用户常常关注共同的主题，在社交网络上聚集成网络社群，形成独特的信息环境。网络社群中的舆情用户之间进行着频繁的信息交互，少部分舆情用户的观点或情绪，很容易在网络社群中影响其他的舆情用户。网络社群也逐渐成为社会舆情的"放大器"②，对信息生态系统的和谐发展有着重要的影响。然而，在舆情监管实践中，对于网络社群的监管一直是一个难点。一方面，舆情用户的社群属性往往暗含在对舆情的主题偏好中，监管部门缺乏准确有效的技术手段进行潜在的社群发现。另一方面，传统的基于社会网络分析的方法，往往采用入度、出度等计算指标去识别社群中的意见领袖，容易导致小规模社群

① 王晰巍，张柳，黄博，等．基于 LDA 的微博用户主题图谱构建及实证研究——以"埃航空难"为例［J］．数据分析与知识发现，2020，4（10）：47-57.
② 徐新然，纪雪梅，李长荣．社交媒体中社交关系对突发事件舆论表达的影响——基于平衡理论的研究［J］．情报资料工作，2019（6）：51-62.

的意见领袖被"湮没"。

针对以上问题,本节基于信息环境理论研究社交网络舆情用户的社群关系。社群关系主要体现为网络社群的研究,聚焦于信息环境中的内部环境,研究信息资源、信息文化和社群环境对舆情分析的作用。由于信息资源分布的不同,网络社群会形成差异化的信息文化,这代表了网络社群对于信息资源的态度和认知,具体表现在主题偏好上。构建社交网络舆情用户社群图谱,挖掘社群潜在主题,划分网络社群,确定社群主题偏好,是保障舆情平稳发展的关键,对舆情监管起到一定的指导和借鉴作用。

具体而言,本节基于信息生态中信息环境的相关理论,以突发事件"埃航空难"话题为例获取相关数据,基于 LDA 主题模型对数据文本进行主题建模,利用困惑度评价指标确定最优主题数以及主题-词分布,利用 JS 散度进行相似度度量,使用 VOSviewer 绘制用户社群图谱。通过构建用户社群图谱,系统研究网络社群关系,有效发现网络社群并识别社群意见领袖,确定衍生话题进而预测舆情走向,对降低社交网络舆情监控成本起到一定的指导作用,为提出的社交网络舆情社群引导策略提供理论依据。

二 社交网络舆情用户社群发现模型

1. LDA 主题模型

隐性狄利克雷分布(Latent Dirichlet Allocation,LDA)模型属于生成式模型,本质上是多层级的贝叶斯概率图模型[①]。这个概率图模型中包含了文档、主题、词三层结构。其核心思想是每个文档对应的主题服从狄利克雷分布 $\vec{\theta}$,每个主题对应的词服从狄利克雷分布 $\vec{\varphi}$,其中文档-主题分布 α 参数和主题-词分布 β 参数服从狄利

---

① Yongli Zhang, Christoph F Eick. Tracking Events in Twitter by Combining an LDA-Based Approach and a Density-Contour Clustering Approach [J]. International Journal of Semantic Computing, 2019, 13(1):87-110.

克雷分布 $\vec{\alpha}$ 和 $\vec{\beta}$ 。

在机器学习领域，LDA 主题模型占有非常重要的地位，常用来挖掘大数据环境下的大规模文档集或语料库中潜藏的主题信息。LDA 主题模型是一种典型的词袋模型，即仅统计一篇文档中的一个词语是否出现，而不考虑其出现的顺序。此外，一篇文档可以包含多个主题，文档中每一个词都由其中的一个主题生成[1]。关于主题个数的确定，通过困惑度（perplexity）评价指标来确定文档的最优主题数。困惑度常用于评价概率分布或概率模型进而预测样本的优劣，可用于调节主题个数[2]，其计算公式如下：

$$perplexity(D) = \exp\frac{\sum_{d=1}^{M}\log P(W_d)}{\sum_{d=1}^{M}N_d} \tag{3-1}$$

其中 d 表示文档中所有词的集合，d 表示文档的数量，W_d 表示文档 d 中的词，N_d 表示文档 d 中的词数，$P(W_d)$ 表示文档 d 中词出现的概率。困惑度一般随着潜在主题数量的增加而递减，困惑度数值越小则该主题模型的生成能力越强[3]。实践中，应着重考虑 LDA 主题模型的泛化能力，并尽量控制模型的复杂程度与参数量。一般认为，最优的 LDA 主题模型对应平均相似度最小的主题结构，这也符合奥卡姆剃刀准则[4]。因此，选择困惑度相对低且主题数量相对较少的数值作为 LDA 主题模型训练的最优模型参数[5]。

---

① 蔡永明，长青. 共词网络 LDA 模型的中文短文本主题分析［J］. 情报学报，2018，37（3）：305-317.

② Ling H，Ma J，Chen C. Topic Detection from Microblogs Using T-LDA and Perplexity［C］// Asia-Pacific Software Engineering Conference Workshops，2017.

③ 关鹏，王曰芬. 科技情报分析中 LDA 主题模型最优主题数确定方法研究［J］. 数据分析与知识发现，2016，32（9）：42-49.

④ Loni Hagen. Content Analysis of E-Petitions with Topic Modeling：How to Train and Evaluate LDA Models?［J］. Information Processing & Management，2018，54（6）：1292-1307.

⑤ 曾子明，王婧. 基于 LDA 和随机森林的微博谣言识别研究——以 2016 年雾霾谣言为例［J］. 情报学报，2019，38（1）：93-100.

2. 相似度度量

通过困惑度获得最优主题数后，可通过 LDA 主题模型得到文档-主题分布。在得到了文档-主题分布矩阵后，采用 JS 散度计算用户之间主题的相似性，并将其用作用户社群图谱构建中的边权重。其中 JS 散度度量了两个概率分布的相似度，是 KL（Kullback-Leibler divergence）散度的一种变体。KL 散度不具备对称性，不利于下游用户社群图谱构建，JS 散度则有效地解决了 KL 散度非对称的问题[①]，其取值是 0~1，计算公式如下：

$$JS(P \parallel Q) = \frac{1}{2}KL(P(x) \parallel \frac{P(x)+Q(x)}{2}) + \frac{1}{2}KL(Q(x) \parallel \frac{P(x)+Q(x)}{2}) \quad (3-2)$$

$$KL(P \parallel Q) = \sum P(x)\log\frac{P(x)}{Q(x)} \quad (3-3)$$

其中，$P(x)$ 与 $Q(x)$ 表示不同舆情用户的概率分布，即通过 LDA 主题模型求得的文档-主题分布。形式上，若某舆情空间下舆情用户转发评论信息共有 m 条，通过困惑度评价指标得到的最优 LDA 模型主题参数为 n 个，则文档-主题分布为一个 $m \times n$ 的矩阵；再通过 JS 散度计算各舆情用户之间的主题相似性，即求得一个 $m \times m$ 的方阵，进而得到舆情用户的划分。通过这种相似度的度量方式，即可找到近邻用户集并确定信息环境下的网络社群。

三 社交网络舆情用户社群图谱构建

1. 社交网络舆情用户社群图谱建模思想

（1）信息环境-网络社群关联思想

国内学者李美娣等[②]认为信息环境是指信息生态系统中人类社会一切信息交流相关要素的总和，包括外部环境因素和内部环境因素。

---

①　Ahmad Zareie, Amir Sheikhahmadi, Mahdi Jalili. Identification of Influential Users in Social Networks Based on Users' Interest [J]. Information Sciences, 2019, 493 (4)：217-231.

②　李美娣，裴成发，边旭佼. 对信息生态链中的信息环境研究 [J]. 兰台世界，2019，2：38-42.

信息环境为信息的良性循环提供了空间和场所，促进了信息资源的分享和获取①。信息环境中包含了众多网络社群，网络社群是拥有相同信息需求的信息主体聚集在一起形成的拥有特定功能和主题偏好的主体群落②。

（2）社交网络舆情用户社群图谱构建思想

社交网络舆情是在一定的社会环境下，舆情用户以话题事件为核心所表达的情感观点、喜好厌恶以及态度意见的总和。以主题作为桥梁，舆情用户可以基于感兴趣的话题事件聚集起来，对某一话题事件产生关注，并做出转发、评论和点赞等行为。社交网络舆情用户社群图谱采用图的建模方式，以舆情用户作为节点，以转发评论关系为边，连接不同的舆情用户。社交网络舆情用户社群图谱不但可以将相同主题偏好的舆情用户聚集在一起，而且可以将社交网络中的用户按主题划分成不同的群体③，从而更方便地呈现舆情用户针对某一话题事件的主题倾向性。社交网络舆情用户社群图谱可以将舆情用户发布的文本信息通过主题相似度进行划分，并将同一主题下的舆情用户通过社交关系聚集在一起④。

（3）社交网络舆情用户社群图谱构建的作用

社交网络舆情事件的演化往往伴随着舆情话题的集中爆发和快速转化⑤。传统的舆情分析方法主要是基于时间变量来分析网络舆情的演化特征，缺乏对于潜在主题的抽取⑥。现有方法难以根据舆情用

① 陈明红. 基于 CAS 理论的网络信息生态系统分析 [J]. 情报科学，2012 (7)：1065-1070.
② 田世海，张家毓，孙美琪. 基于改进 SIR 的网络舆情信息生态群落衍生研究 [J]. 情报科学，2020，341 (1)：6-12+19.
③ 丁绪武，吴忠，夏志杰. 社会化电子商务用户兴趣图谱构建的研究 [J]. 情报理论与实践，2015，38 (3)：90-94.
④ 林杰，苗润生. 专业社交媒体中的主题图谱构建方法研究——以汽车论坛为例 [J]. 情报学报，2020，39 (1)：68-80.
⑤ 刘雅姝，张海涛，徐海玲，等. 多维特征融合的网络舆情突发事件演化话题图谱研究 [J]. 情报学报，2019，38 (8)：798-806.
⑥ 朱晓霞，宋嘉欣，孟建芳. 基于动态主题—情感演化模型的网络舆情信息分析 [J]. 情报科学，2019，37 (7)：72-78.

户的转发评论行为发现小规模社群中的意见领袖对舆情整体发展所产生的影响，引导与治理舆情的难度相对较高。舆情监管部门也容易忽视小规模社群中的意见领袖，对相关舆情分析很难掌握全局。但是通过 LDA 主题模型对舆情用户的转发评论文本进行主题建模，确定文档-主题分布、主题-词分布，从而确定某一舆情用户节点的隶属主题，利用 JS 散度对舆情用户主题进行相似度度量，将具有相似主题的舆情用户节点通过知识图谱进行可视化展示，构建社交网络舆情用户社群图谱，并进一步划分多个网络社群，准确定位意见领袖，可有效把控网络舆情的走向。

2. 基于 LDA 主题模型的社交网络舆情用户社群图谱构建的过程

基于 LDA 主题模型的社交网络舆情用户社群图谱构建过程如图 3-1 所示。首先，获取舆情用户的转发评论文本；其次，进行无关字符过滤、文本分词以及去停用词等文本预处理；再次，通过困惑度指标确定 LDA 主题模型并确定最优主题数，进而确定主题、词、文档-主题、主题-词分布；最后，通过 JS 散度进行相似度度量。在计算出 JS 散度后，以共同主题的舆情用户为节点，以 JS 散度作为边权重，构建社交网络舆情用户社群图谱，划分网络社群并对社群相应特征进行分析。

四 研究设计

1. 数据来源

微博具有鲜明的社交网络特点，吸引了众多的舆情用户，在 Alexa 网站中排名比较靠前①。微博属于社交网络平台，其功能主要是让舆情用户能够随时随地进行信息发布。微博通过关注机制即时分享简短实时信息，具有便捷性、传播性以及原创性等特征。同时，

---

① http://www.alexa.com/siteinfo/www.sina.com.cn.

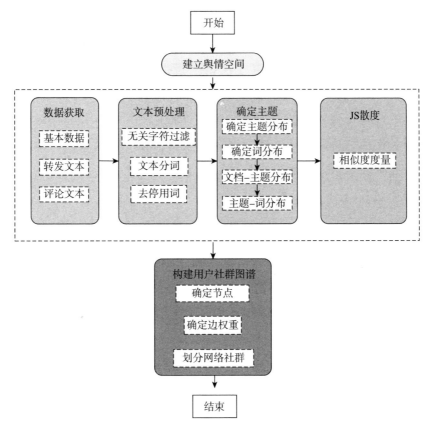

图 3-1 基于 LDA 主题模型的社交网络舆情用户社群图谱构建过程

微博是中国最具影响力的社交网络平台之一，也是巨大的网络流量入口①。本节选择公众关注的突发事件"埃航空难"话题作为信息源采集全部数据，建立社交网络舆情空间。

2. 数据采集

使用 Python 采集"埃航空难"关键词下的用户相关数据，具体步骤如下。①数据采集时间段参考百度指数，如图 3-2 所示，"埃航空难"的活跃期以 2019 年 3 月 10 日为起始点、2019 年 6 月 20 日为终结点。利用微博高级搜索功能，以"埃航空难"为关键

---

① 新浪网 . 2021 年中国微博行业分析报告［EB/OL］. ［2021-05-21］. http://data. wei-bo. com/report.

词（包括设置固定地址、关键字，搜索的开始时间、区域，以及邻近网页请求之间的基础时间间隔）进行搜索。②构建 URL，爬取一次请求中的所有网页，记录本次请求所返回的页数，构建某页的 URL 并存储网页数据。③利用 Xpath 解析得到微博内容并获取博主昵称、博主资料和相关微博内容等公开信息。④采集 ID、个人资料等相关字段，转发评论文本及时间等数据信息。⑤结束该次请求并跳转到下一层请求，循环采集该话题下所有博主发布的内容以及转发评论内容。

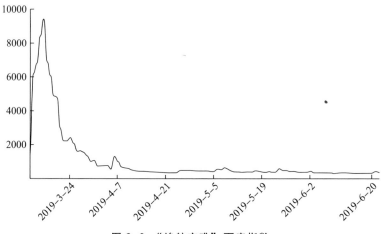

图 3-2 "埃航空难"百度指数

3. 数据处理

使用 Access 和 Excel 进行数据处理，包括数据清洗、删除无用字段和数据格式规范化处理等。具体步骤如下：①首先将内容中含有</script>等超文本字符、图片和未识别格式字段、表情符等非必要字段及空值数据删除；②按照"×年×月×日"格式，进行数据格式规范化处理；③通过 Jieba 分词脚本对获得的文本进行分词，并进行过滤无关字符和去停用词等处理；④对舆情用户的转发评论文本进行去重处理，使文本信息的话题朝着更具"原创性"的方向倾斜。

五　数据结果

1. 确定最优主题数

（1）最优主题数确定

经过数据处理后，选用 LDA 主题模型对处理后的文本进行分类训练，并将主题数设定为 2~30 个，通过调用 LDA 主题模型下的 log_perplexity，得出不同模型的对数化困惑度，如图 3-3 所示。图 3-3 中横轴为 LDA 主题模型中的潜在主题数，纵轴为 LDA 主题模型的困惑度。图 3-3 显示，随着主题数的增加，总体上困惑度呈现波动上升的态势；困惑度的局部极小值点出现在主题数为 7 的模型选择上。根据奥卡姆剃刀准则，并为保证模型尽量覆盖差异化的主题，拟选取 7 作为 LDA 主题模型的主题参数值。

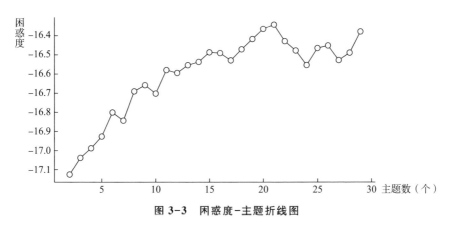

图 3-3　困惑度-主题折线图

（2）高频词分布

在确定最优主题数后，对文本数据进行分词处理，充当 LDA 主题模型的训练集，得到主题-词以及文档-主题两个概率分布。通过主题-词分布，可确定各个主题包含的高频词，并结合这些高频词归纳主题内容。利用 LDA 主题模型训练得到的 7 个主题，对各个主题均选取词频最高的前 5 个词，各个主题下的高频词分布如表 3-1 所示。

表 3-1　聚类主题高频词分布

主题	高频词				
主题 0	飞行员 （0.031）	坠机 （0.022）	发布 （0.021）	埃塞俄比亚 （0.042）	责任 （0.032）
主题 1	停飞 （0.038）	故障 （0.032）	公布 （0.016）	中国 （0.013）	全球 （0.012）
主题 2	照片 （0.028）	护照 （0.026）	员工 （0.015）	意外 （0.016）	信息 （0.016）
主题 3	公布 （0.027）	视频 （0.024）	状况 （0.021）	翻找 （0.020）	机动 （0.019）
主题 4	记者会 （0.044）	东航 （0.036）	国航 （0.036）	遗物 （0.030）	女孩 （0.020）
主题 5	波音 （0.062）	系统 （0.039）	缺陷 （0.039）	客机 （0.038）	飞机 （0.037）
主题 6	家属 （0.019）	遇难者 （0.016）	起诉 （0.017）	死者 （0.015）	遗体 （0.015）

注：括号内为高频词的概率。

（3）用户随机主题分布

通过表 3-1 可以看出，各个主题的关键词都有较大的概率值，这符合微博文本主题的特点，即舆情用户在某一特定舆情空间下的转发评论用词习惯趋同。同时，各个主题的高频词各不相同，也说明了该模型能较好地实现微博文本主题的划分。通过文档-主题分布，可以对舆情用户转发评论文本信息的主题进行划分，从而确定舆情用户主题分布。本节采用随机抽样，选取 10 名舆情用户的转发评论信息描绘文档-主题分布。如图 3-4 所示，所选文档的某 1 个或 2 个主题的概率较高。抽样结果表明，大多数舆情用户的转发评论文本都有较明显的主题，LDA 主题模型可以有效地挖掘舆情用户的主题倾向。

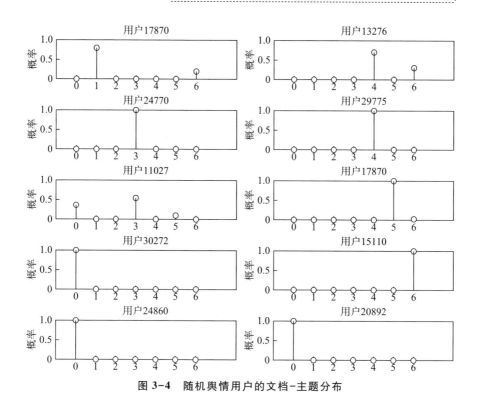

图 3-4　随机舆情用户的文档-主题分布

2. 计算 JS 散度

在通过 LDA 主题模型得到舆情用户的文档-主题分布后，可以通过 JS 散度求得舆情用户的文档-主题分布的相似度，从而度量某舆情用户转发评论信息中蕴含的主题倾向。单纯的 LDA 主题模型仅仅使舆情用户拥有单一的主题归属，而 JS 散度使得每一对舆情用户之间都有了一定的联系，为社交网络舆情用户社群图谱的构建提供了边权重信息。在拥有了社交网络舆情用户社群图谱这种图结构后，可以从任一节点出发，判断与其相似的近邻节点，从而对舆情用户的主题进行挖掘。

3. 构建社交网络舆情用户社群图谱

（1）社交网络舆情用户社群图谱构建过程及说明

本节围绕关键词"埃航空难"，对从微博采集到的 2019 年 3 月 10 日至 2019 年 6 月 20 日的 34325 条有效数据进行深入分析，以共同主题的舆情用户为节点，以 JS 散度计算结果为边权重，构建社交网络舆情用户社群图谱，如图 3-5 所示。其中气泡直径与舆情用户节点的度中心性成正比，舆情用户节点气泡越大，其度中心性越高，表明其信息交互越频繁。舆情用户节点所归属的网络社群按不同颜色进行划分，舆情用户节点间边的颜色由度中心性更高的舆情用户节点颜色决定，边的颜色由相连两个舆情用户节点的中心性大小决定。

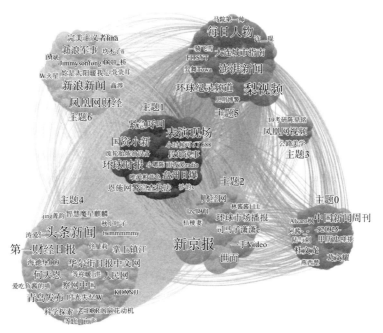

图 3-5　社交网络舆情用户社群图谱（附彩图）

（2）社交网络舆情用户社群图谱结构分析

从图 3-5 可以看出，社交网络舆情用户社群图谱共分为 7 个网络社群，每个网络社群都存在着边连接，且呈现较为频繁的交互态势。其中，一部分舆情用户节点在舆情传播中起到了关键的桥梁作用。很多舆情用户节点的边权重颜色异于该舆情用户节点颜色，表明虽然该舆情用户节点表现出的主题倾向趋于某一网络社群，但是该舆情用户节点仍与其他网络社群中舆情用户节点频繁交互。"头条新闻""第一财经日报"所在的网络社群占比较大，而"凤凰网视频"所在的网络社群占比较小。

通过研究社交网络舆情用户社群图谱，可明确在"埃航空难"舆情空间下，舆情用户主题的构成和分布情况。同时，还可以确定舆情用户的主题倾向，准确定位每个网络社群中的意见领袖。例如，红色网络社群中"表演现场""国资小新""环球时报"这三个舆情用户节点的气泡面积最大，表明其舆情用户节点交互最为频繁，是该网络社群内的意见领袖。在进行相关的网络舆情信息管控时，可着重考虑该网络社群的意见领袖，进行有针对性的监管。

六　讨论分析

1. 网络社群主题偏好分析

本节根据文档-主题分布，统计了"埃航空难"舆情空间下所有舆情用户的主题概率（如图3-6所示），并计算了各网络社群关注的概率。各主题按概率由高到低排序，依次为主题4、主题5、主题1、主题6、主题2、主题0及主题3。其中，主题4概率最高，达到0.28。从关键词可以分析出，主题4的网络社群主要关注"埃航空难"记者会的相关信息以及后续的救援情况。主题5和主题1概率均为0.15左右，其中主题5的网络社群主要关注波音公司飞机的一些设计缺陷，主题1的网络社群则关注由"埃航空难"引起的波音飞机停飞事件。主题6的网络社群主要关注遇难者家属对"埃航空难"相关责任人的问责，概率为0.14。主题2的网络社群关注更倾向于关注遇难者的国籍，概率为0.12。主题0的网络社群更关注飞行员在飞机坠机前的相关操作，概率为0.11。主题3的网络社群则关注后续公布的视频，概率最低，只有0.04左右。

结合网络社群用户的数量占比，可大致还原整个突发事件的脉络以及网络舆情的发展周期。舆情发生时间越早，舆情用户越容易关注主题4这种有关记者会相关信息及后续救援报道的网络社群。在"埃航空难"发生后召开的记者会可以视为突发事件网络舆情的开始，也可以视为整个舆情空间的流量入口，主题4在整个网络舆情周

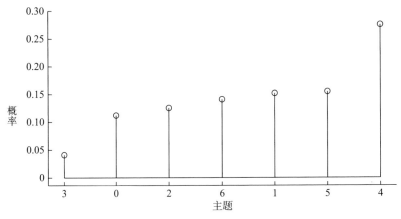

图 3-6　文档-主题平均概率

期内都在积累舆情用户，所以有着最高的数量占比。主题 5 和主题 1
主要关注后续的救援工作及调查工作，因此，该部分网络舆情属于次
生舆情。较之主题 4，这两个主题的舆情爆发时间延后，所以舆情用
户的占比相对较低。主题 6、主题 2、主题 0 和主题 3，则更多关注后
续的事故追究和问责情况，进入此阶段后，话题的热度降低，进而转
为舆情的衰退期，网络社群舆情用户的积累程度下降。

　　由于信息文化的差异，网络社群会选择性地接收信息环境中的
信息，表现出独特的主题偏好。而具有共同主题偏好的信息人又会因
为寻求相似的信息资源向某网络社群聚集。因此，信息环境在某种程
度上决定了网络社群的主题偏好，而主题偏好进一步吸引了信息人
加入该网络社群。通过对主题偏好的深度挖掘，可以分析出信息环境
下网络社群的聚集过程，掌握信息环境内信息的流转方式。通过用户
的积累程度，可以还原舆情事件的发展脉络，进而可以开展重点舆情
深度溯源追踪，厘清原生舆情与次生舆情的顺承关系，为后续舆情监
测预警提供帮助。

　　2. 网络社群舆情用户特征分析

　　本节通过 JS 散度度量文档-主题分布的相似度，划分舆情用户网
络社群，并且结合所采集的舆情用户相关信息分析网络社群舆情用

户的特征，如图3-7所示。根据微博的设定，其认证用户具有明显的"V"形标识，"V"类舆情用户凭借其众多的粉丝数量占据了社交网络舆情的金字塔尖[①]。"V"类舆情用户的存在，会对其粉丝群体产生深刻的影响，使原本松散的粉丝群体聚集成有组织的网络社群。

　　因此，本节先将具有认证信息的舆情用户设定为网络舆情话题空间中的意见领袖。数据分析结果表明，网络社群的舆情用户数、微博认证的用户数与图3-6的主题强度成正比。其中，主题4中舆情用户数与微博认证的用户数分别为8974人与1029人，意见领袖的占比为11%；主题3中的舆情用户数与微博认证的用户数最少，分别为660人与153人，意见领袖的占比为23%。可见，主题强度低的网络社群中意见领袖的占比不一定低。因此，在网络舆情的管控中除了重点关注主题强度较高的网络社群中的意见领袖，还应该关注一些主题强度较低的网络社群中的意见领袖，他们可能是舆情传播过程中的潜在力量。

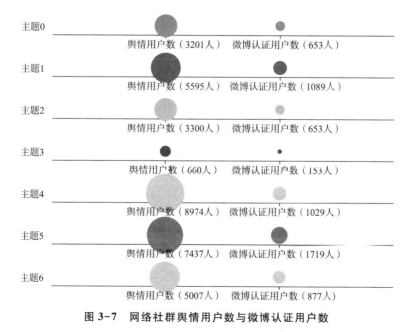

图3-7　网络社群舆情用户数与微博认证用户数

① 王晰巍，张柳，韦雅楠，等. 社交网络舆情中意见领袖主题图谱构建及关系路径研究——基于网络谣言话题的分析 [J]. 情报资料工作，2020，41（2）：47-55.

结合"埃航空难"舆情话题的演进周期，根据表3-1划分的主题及高频词，不仅可以确定"波音公司""安全缺陷""停飞"等舆情子话题，还可以发现"中国浙江女孩""空难逃生""狮航空难"等潜在衍生话题。可以发现，通过网络社群舆情用户特征的分析，可以帮助舆情监管部门准确有效地识别舆情用户群体的主题偏好，确定舆情监管重点对象。因此，在突发事件的舆情管控期间，不仅需要注意主要舆情发展走向，更应关注潜在的舆情衍生话题[①]，并结合不同主题偏好的网络社群用户特征做到有针对性的监管，从而降低舆情监管成本，实现有针对性的舆情引导。

综上，在信息环境中，网络社群的用户特征是信息文化的集中体现。社群中的意见领袖是网络社群中信息文化的鲜明代表，普通网民极易受到网络社群意见领袖的影响而聚集在一起，意见领袖的占比在一定程度上决定着网络社群的发展规模。网络社群中意见领袖与普通网民的相互作用，不仅影响着当前社群的舆情走向，甚至能够催生出衍生话题，形成新的网络社群，进一步聚集意见领袖和普通网民，从而不断促进信息环境内信息文化的更新。

3. 网络社群意见领袖识别

为研究 LDA 主题模型如何确定网络社群中的意见领袖，特别是小规模社群的意见领袖，本节以主题 3 网络社群为例，利用度中心性进行了意见领袖的识别和分析。

统计主题 3 网络社群用户度中心性发现，由于主题 3 网络社群中的意见领袖代表小规模社群，其度中心性远远低于其他大规模社群的意见领袖的度中心性。如果不采用 LDA 主题模型，那么将无法进行有效的网络社群划分。若只通过转发关系构建图谱，则意见领袖只能由度中心性的降序排列来确定，这将导致"凤凰网视频""高庆

---

① Weidong H, Qian W, Jie C. Tracing Public Opinion Propagation and Emotional Evolution Based on Public Emergencies in Social Networks [J]. International Journal of Computers Communications & Control, 2018, 13（1）: 129-142.

一"等代表小规模社群的意见领袖被"湮没"。结合表 3-1 可知，不同的网络社群在主题偏好上存在着较大的不同，大规模社群的主题偏好并不能很好地代表小规模社群的主题偏好。因此，主题划分及构建图谱的方式，为确定小规模社群的意见领袖提供了有效的方法和途径。

通过构建社交网络舆情用户社群图谱可以发现突发事件网络舆情话题中的大规模与小规模网络社群、子话题与衍生话题中的意见领袖。因此，政府和媒体应关注这些意见领袖的信息需求，并及时满足一些合理的信息需求，使得意见领袖能够在最大程度上发挥其在网络社群中的正向引导作用。同时，在舆情的爆发期与蔓延期，相关舆情监管部门可以通过适当的主题选择向意见领袖推荐多样化的主题信息，引入与突发事件话题信息同样重要的其他话题，避免舆情用户过于集中某一类舆情信息而导致信息过载，产生负面影响，引发次生舆情事件[①]。

综上，由于在网络社群内部，舆情用户之间有着密切的联系，舆情用户的影响方式不再是简单的链式反应，这使得意见领袖能够对网络社群内部的普通网民产生深刻的影响[②]。应该注意到，信息环境中的大规模网络社群呈现出较强的吸纳效应，舆情用户几乎都涌入一些大规模网络社群中，而小规模网络社群中的舆情用户往往得不到应有的关注。而按照不同主题进行网络社群的划分，能够有效地挖掘小规模网络社群中的意见领袖，使目标监管对象得到准确识别，从而实现差异化的舆情引导，促进网络社群的良性发展。

---

① Haihong E, Yingxi H, Haipeng P, et al. Theme and Sentiment Analysis Model of Public Opinion Dissemination Based on Generative Adversarial Network [J]. Chaos Solitons & Fractals, 2019, 121: 160-167.

② 张柳，王晰巍，黄博，等. 基于 LDA 模型的新冠肺炎疫情微博用户主题聚类图谱及主题传播路径研究 [J]. 情报学报，2021，40（3）：234-244.

第二节　社交网络舆情用户身份图谱构建及意见领袖识别

一　社交网络舆情用户意见领袖图谱问题的提出

随着社交媒体的广泛应用，QQ、微博、微信、抖音等社交网络平台成为网民发表意见和表达情绪的重要途径。在大量社交媒体信息交互和传播过程中，舆情监管部门如何快速找到舆情事件传播中的关键人物并针对舆情事件进行引导，如何快速打破网络谣言，以保证舆情传播朝着健康的方向发展是当前亟须解决的问题。可见，通过核心信息人——意见领袖进行网络谣言传播路径分析，是推动信息生态系统和谐发展的有效路径。然而，以往研究主要集中在意见领袖的识别模型[1]和影响力[2][3]等方面，而针对社交网络舆情中的意见领袖进行主题图谱构建及在舆情传播中的关系路径可视化方面的研究成果相对较少，对社交网络舆情中网络谣言传播的可视化研究更少。根据现阶段我国社交媒体信息传播的现状，进行社交网络舆情关键人物的网络谣言传播关系路径可视化分析，是解决上述问题的切入点。

针对以上问题，本节基于信息人理论研究社交网络舆情用户的意见领袖识别。信息人理论认为信息人在社交网络舆情的信息环境中扮演着不同的角色。意见领袖作为重要的信息人，在舆情发展中发挥着重要的作用。意见领袖所关注的主题也会随着信息环境的变化而变化。通过构建社交网络舆情用户意见领袖图谱，可确定意见领袖

① 彭丽徽，李贺，张艳丰. 基于灰色关联分析的网络舆情意见领袖识别及影响力排序研究——以新浪微博"8·12滨海爆炸事件"为例［J］. 情报理论与实践，2017，40（9）：90-94.

② Joyce Y. M. Nip, Kingwa Fu. Challenging Official Propaganda? Public Opinion Leaders on Sina Weibo［J］. China Quarterly, 2016, 225：122-144.

③ 刘嘉琪，齐佳音，陈曼仪. 基于社会网络分析的意见领袖与在线群体影响力关系研究［J］. 情报科学，2018，36（11）：140-147.

之间的关系路径，结合关系路径分析中的传播效率、传播路径和节点影响力开展讨论和分析，能够为相关舆情管理部门有效监管和正确引导社交网络舆情提供指导。

具体而言，采用网络爬虫技术对社交网络舆情传播中的网络谣言话题进行数据获取，构建基于意见领袖主题图谱的实体关系，确定意见领袖的关系路径分析参数；以微博"重庆大巴坠江·非女司机逆行导致"话题为例，使用开源知识图谱工具 Neo4j 对数据进行主题图谱构建，利用 Cypher 语言对意见领袖的传播效率、传播路径和节点影响力进行分析，明确意见领袖作为关键信息人所扮演的信息角色。

二　社交网络舆情用户意见领袖图谱构建

1. 社交网络舆情用户意见领袖图谱建模思想

（1）信息人-意见领袖关联思想

国内学者周承聪等[①]认为信息人是指一切需要信息并参与信息活动的个人或组织，包括信息生产者、信息传递者、信息组织者、信息消费者和信息分解者五种类型。信息人通过接收信息来适应社会，并通过生成、传播和消费信息来改变社会，并最终实现自我价值[②]。信息人之间的相互联系和相互作用具有普遍性，信息人之间的相互作用依赖于信息人之间的联系，不同信息人要发生相互作用必须通过某种纽带，没有联系的两个信息人之间不可能发生相互作用[③]。其中，意见领袖作为关键的信息人，在信息传播和社会影响方面扮演着重要的角色。他们拥有较高的社会影响力，能够通过观点和言论引导公众舆论，影响信息传播方向，甚至改变人们的认知和行为。不断流

---

①　周承聪，桂学文，武庆圆．信息人与信息生态因子的相互作用规律［J］．图书情报工作，2009，58（18）：9-12+65．

②　肖勇，张沉哲．扬弃与超越：从信息用户到信息人［J］．大学图书馆学报，2014，32（1）：44-48．

③　娄策群，杨小溪，周承聪．论信息生态系统中信息人的相互作用［J］．图书情报工作，2010，54（20）：23-27．

转的信息资源是联系信息人的纽带，同时信息人也在不断进行着角色转换。本节基于信息人理论构建社交网络舆情用户意见领袖图谱，并对意见领袖关注点演化展开详细分析。

（2）社交网络舆情用户意见领袖图谱构建思想

社交网络中的意见领袖是在微博上获得个人认证，在社交网络上十分活跃的用户。由于被认证的社交网络用户，在昵称后都会附有"V"形图标，网民将这种经过个人认证并拥有众多粉丝的社交用户称为"大V"。"大V"在公共舆论中具有很高的公信力和权威，甚至能控制舆论走向。基于此，本节确定了意见领袖"大V"的分级方法，根据该方法进行意见领袖识别。社交网络舆情用户意见领袖图谱采用图的建模方式，说明社交网络舆情用户意见领袖主题图谱的实体及关系抽取过程及主题图谱中的关系路径。其中将网络用户的昵称设定为实体，将认证信息设为属性，将转发、评论、点赞设定为实体与实体之间的关系，对微博谣言话题的传播效率、传播路径和意见领袖节点影响力进行可视化展示。通过构建社交网络舆情用户意见领袖图谱，可直接地观察社交网络舆情中网络谣言的传播效率、传播路径，也可以通过观察社交网络舆情中"大V"所在社群的聚类簇大小，从而分析判断网络谣言话题中"大V"的影响力，以帮助相关舆情监管部门进行舆情预警及监控，从而帮助相关部门及时整治网络谣言。

（3）社交网络舆情用户意见领袖图谱构建的作用

在社交网络舆情传播中，意见领袖成为主流意见表达的风向标，增强了事件的影响力、加快了舆情的传播。社交网络舆情中意见领袖的个人观点或行为，对舆情传播具有决定性的作用。意见领袖不仅仅是社交网络中舆情传播的重要代表，更具有一定的社会影响力和舆情引导能力，在涉及公共利益的问题中发挥着独特作用[1]。因此，借

---

① Wang Z C, Yuan Z X. Research on the Theme-Oriented Mining of Microblog Opinion Leaders [J]. Information Science, 2018, (3): 112-116.

助社交网络舆情用户意见领袖图谱，可有效引导网络舆情话题传播，促进网络舆情的正向发展。

2. 基于网络谣言话题的社交网络舆情用户意见领袖图谱构建的过程

社交网络舆情用户意见领袖图谱的构建过程见图 3-8。①进行话题数据的采集及清理，获取参与的社交网络舆情话题的转发、评论和点赞数据，以及网络用户信息；②将网络用户的昵称设定为实体，将认证信息设定为属性，将转发、评论、点赞设定为实体与实体之间的关系；③基于认证信息构建意见领袖主题图谱的关系路径；④通过最短路径、平均路径长度，从节点传播广度上进行传播效率的分析；⑤通过中介中心性、接近中心性，从影响深度上进行社交网络"大V"的传播路径分析；⑥计算意见领袖的 PageRank 值，分析意见领袖在社交网络中的节点影响力。

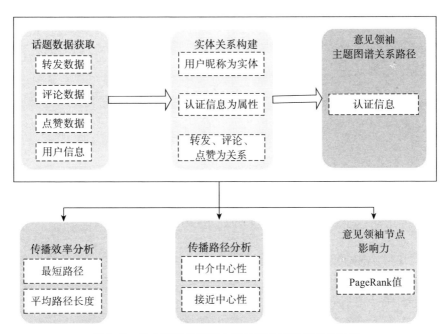

图 3-8　社交网络舆情用户意见领袖图谱构建的过程

三　研究设计

1. 数据来源

本节选择公众关注的微博热点谣言话题"重庆大巴坠江·非女司机逆行导致"作为数据源。

2. 数据采集

获取数据字段包括用户 ID、用户名等用户个人资料，微博内容、移动工具端类型，以及转发、评论、点赞数量和时间等。根据百度指数，关键词"重庆大巴坠江"舆情的生命周期为 2018 年 10 月 28 日至 2018 年 11 月 6 日，数据达到顶峰的时间段为 2018 年 10 月 29 日。选择具有代表性的文化"大 V"——平安万州发布的"重庆大巴坠江·非女司机逆行导致"微博作为原始信息源，采集全部转发、评论和点赞数据，最终采集的原始转发数据 22829 条、评论数据 22832 条、点赞数据 21195 条。

3. 数据处理

在数据的处理上，删除缺失值、重复字段、空字符串和乱码数据后，最终获得转发数据 22811 条、评论数据 22372 条、点赞数据 19986 条，将其作为最终研究数据集，并针对转发、评论、点赞关系形成数据样本集，基于用户转发操作，建立关系网。使用 Neo4j 知识图谱开源工具对数据进行可视化绘图，并计算最短路径、平均路径长度、中介中心性、接近中心性和 PageRank 值。

四　数据结果

1. 微博谣言话题"大 V"主题图谱

设定"平安万州"为源节点，即图 3-9 中的红色节点。"大 V"节点为绿色节点，普通网络用户为黄色节点，用户认证信息为灰色节点，蓝色边为转发关系，紫色边为评论关系，绿色边为点赞关系，红色为认证关系。通过 Neo4j 导入节点数据，使用 Cypher 语言根据转发关系构建节点间的边，最后得到 5333 个非重复节点，11833 条边，其中"平安万州"为源节点，意见领袖节点 1277 个，普通网络用户节点 3321 个，认证信息节点 734 个，转发关系 5214 个，评论关系 5196 个，点赞关系 150 个，认证关系 1273 个。

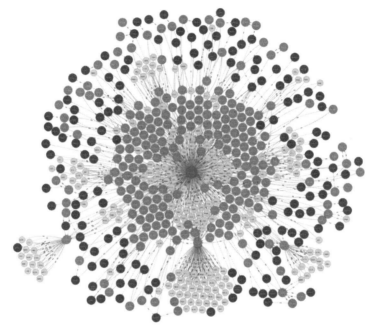

图 3-9 "重庆大巴坠江·非女司机逆行导致"微博谣言话题
"大 V"主题图谱（附彩图）

注：部分 1000 节点。

从图 3-9 可以看出，在"重庆大巴坠江·非女司机逆行导致"话题的主题图谱中意见领袖较多，分布也较广泛，意见领袖与普通网络用户之间的联系较为紧密。其中，"平安万州"的转发、评论、点赞量最多，意见领袖与普通网络用户以"平安万州"为中心向四周扩散，传播半径较大，覆盖面较广。

2. 微博谣言话题中意见领袖关系路径知识图谱

进一步基于认证信息确定意见领袖。在 Neo4j 代码行中输入 MATCH p=(n:'意见领袖')-[:认证]-() WHERE (true) RETURN p，在显示的 1277 个意见领袖节点中，认证信息有 733 个，共构成

1277 个认证关系、217 个转发关系、217 个评论关系，微博谣言话题中意见领袖关系路径知识图谱如图 3-10 所示。

从图 3-10 可知，微博谣言话题中意见领袖关系路径知识图谱是一种有向网络关系图，意见领袖节点具有极强的影响力，普通用户节点极易受到意见领袖节点的影响。意见领袖是谣言话题传播中的关键人物，意见领袖关系路径知识图谱整体呈现二级传播态势。意见领袖的分布较广，主要集中在动漫博主和娱乐博主等领域。其中，娱乐博主社群和动漫博主社群的簇中心化程度较高，表明社群间联系紧密。而知名互联网资讯博主社群的簇中心化程度较低，表明社群间联系相对松散。这主要是因为娱乐博主和动漫博主在微博上有比较清晰的认证界定，微博认证中直接有"娱乐博主"和"动漫博主"的认证标签。而"知名互联网资讯博主"并非微博中直接存在的认证标签，它是根据认证信息中某互联网公司的投资人、董事、首席执行官、首席技术官等职位信息进行的综合认证，因而这类节点本身就具有一定的差异性。

在谣言话题空间的形成过程中，意见领袖除了对关注该意见领袖的普通节点产生影响外，意见领袖与意见领袖之间也存在着强大的影响力。对于簇内关系紧密的意见领袖群体，如娱乐博主社群内，存在着多个转发关系及评论关系。在谣言监管的过程中，应多投入精力监管这类簇内关系紧密且信息交互频繁的社群。而对于社群内部关系松散的意见领袖社群，如知名互联网资讯博主社群，从信息传播的角度来看，存在着一定的"孤岛"现象，应将监管重心放在意见领袖与其他领域意见领袖的信息交互上。

五 讨论分析

1. 微博谣言话题传播效率分析

微博谣言话题传播效率取决于用户节点间边的长度，因此通过最短路径与平均路径长度从节点传播广度上对传播效率进行定量分析。

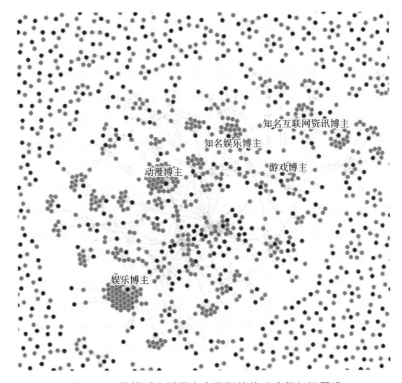

图 3-10 微博谣言话题中意见领袖关系路径知识图谱

最短路径用于计算一个节点到其他所有节点的最短路径，常见的最短路径算法是 Dijkstra 算法[①]。通过计算最短路径，可确定微博谣言话题传播中源节点"平安万州"与意见领袖节点的最短路径，避免出现环路，并掌握微博谣言话题传播网络中最短路径的分布规律。在 Neo4j 代码行中输入 MATCH（n:'源节点'）WHERE（true）with n MATCH(m:'意见领袖') WHERE（true）with n,m MATCH r= allShortestPaths((n)-「*」-(m)) RETURN r，查询源节点至意见领袖节点间的最短路径，如图 3-11 所示。由于图谱中的意见领袖节点处于整个网络的核心位置，最短路径仅仅依赖"平安万州"这一源节点以及少数的意见领袖节点。对于处于网络边缘的意见领袖而言，其

---

① 周忠玉，方欢，方贤文. 图论最短路径算法的图形化演示及系统设计［J］. 电脑知识与技术，2016，12（18）：159-160.

传播不但依赖源节点与意见领袖节点，甚至依赖普通用户节点。以图3-12中的"崆峒公安"为例，其传播路径中不仅包含了意见领袖节点，也包含了"百脚陆"普通用户节点。传统的二级传播理论认为，某一舆情对大众的影响依赖于意见领袖[①]。由于技术革新以及传播媒介的不断升级，微博的话题传播正呈现出单一源、多层级的辐射状传播态势。意见领袖节点与普通用户节点间不仅是传统认知中的单向舆情传播，还呈现频繁交互的态势。意见领袖节点与普通用户节点的壁垒随着舆情的不断传播而得到了一定程度的弱化，舆情以更为扁平及无序的方式传播。

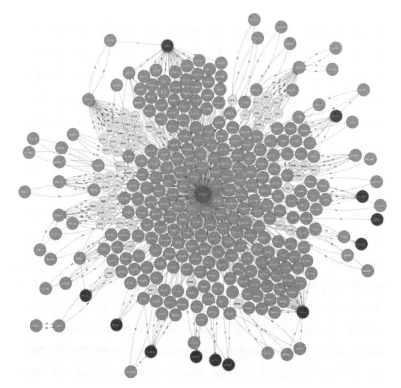

图3-11　微博谣言话题传播中源节点与意见领袖节点的最短路径（1000节点）

---

①　韩雅男．二级传播与沉默的螺旋理论在微博使用中的解析［J］．新闻传播，2012（10）：22-23.

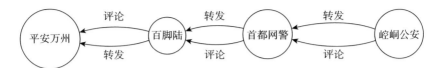

图 3-12 微博谣言话题传播中源节点"平安万州"
与意见领袖节点的最短路径

平均路径长度是网络中所有节点对之间的平均最短距离。平均路径长度衡量的是网络的传输性能，平均路径长度的计算见公式（3-4）。其中，N 为网络中所有节点数，d 为节点 i 与节点 j 之间的最短路径长度[①]。通过计算网络中所有节点对的平均距离，可以得出微博谣言话题传播的时间长短。

$$L=\frac{1}{\frac{1}{2}N(N+1)}\sum_{i\geq j}d_{ij} \tag{3-4}$$

通过计算，微博谣言话题中信息源节点与意见领袖节点间的平均路径长度为 0.45，数值较小，这表明微博谣言话题网络整体上是一个小世界网络。意见领袖的存在，保障了在这个小世界网络中信息的快速传播，减少了传播成本。同时，结合关于最短路径的节点分析，意见领袖已不再是传播路径上的必要中介节点，某些意见领袖节点也需要通过普通用户节点发挥作用，这使得普通用户节点的信息传播作用逐渐增大。随着舆论的不断发酵，信息传播的壁垒逐渐被弱化，网络传播中的平均路径长度将逐渐增大，整个小世界网络向更加扁平化、无序化的大世界网络发展。

综上，不同身份的信息人在信息流转的过程中会充当不同的信息角色。识别意见领袖作为信息人在某一舆情空间下的传播效率，对于理解该信息角色的行为动机和信息传播特点，从而进一步分析舆情的发展趋势具有重要意义。在具体实践中，意见领袖的用户身份与

① Mao G，Ning Z. Fast Approximation of Average Shortest Path Length of Directed BA Networks［J］. Physica，A. Statistical Mechanics & Its Applications，2017，466：243-248.

信息人的信息角色之间常常是有联系的，用户身份的分类有助于舆情监管部门针对某一具体身份的舆情用户建立大概认识，并通过研究某一类用户的信息行为，挖掘出具备统计规律的类型特性，掌握用户身份在信息流转中的信息角色，从而针对不同用户制定相应的舆情引导策略。

2. 微博谣言话题传播路径分析

微博谣言话题的传播路径可通过中介中心性和接近中心性进行分析。本节对微博谣言话题传播中的意见领袖节点的中心地位进行度量，从影响深度上找出微博谣言话题传播路径上的关键节点。

中介中心性表明了某一节点充当最短路径节点的次数。部分"大V"节点的中介中心性如表3-2所示。数值越高，表明该节点充当最短路径节点的次数越多，该节点出现在网络中最短路径上的效率越高[1]。从表3-2可以看出，意见领袖节点的中介中心性一般较低，大多数意见领袖节点一般仅作为少数几条最短路径上的节点，这可能与传统的认知相悖。即便是这样，对关注意见领袖节点的普通用户节点而言，意见领袖节点对其影响依旧巨大，由意见领袖节点处转发的舆情，仍然是微博谣言话题传播的最短路径。由于微博传播的开放性，意见领袖节点掌握的谣言话题资源来自源节点，谣言话题从源节点处呈星射线状向四周发散。作为谣言话题传播中的中介节点，某一意见领袖节点很难做到话题资源在传播过程中的再次汇集，仅仅作为谣言话题高速传播的渠道。对传播效率而言，关键意见领袖节点保障了传播链路的高效性，大部分节点都处于最短路径之上。就单一节点的中介中心性而言，意见领袖节点较低的中介中心性说明单个意见领袖节点不具备控制谣言话题传播的能力。对舆情管控部门而言，监管压力从传统的重点监控对象变为了一个群体，对监管的范围提出了更高的要求。

---

① 王晰巍，张柳，李师萌，等. 新媒体环境下社会公益网络舆情传播研究——以新浪微博"画出生命线"话题为例 [J]. 数据分析与知识发现，2017, 1 (6)：93-101.

接近中心性反映了在图谱中某一节点与其他节点间的接近程度。对于一个节点，它距离其他节点越近，那么它的接近中心性越大①。意见领袖节点的接近中心性如表3-3所示。数据表明，意见领袖节点的接近中心性数值较高，如"新京报""开水族馆的生物男"等节点，可以在较短的路径上将信息传递给较多的网络用户。可以看出，意见领袖节点与普通用户节点之间的联系较为紧密，意见领袖节点比较容易将信息传递给普通用户节点。从微博谣言话题传播的角度而言，普通用户节点对于意见领袖节点有一定的依赖性，形成了以意见领袖为中心的簇。在这些簇中，意见领袖节点对普通用户节点的影响较为明显。意见领袖节点相对于普通用户节点拥有更多的单向关注；而关键意见领袖节点之间的联系是较为松散的，一般不具备关注关系。这导致了意见领袖节点的接近中心性远远高于整体网络接近中心性的平均值。在微博谣言话题传播的过程中，网络舆情会在意见领袖节点处呈现一定的集中趋势，借助意见领袖节点的影响力，进行二级传播。

表3-2　中介中心性 TOP10

序号	意见领袖节点	中介中心性
1	鸟窝里的猫妖	6
2	小剑老师	2
3	一颗小小粒	2
4	小梧桐_撸不出来也要撸	4
5	衣衣要一夜暴富走上人生巅峰	2
6	热沙天使	1
7	林水妖	1
8	公安部交通安全微发布	1
9	WWNXi 尼	1
10	黄鱼 Veda	1

---

① 王曰芬，杭伟梁，丁洁，等. 微博舆情社会网络关键节点识别与应用研究［J］. 情报资料工作，2016（3）：6-10.

综上，意见领袖的主题关注点很大程度上能够代表核心舆情用户作为信息人的信息需求。而通过分析意见领袖节点与节点影响力，不但能直观地反映微博谣言话题的传播效率与传播路径，也能够厘清不同的信息人在舆情发展中的作用。对意见领袖主题关注点的比较，能够在一定程度上还原舆情空间内的信息分布以及信息流向。对于舆情监管部门而言，掌握不同类型的意见领袖的关注点有着重要的实践意义。

表 3-3　接近中心性 TOP10

序号	意见领袖节点	接近中心性
1	新京报	32.25
2	开水族馆的生物男	29.91
3	天涯历知幸	25.97
4	鸟窝里的猫妖	25.52
5	来去之间	23.88
6	筆木魚_	22.75
7	黄鱼 Veda	19.38
8	秋田六千	19.38
9	urnotdongdong	19.05
10	凤凰网	19

3. 意见领袖节点影响力

意见领袖具有对其他普通网络用户的行为、思想或决定等产生影响的能力。本节对微博谣言话题中意见领袖的可视化主题图谱进行节点影响力分析。

在 Neo4j 代码行中输入 MATCH（n：'意见领袖'）RETURN n，在显示的 1277 个意见领袖节点中，共构成 220 个转发关系、219 个评论关系，微博谣言话题中意见领袖的可视化主题图谱如图 3-13所示。

从图 3-13 可以看出，与整体的图谱相比，意见领袖节点之间的关系更为松散。可见，在微博谣言话题传播的过程中，意见领袖节点之间保持着相对独立性。从意见领袖的角度出发，相对于普通用户，意见领袖更不容易受到他人言论的影响。针对某一微博谣言话题，意见领袖更愿意发表自己的见解，鲜有直接转发、评论其他博主的行为。而一旦某一意见领袖节点被其他意见领袖节点转发，将极大地提升该意见领袖节点在整个网络谣言话题传播过程中的影响力。例如，"开水族馆的生物男""来去之间""天涯历知幸"等被多个意见领袖节点转发，在前面的分析过程中也可发现这些节点在各个度量指标上处于领先位置。这类节点处于整个网络中的核心位置，是整个网络谣言话题传播过程中的"大 V"。

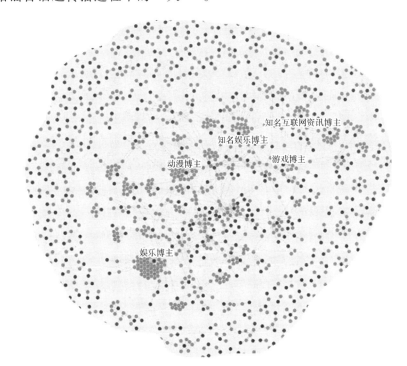

图 3-13　微博谣言话题中意见领袖的可视化主题图谱

社交网络中节点的度是指与此节点直接相连的边的数量。微博谣言话题中意见领袖知识图谱是一种有向网络关系图，其入度是指从其他节点指向该节点的边的数量，出度是指该节点指向其他节点的边的数量①。本节在构建微博谣言话题意见领袖知识图谱时，设定每个参与话题讨论的用户都是一个节点，某一节点的微博被其他用户转发、评论或者点赞的次数即是这一节点的入度；相应地，这一节点转发、评论或者点赞其他用户的次数是出度。

在有向图中，入度比较高的节点往往作为中介，从其他节点获取的信息比较多；出度比较高的节点往往具有权威性，对其他节点的影响力较大且输出信息较多。节点的度中心性越高，该节点在网络中越重要。PageRank 算法作为使用最广泛的网页排名算法，可用于各种有向或无向、有权或无权网络中的节点影响力分析②，PageRank 值高的关键舆情人物节点代表了网络中的核心节点，因此，借助 PageRank 值可对舆论传播中意见领袖的影响力做出判断。

由表 3-4 可知，意见领袖节点影响力大的是"新京报""开水族馆的生物男"，PageRank 值分别为 2.34 和 2.19，它们是微博谣言话题传播中的核心节点，在谣言话题的传播过程中起到重要的作用，是绝对意义上的"大 V"节点，应作为舆情管理部门重点监管的对象。从监管的角度而言，由于网络监管的复杂性，监管人员很难通过计算单一的指标准确定位监管对象，而 PageRank 值能帮助监管部门快速定位网络中的核心节点。由于 PageRank 值的计算是一个静态算法，在谣言话题传播网络中，除了转发、评论、点赞关系外，不依赖节点的其他信息，节点的 PageRank 值通过离线计算获得，这对于有效减少在线计算量、提高舆情响应速度有着重要的实践意义。同时，通过识别海量用户中的意见领袖，研究意见领袖的信息传播路径、传播效率及节点影响力，对意见领袖的观点及信息传播路径等进行监管和引导，可以帮助相关部门在舆情传播过程中起到更好的监测与预警作用。

---

① 仇智鹏，鲁富荣，杜亚星，等．度相关性对复杂网络目标控制的影响［J］．计算机科学与探索，2018，12（4）：586-594.
② https://en.wikipedia.org/wiki/PageRank.

表 3-4 意见领袖节点影响力 TOP10

序号	意见领袖节点	PageRank 值
1	新京报	2.34
2	开水族馆的生物男	2.19
3	秋田六千	1.41
4	来去之间	1.40
5	平安重庆	1.17
6	天涯历知幸	1.15
7	吃斋的猫 2011	0.97
8	凤凰网	0.95
9	颜文字君	0.92
10	传媒老跟班	0.92

第三节 社交网络舆情用户情感图谱构建及情感演化

一 社交网络舆情用户情感图谱问题的提出

随着社交网络的快速发展和移动互联网的广泛应用，越来越多的舆情用户选择通过社交网络平台表达自己的情感、观点和看法[①]。社交网络的便利性，使得舆情用户可以随时随地进行信息传播与情感交流。舆情用户倾向于发布与自身利益相关的信息，往往缺少一定的理性加工。这种不假思索的信息行为容易产生传递效应，最终影响网络生态的健康发展。近年来，对舆情用户的舆情文本进行情感分类成为学术界关注的新课题。目前，情感分类这一类自然语言处理任务，一般被当作时序信号进行处理。情感分类的性能主要依赖于文本特征的表示方法。然而，基于文本特征的表示方法，多依赖于上下文的时序信息。由于社交网络平台上转发评论的上下文信息十分有限，

---

① 张柳，王晰巍，黄博，等 . 基于字词向量的多尺度卷积神经网络微博评论的情感分类模型及实验研究 [J]. 图书情报工作，2019，631（18）：100-109.

并含有大量的集外词（Out of Vocabulary，OOV），无法提供足够的先验知识，这一方法对舆情的情感分类并不准确[①]。并且，舆情从起始至终止都处于一个完整的动态变化过程中，突发事件话题的演化遵循着一定的舆情生命周期规律。舆情用户的情感倾向在舆情的爆发期、蔓延期与衰退期是复杂多变的，因而难以监测与有效引导。

针对以上问题，本节基于信息生态要素中的信息理论，分析社交网络舆情用户的情感演化。信息理论认为，信息文本是信息的外在表现形式，而信息文本所携带的情感倾向，则是信息的内在表现形式，整个信息流转链可以看作信息人所进行的信息行为。信息文本的内在表现，即情感倾向，可以通过信息文本这一外在的表现形式去尝试理解。

具体而言，本节结合字词向量的多尺度卷积神经网络构建社交网络舆情用户情感图谱，展示情感演化过程。本节对突发事件"埃航空难"话题下的舆情文本进行情感分类，并通过对比实验验证模型的优越性；结合舆情文本情感倾向与突发事件舆情发展周期，使用Gephi 绘制用户情感图谱，动态展示社交网络舆情用户情感演化过程，全面分析网络舆情的发展与舆情用户的情感变化规律。通过构建社交网络舆情用户情感图谱，可有效掌握用户情感倾向，使动态追踪社交网络舆情用户的情感演化成为可能。

二 社交网络舆情用户情感分类模型

1. 中文分词与词向量训练

不同于国外的社交网络平台，国内的舆情用户大部分使用中文，这导致针对微博文本的研究相较于情感分类领域的英文文本研究存在较大的差异性。首先，中文文本需要事先进行分词，而英文文本中的

---

① Nihar M R，Rajesh S P. LFNN：Lion Fuzzy Neural Network-Based Evolutionary Model for Text Classification Using Context and Sense Based Features［J］. Applied Soft Computing，2018，71：994-1008.

空格本身就是毫无争议的天然分词符①，并且中文的分词是一个相对复杂的问题，往往依赖语义信息及上下文信息；其次，微博转发评论中充斥着大量的流行语、外来语、谐音字、错用字以及网络用语，集外词的存在使得传统的情感分词算法很难进行有效的分词，而分词效果直接决定情感词向量的适用性，从而进一步对情感分类模型的性能产生影响②。随着对深度神经网络特别是卷积神经网络研究的不断深入，学者发现将句子进行更细粒度的拆分，直至"字"的颗粒度，仍然可以利用卷积神经网络的特征提取功能学习有效的语义，并取得了不错的实践效果③。基于以上特点，本节引入以"字"为单位的向量表示方法，从而最大程度保留微博转发评论的原始语义，将集外词分解为字，将字级别向量与词级别向量结合，并依靠卷积层进行有效的特征提取，防止因分词导致的信息丢失，降低对下游模型造成的干扰。

伴随着深度学习在自然语言处理领域的广泛应用，越来越多的研究者开始尝试基于概率的浅层神经网络模型。这种模型训练出来的词向量与语言模型高度相关。通过神经网络的逐层计算，模型最终输出一个低维度的向量，而词汇所携带的语义被打散，蕴藏于向量的各个维度之中。这种构建方式，对词汇本身进行了降维处理，避免了独热编码等模型带来的维度灾难问题。在这些浅层神经网络模型中，谷歌提出的分布式词向量模型 Word2Vec④ 是目前主流的词向量表示算法，其能够学习语料库中的上下文信息，使得具有相似上下文信息

---

①　Nihar M R, Rajesh S P. LFNN: Lion Fuzzy Neural Network-Based Evolutionary Model for Text Classification Using Context and Sense Based Features [J]. Applied Soft Computing, 2018, 71: 994-1008.

②　唐慧丰，谭松波，程学旗. 基于监督学习的中文情感分类技术比较研究 [J]. 中文信息学报，2007, 21 (6): 88-94.

③　Zhang X, Zhao J, Lecun Y. Character-Level Convolutional Networks for Text Classification [J]. Computer Science, 2015, (9): 1-9.

④　https://en.wikipedia.org/wiki/Word2vec.

的词向量在欧式空间中的距离较近①。因此，选用 Word2Vec 模型对词向量进行建模。

2. 卷积神经网络

卷积神经网络（Convolutional Neural Network，CNN）通常用于计算机视觉领域，常用作图像的特征提取。随着研究的不断深入，卷积神经网络也逐渐被应用于文本特征的选取②。文本数据需要大量的权重计算，通过卷积神经网络的卷积池化操作可以有效地进行特征选择③。从情感倾向性分析的角度来讲，这可以剔除文本中的冗余信息，将关键情感提取出来。

近年来，不断有学者提出用计算机视觉领域的卷积神经网络来解决自然语言处理任务。冯兴杰等④提出将卷积神经网络与注意力模型相结合，不需要构建情感词典，大大降低了人工成本，从而进一步提升了模型整体的自适应能力。被誉为"卷积神经网络之父"的 Yann Lecun⑤ 提出用 70 种字符粒度的向量（26 个英文字母，阿拉伯数字 0~9 及常用符号），结合卷积神经网络来进行文本分类。依赖于卷积层的特征提取能力，将这些字符粒度的向量提取为有意义的特征，这使得卷积神经网络不但在图像领域大放异彩，也为自然语言处理提供了新思路。

卷积神经网络可以看作卷积层与池化层的叠加，二者各自对应

① 周练. Word2vec 的工作原理及应用探究 [J]. 科技情报开发与经济，2015，（2）：145-148.

② 卢宏涛，张秦川. 深度卷积神经网络在计算机视觉中的应用研究综述 [J]. 数据采集与处理，2016，31（1）：1-17.

③ 吴鹏，刘恒旺，沈思. 基于深度学习和 OCC 情感规则的网络舆情情感识别研究 [J]. 情报学报，2017，36（9）：972-980.

④ 冯兴杰，张志伟，史金钏. 基于卷积神经网络和注意力模型的文本情感分析 [J]. 计算机应用研究，2018，35（5）：1434-1436.

⑤ Zhang X，Zhao J，Lecun Y. Character-Level Convolutional Networks for Text Classification [J]. Computer Science，2015（9）：1-9.

卷积与池化操作①。卷积的作用是为了进行特征选择，将卷积核以滑动窗口的形式扫描整篇文档，整个运算过程即为卷积过程。卷积过程中重要的语义信息在运算过程中会被放大，非重要的语义信息会被压缩；池化过程则是一个特征降维的过程，目的是减少计算量。在情感倾向性分析中，通常选择最大池化以保留最为显著的语义信息。有了卷积和池化，卷积神经网络可以在提取情感文本的重要特征的同时，大幅度降低维度，从而降低模型的计算复杂度。

三　社交网络舆情用户情感图谱构建

1. 社交网络舆情用户情感图谱建模思想

（1）信息-情感演化关联思想

国内学者周承聪等②认为信息是由信息内容和信息载体共同构成的实体。一方面，信息是信息人的操作对象，信息人可以生产、处理和传递信息。另一方面，信息可以反作用于信息人，信息人通过对信息的获取，可以更新其已有的认知方式，从而做出进一步的信息决策。信息在信息人与信息人之间、信息人与信息环境之间流动，成为传播的媒介和沟通的纽带。信息人生产的信息具有不同的属性，一些正向信息的传播对信息环境的发展是有利的，而一些负向信息传播对信息环境的发展是有害的③。本节基于信息理论构建社交网络舆情用户情感图谱，并对舆情用户情感演化展开详细分析。

（2）社交网络舆情用户情感图谱建模思想

情感作为人们内心感受的主观意向性体现，承载了人们对客观事件的观点、看法及评价。情感也是人们进行信息交流的媒介，通过

---

① Ren Y, Ji D, Ren H. Context-Augmented Convolutional Neural Networks for Twitter Sarcasm Detection [J]. Neuro Computing, 2018, 308 (9): 1-7.

② 周承聪, 桂学文, 武庆圆. 信息人与信息生态因子的相互作用规律 [J]. 图书情报工作, 2009, 53 (18): 9-12+65.

③ 李勇, 蔡梦思, 邹凯, 等. 社交网络用户线上线下情感传播差异及影响因素分析——以 "成都女司机被打" 事件为例 [J]. 情报杂志, 2016, 35 (6): 80-85.

情感，人们可以了解他人的内心感受，传递对事件的不同观点①。而舆情用户对某一舆情事件的评价常常带有明显的主观情感倾向②。突发事件具有不确定性、影响广泛等特点，容易在舆情爆发期引起广泛关注从而形成网络舆情。社交网络舆情用户情感图谱采用图的建模方式，以舆情用户作为节点，以用户间的转发评论关系为边，以节点颜色表示该舆情用户的情感倾向。不但可以将具有相同情感倾向的舆情用户聚集在一起，而且可以将舆情用户按照情感倾向分成不同的用户类别，更能体现出舆情用户对突发事件的观点和态度。

（3）社交网络舆情用户情感图谱构建的作用

随着突发事件的发展，舆情用户的情感倾向在不同时期会发生显著的变化，即情感演化。对突发事件中舆情用户的情感倾向进行分析，不仅可以了解舆情用户的态度与看法，而且可以从中总结应对突发事件的相关工作经验，为舆情管理部门及时应对突发事件提供支持③。因此，本节通过卷积神经网络情感分类模型对舆情用户在突发事件话题下的转发评论信息进行情感分类，分析舆情用户情感演化对突发事件网络舆情传播所造成的影响，确定舆情用户的情感倾向；结合舆情生命周期绘制动态变化的社交网络舆情用户情感图谱，直观展示舆情用户情感的动态变化，为相关舆情监管部门监测、把控、引导以及应对突发事件提供管理思路。

2. 基于字词向量的多尺度卷积神经网络的社交网络舆情用户情感图谱

结合基于字词向量的多尺度卷积神经网络构建社交网络舆情用户情感图谱。模型构建共分为六个步骤，详见图 3-14。①微博转发评论数据采集及预处理。主要是通过 Python 网络爬虫获取微博转发评论数

---

① 周瑛，刘越，蔡俊 . 基于注意力机制的微博情感分析［J］. 情报理论与实践，2018，41（3）：89-94.

② 陈芬，陈佩帆，吴鹏，等 . 融合用户特征与多级文本倾向性分析的网络意见领袖识别［J］. 情报理论与实践，2018，294（7）：147-152.

③ 王静 . 突发事件网络舆情的情感倾向及演化分析［D］. 哈尔滨工业大学，2012.

据，利用 Jieba 分词工具以字和词为最小分词单位进行分词，并进行去停用词操作的预处理。②字词级别向量训练及选择。主要运用 Word2Vec 训练词向量，并通过余弦相似度选取最优词向量，最后结合字向量，构建三维文本矩阵。③卷积神经网络训练。主要通过卷积层的特征提取和池化层的降维，将三维文本矩阵映射为一维向量以供全连接层进行操作，然后通过模型训练，依靠反向传播算法在训练集上不断调节模型参数权重，并通过交叉验证进行情感词选择。④性能测评及模型选择。通过计算正确率、召回率、F1 值进行对比验证，并选用综合表现最优的模型作为最终分类模型。⑤微博转发评论情感分类。依据最后确定的最优模型进行微博转发评论的情感分类。⑥依据情感分类结果，结合舆情生命周期构建社交网络舆情用户情感图谱。

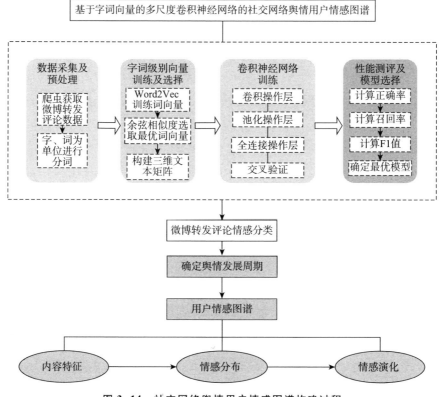

图 3-14 社交网络舆情用户情感图谱构建过程

四 研究设计

1. 数据来源

在信息源的选择上，本节选择公众关注的突发事件"埃航空难"微博话题作为信息源采集全部数据，建立舆情空间。从"埃航空难"百度指数（见图3-2）可以看出，埃航空难舆情爆发迅速、持续时间长，并在较短的时间内达到了传播峰值，其在社交网络环境下的网络舆情情感传播特性明显。

2. 数据处理

原始微博评论数据中存在着一定的噪声数据，如商业广告和评测投票等，这类数据不是研究所需要的情感文本数据，需要进行数据清洗。本节选用的数据清洗方法为基于关键词的识别方法，通过分析发现，这部分噪声数据大多数包含相同的主要关键词，故对包含该类关键词的评论数据进行剔除，去除评论数据中仅"@其他微博用户"的评论及各种锚链接，形成初步的数据集。经初步筛选，招募在校大学生对其进行情感分类（正、负、中），共计招募250名大学生，用投票的方式对初筛后的数据进行人工分类。为保证样本的明显倾向性，仅将票数差大于25票的视为有效数据。例如，若某一个样本为正样本，则其得到的正样本的投票数至少为100票，负样本或中性样本的投票数则至多为75票。设定票差是为了从总体样本中筛除具有歧义的样本，因为有着明显倾向性的样本更有助于模型的训练。本节将"埃航空难"事件的舆情生命周期分为三个阶段：3月10日—3月14日的爆发期、3月15日—4月12日的蔓延期以及4月13日—6月20日的衰退期（见图3-15）。

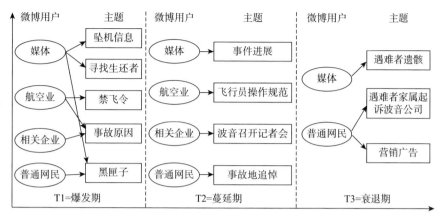

图 3-15　社交网络舆情用户关注点演化分析

3. 模型设置

为了验证模型的有效性，对实验内容及流程进行了如下设计。①训练/测试集划分。每次实验随机选取 80% 的数据集作为训练集，选取剩余的 20% 作为测试集，测试集不参与训练，仅用来验证模型性能。②文本向量训练。为了保证文本向量的质量，使用搜狐全网新闻数据语料库训练词向量。该语料库搜集了多个国内新闻站点 2012 年 6 月至 7 月的 20000 余篇真实新闻报道，涵盖社会、体育、新闻、娱乐等 18 个频道，涉及多个领域，数据量十分充足。选择该语料库进行词向量训练可以增强词向量的通配性，提升模型的泛化能力。③构建卷积神经网络模型。采用 Keras 深度学习工具包，选用 TensorFlow 作为其底层实现工具。卷积神经网络具体实现的网络结构核心代码如图 3-16 所示。④超参数调节。考虑到超参数对模型性能的影响，对卷积核尺寸、激活函数、Dropout 随机失活率以及迭代次数进行调节。⑤对比实验效果。

```
#步骤一，三次读取文本，将三个向量联合构成三维文本向量。
embedding1 = word2vec_model1(readtext(split_word()))
embedding2 = word2vec_model2(readtext(split_word()))
embedding3 = char2vec(readtext())
combine_embedding(embeding1, embedding2, embedding3)
#步骤二，卷积提取特征
model_1.add(embedding_layer)
model_1.add(Conv(128, 6, activation='tanh'))
# 添加 128 个 6*128 的卷积核，激活函数是 tanh
# Dropout 层 droprate 是一个可调节的超参
model_1.add(MaxPooling1D(6))
# 最大池化层
model_1.add(Conv(128, 6, activation='tanh'))
# 重复三次
model_1.add(MaxPooling1D(6))
model_1.add(Conv(128, 6, activation='tanh'))
model_1.add(MaxPooling1D(2))
model_2.add(embedding_layer)
# 添加第二种卷积核形状，流程类似 model_1
model_2.add(Conv(128, 5, activation='tanh'))
```

图 3-16　卷积神经网络具体实现的网络结构核心代码（部分）

4. 文本向量训练与选择

经过数据采集及预处理之后得到初始的情感文本，需要对这个初始的情感文本进行向量化表示，使之变为可计算的数值。本节采用词嵌入（word embedding）的方式，将每一个词映射为一个低维向量，从而进一步将情感文本表示成被词向量拼接成的高维矩阵[1]。本节在研究过程中使用 Word2Vec 将每个字或经过分词处理后的词映射为一个向量，并使用余弦相似度作为评价词级别向量的指标，如公式（3-5）所示：

---

[1] Ren Y, Ji D, Ren H. Context-Augmented Convolutional Neural Networks for Twitter Sarcasm Detection [J]. Neuro Computing, 2018, 308（9）：1-7.

$$sim(x,y) = \cos\theta = \frac{\overrightarrow{x} \cdot \overrightarrow{y}}{\parallel x \parallel \parallel y \parallel} \qquad (3-5)$$

优质的词向量能保证语义相似词组的余弦值较高，且无关词汇的余弦值较低。本节采用余弦相似度作为指标，选取两组质量最优的词级别向量，再结合一组字级别向量构建三维文本矩阵，如图3-17所示。

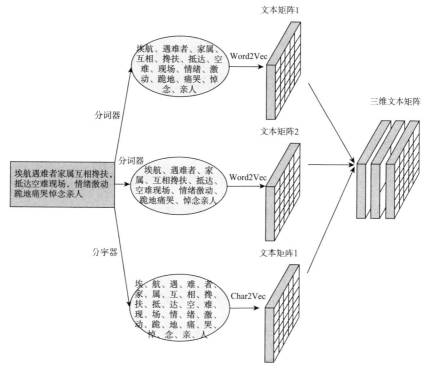

图 3-17　三维文本矩阵的构建示例

注：Char2Vec 是一种在字符级别进行学习表示的技术，它同样基于分布式假设，可以捕捉词语内部的形态学信息。

5. 整体架构与算法流程

（1）整体架构

在得到了三维的情感文本矩阵后，需要通过卷积神经网络进行文本特征提取与降维。如图3-18所示，文本矩阵的起始维度为200，卷积层可以有效地提取文本特征，但无法单纯依赖卷积层进行降维。

注意到，三维矩阵在经过第一层卷积后为198维，维度依然较高。需要依靠池化层来进行降维，经过池化层后，矩阵的维度变为64，达到了迅速降维的效果。总体来说，卷积层的操作是为了提取文本特征，而池化层是为了快速进行降维。卷积层与池化层交替使用，使得模型能够在有效提取文本特征的同时降低维度。

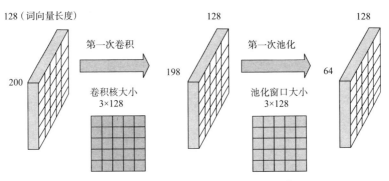

图 3-18　卷积操作与池化操作过程示意

如图 3-19 所示，本节依据 AlexNet 为卷积核设置了三种不同的窗口尺寸，分别为 3×128、4×128 和 5×128，以便对情感文本中相邻的 3 个、4 个或 5 个词进行文本特征提取。采用控制变量法，将卷积核的个数统一设置为 128 个，结合相同的最大池化操作形成卷积特征提取层。最终将三种卷积单元映射成一个一维向量。

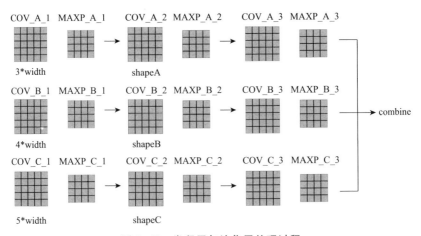

图 3-19　卷积层与池化层处理过程

整个模型的尾部为两个全连接层。第一个全连接层为 128 个神经元，第二个全连接层为 64 个神经元，这样可以将特征提取后的文本矩阵重新拉伸为一个一维向量。因为全连接层的使用会极大地增加模型的参数量，甚至造成过拟合，所以要加入 Dropout 层以控制全连接层神经元的随机失活数量。Dropout 在每轮迭代中会随机指定部分神经元输出为零，使得其连接的权重不会在反向传播的训练过程中参与权重更新。这样一方面控制了模型的参数量，方便了计算；另一方面也割裂了权重之间非必要的依赖，进一步控制模型过拟合的风险，显著提升模型在测试集上的表现。

（2）算法流程

在训练阶段，卷积神经网络通过计算损失函数，并按照反向传播算法不断进行权重更新，并逐步降低损失函数的值。整个训练过程可以视为一个权重更新的迭代过程[①]。

本节选择二分类交叉熵损失函数，交叉熵损失函数如下：

$$J = -\frac{1}{m} \sum_x y \ln a + (1 - y)\ln(1 - a) \tag{3-6}$$

其中，y 为期望输出，a 为神经元的真实输出，整体损失为 J。交叉熵损失函数具有良好的函数性质：①当期望输出与真实输出接近时（即期望输出与真实输出同为 1 或同为 0），整体损失 J 接近 0。②当期望输出与真实输出相差较大时（即期望输出为 0 真实输出为 1，或期望输出为 1 真实输出为 0），整体损失 J 接近无穷大。由于神经网络的参数更新依赖于梯度下降，较大的损失意味着模型参数的更新，而损失为零则表明模型收敛，即期望输出与真实输出一致。梯度计算方法见公式（3-7）、公式（3-8）。

$$\frac{\partial J}{\partial w} = \frac{1}{n} \sum_x x(\sigma(z) - y) \tag{3-7}$$

①　王毅，谢娟，成颖. 结合 LSTM 和 CNN 混合架构的深度神经网络语言模型［J］. 情报学报，2018，(2)：194-205.

$$\sigma(x) = \frac{1}{1+e^{-x}} \tag{3-8}$$

其中，w 表示权重，z 表示每一层神经元的输入。其中，权重更新没有 $\sigma'(z)$ 这一项，仅依赖 $\sigma(z)-y$，误差较大时权重更新快，误差较小时权重更新慢。

在确定损失函数后，模型需要选择优化算法迭代求解最优值，本节选择目前深度学习领域广泛使用的 Adam 优化算法进行迭代更新[①]。算法流程如图 3-20 所示。该过程主要分为嵌入层（embedding 层，负责向量化表示）、卷积特征提取层和分类层三部分。

五 基于卷积神经网络的超参数确定及实验对比

在经过词向量训练后，需要确定超参数从而确定最优的分类模型。超参数不同于模型本身的权重参数，无法通过梯度下降的方式在训练过程中进行动态调优。超参数的不同组合会对模型的整体性能产生直接的影响。本节将待调整的超参数范围规定为卷积核尺寸、激活函数、Dropout 随机失活率与迭代次数四项，通过实验进行讨论分析，以确定最优的超参数组合。

1. 卷积核尺寸

卷积核尺寸是卷积神经网络中的重要参数。情感分类仅使用一维核，只需验证卷积核的长度对模型性能的影响，卷积核的长度意味着滑动窗口时关注的近邻词汇个数[②]。本节考虑五种卷积核，将长度设置为 2~6，即关注 2~6 个近邻词汇。结合上文的卷积神经网络架构设计方式，归纳出六种结合方式并进行实验对比，如表 3-5 所示。

① Smithl N. Cyclical Learning Rates for Training Neural Networks [J]. Computer Science, 2017, 464-472.

② 陈珂，梁斌，柯文德，等. 基于多通道卷积神经网络的中文微博情感分析 [J]. 计算机研究与发展，2018，55（5）：945-957.

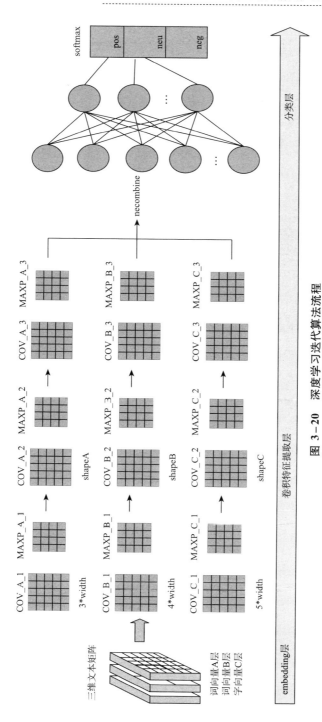

图 3-20 深度学习迭代算法流程

123

表 3-5 不同卷积核尺寸的实验对比情况

各层卷积核尺寸	训练集正确率	测试集正确率	召回率	F1 值
(2, 3, 4)	96.13%	86.10%	93.46%	0.9184
(4, 3, 2)	95.70%	85.62%	93.19%	0.9019
(3, 4, 5)	95.81%	87.96%	93.27%	0.9118
(5, 4, 3)	95.33%	86.14%	92.21%	0.9151
(4, 5, 6)	97.14%	85.32%	93.09%	0.9149
(6, 5, 4)	95.38%	81.40%	92.37%	0.8973

实验结果表明，将卷积核尺寸选为（2，3，4）时，模型的召回率与 F1 值最高，将卷积核尺寸选为（3，4，5）时，测试集的正确率最高。与此同时，卷积核尺寸大于或等于 5 时，模型产生了过拟合，在测试集上精度会明显下降。实验结果符合人们关于语言的主观认识，即在一般情况下，相隔距离超过 5 个词汇时，其相互作用几乎不存在，也就无法利用这种尺寸的卷积核提取有效的语义特征。

2. 激活函数

激活函数是神经网络进行非线性变换的关键，而激活函数的选用也是超参数的选择之一。深度神经网络中最常使用的激活函数为 tanh 和 ReLU[1]，计算方式如公式（3-9）、公式（3-10）所示：

$$\tanh(x) = \frac{e^x - e^{-x}}{e^x + e^{-x}} \tag{3-9}$$

$$\text{ReLU}(x) = \max(0, x) \tag{3-10}$$

本节使用测试集上表现最优的卷积核尺寸组合，调节卷积层与全连接层的激活函数。如表 3-6 所示，实验结果表明，将 tanh 函数应用于卷积层同时将 ReLU 函数应用于全连接层时，模型综合表现最优。其中，若卷积层选用 ReLU 函数将破坏神经网络中初始化的权

---

① 曲之琳，胡晓飞. 基于改进激活函数的卷积神经网络研究［J］. 计算机技术与发展，2017，27（12）：77-80.

重，若在此种情况下将全连接层的激活函数选为 tanh，则经过若干轮迭代，在前向传播过程中双曲正切函数的输入将全部集中在 x 轴正半轴，双曲正切函数在无穷远处的梯度值为零，将导致模型出现严重的梯度弥散问题。

表 3-6　选用不同激活函数在测试集的实验对比表

测试	卷积层	全连接层	测试集正确率	测试集召回率	测试集 F1 值
测试 1	tanh	tanh	86.05%	93.16%	0.9042
测试 2	tanh	ReLU	88.12%	92.17%	0.9152
测试 3	ReLU	ReLU	86.41%	89.75%	0.9093

3. Dropout 随机失活率与迭代次数

（1）Dropout 随机失活率

除了上述的超参数以外，Dropout 随机失活率与迭代次数也是影响模型性能的关键因素。图 3-21 展示了 Dropout 随机失活率对模型性能的影响趋势。当 Dropout 随机失活率处在 0.05～0.1 时，模型的各项指标达到最优效果；当随机失活率超过 0.1 时，模型性能呈现下降的趋势。因此，将 Dropout 随机失活率设置为 0.05～0.1 可获得最好的模型性能。

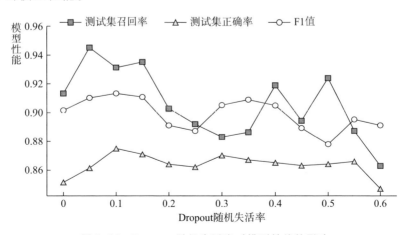

图 3-21　Dropout 随机失活率对模型性能的影响

（2）迭代次数

深度神经网络中，迭代次数往往取决于具体的任务类型。相较于其他超参数，迭代次数直接影响模型的训练时长，且影响最终的拟合效果。迭代次数往往需要设置在一个合理的区间，若迭代次数过少，会使模型不能够收敛到局部极小值而导致欠拟合问题；反之，若迭代次数过多，一方面增加了模型训练的时间成本，另一方面也会导致过拟合问题，使模型的泛化能力降低。图 3-22 显示了迭代次数为 1~20 时，模型相关指标的变化情况。可以看出，在迭代 15 次时，模型各项指标达到峰值，但在 16 次及之后各项指标有明显下滑趋势，表明此时模型已经过拟合。因此，本节将迭代次数设定为 15 次。

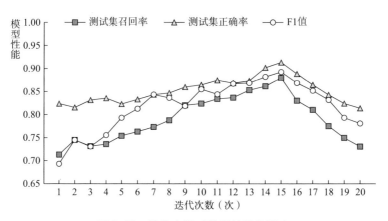

图 3-22　迭代次数对模型性能的影响

4. 实验结果对比

为验证所构建模型的优越性，选择目前主流的情感分类模型在相同数据集上进行对比实验，结果如表 3-7 所示。

表 3-7　情感分类模型对比实验结果

模型	测试集正确率	测试集召回率	F1 值
CBOW-SVM	77.04%	77.10%	0.7542
Word2Vec-CNN	84.27%	83.29%	0.8411
Att-CNN	90.25%	88.41%	0.8549
Multi-CNN	94.59%	91.48%	0.9194

其中，CBOW-SVM 是将 N-gram 与 SVM 进行融合而构建的分类模型；Word2Vec-CNN 是利用 Word2Vec 训练词向量，并利用卷积神经网络进行训练；Att-CNN 引入了注意力机制对词向量组成的文本矩阵进行训练。对比实验结果，可知本节提出的 Multi-CNN 模型在微博评论这种短文本分类任务中各项指标的表现都相对较好，并具有较准确的分类效果。

六　数据结果

1. 情感分类结果

对采集到的 34325 条微博数据进行情感分类，结果如图 3-23 所示。微博平台上 54% 的相关转发评论内容呈负向；38.5% 的相关转发评论呈中性；7.5% 的相关转发评论呈正向。舆情用户发布的负向情感倾向的转发评论内容远多于中性和正向内容。

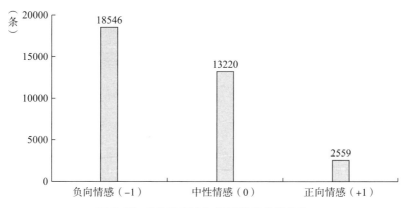

图 3-23　"埃航空难"话题情感分类统计

2. 构建用户情感图谱

（1）用户情感图谱构建过程及说明

为直观展示"埃航空难"话题下舆情用户的情感倾向，使用 Gephi 进行可视化。Gephi 是进行主题图谱数据可视化分析工具，能处理大规模数据集，并可以生成可视化图形，有利于后续分析[①]。细节上，以舆情用户为节点，以用户间的转发评论关系为边，以节点的不同颜色表示舆情用户的不同情感类别[②]，其中绿色代表负向情感、红色代表中性情感、蓝色代表正向情感，构建社交网络舆情用户情感图谱。由于在"埃航空难"舆情空间下，大部分舆情用户都发布了多条转发评论信息，所以在通过卷积神经网络得到舆情用户某一转发评论信息的情感分类后，采用投票的方式对舆情用户在某一舆情生命周期内的情感倾向进行标记。具体地，统计舆情用户在某一舆情生命周期内全部转发评论信息的情感分类结果，将计票数最高的情感倾向作为这一舆情生命周期的情感分类，如遇到计票相同的情况，则随机指定票数最高的情感倾向作为情感分类结果。

（2）用户情感图谱结构分析

图 3-24 为舆情全生命周期内的社交网络舆情用户情感图谱。节点的度中心性决定了节点的直径，与评论转发数呈正相关。舆情用户在舆情生命周期内的评论数越多，转发量转大，则直径越大。本节通过 Gephi 中的 Yifan Hu 布局算法将度中心性较高的节点集中在图谱中心，将度中心性较低的节点布局于图谱的边缘。可以看出，绝大部分舆情用户具有负向或中性的情感倾向，正向情感仅占整个图谱中的少部分。主流媒体如新京报、头条新闻、澎湃新闻等，倾向于表达负向情感。此类节点占据了情感图谱的中心，受到了舆情用户的广泛关注。少部分表达正向情感的舆情用户分散在中心节点的外围，且自身被发布负向情感及中性情感的舆情用户包围，难以形成有效的传播效应，导致正向情感在用户情感图谱中难以形成有效的传递，影响力相对有限。

---

① 王晰巍，张柳，王铎，等．微博环境下高校舆情情感演化图谱研究——以新浪微博"高校学术不端"话题为例［J］．现代情报，2019，39（10）：119-126+135.

② 安璐，欧孟花．突发公共卫生事件利益相关者的社会网络情感图谱研究［J］．图书情报工作，2017，61（20）：120-130.

图 3-24 社交网络舆情用户情感图谱 （附彩图）

七 讨论分析

1. 社交网络舆情用户内容特征分析

首先将处理过的"埃航空难"舆情空间下的转发评论数据通过 Jieba 分词脚本对文本进行分词、去停用词处理；然后将统计出的高频词，根据不同的舆情生命周期进行划分得到不同舆情生命周期的词云图，图 3-25 至 3-27 分别为"埃航空难"舆情空间下爆发期、蔓延期以及衰退期的词云图。词云图中的字越大，表示该词汇的使用频率越高。纵观三个舆情生命周期，"波音""航空"始终为各个舆情周期内的高频词。一般情况下，突发事件的高频词在不同周期会有所变化，但由于舆情生命周期内埃航空难一直没有找到黑匣子，所以在蔓延期和衰退期没有能够形成明显的衍生话题，导致舆情用户在蔓延期和衰退期使用的高频词与爆发期趋同。

图 3-25　爆发期词云图

图 3-26　蔓延期词云图

图 3-27 衰退期词云图

（1）舆情爆发期

词频较高的词汇为"航空""空难""波音""737"等词汇。可见，在"埃航空难"舆情的爆发期，舆情用户的关注点集中在此次事件本身，所使用的高频词都为描述这次空难事件的关键名词。

（2）舆情蔓延期

除了爆发期出现的高频词外，还增加了"中国""黑匣子""遗物"等词汇，这表明在蔓延期部分舆情用户的关注点发生了转移。高频词"中国"的出现，表明舆情用户开始关注中国遇难者、中国航空公司，以及中国政府对此次事件的回应。高频词"黑匣子""遗物"的出现，表明舆情用户开始探究空难的原因，并关注遇难者的情况。

（3）舆情衰退期

新增了"CEO""缺陷"等高频词。在此期间，舆情用户对波音公司 CEO 的回应所展现出的消极态度表达了强烈不满，并纷纷质疑波音客机可能存在的设计缺陷。

总体来看，针对波音公司飞机设计缺陷的质疑贯穿了整个舆情生命周期，这也导致舆情用户的情感总体上始终呈现消极的状态。随着舆情从爆发期进入蔓延期，虽然舆情用户的关注点开始稍微向国内的动作和事故的善后工作转移，但由于事件本身并未得到大幅度的推进，舆情用户始终关注事故起因与事故责任方。随着舆情进入衰退期，波音公司 CEO 的消极回应无疑激化了民众对波音公司的不满，原有的负面情感未得到有效的疏导。

用户内容特征是了解用户信息行为的一个重要入口。内容特征往往直接代表了用户的情感倾向，且某些内容特征常常伴随着显著的传递效应，极易触达并影响其他舆情用户。而带有传递性、消极特征的内容常常会对舆情空间造成负面影响。在舆情监管的具体实践中，监管部门要对内容特征进行准确把控，通过内容特征分析舆情用户的信息行为，并对具有传递性质的负面内容进行治理。

2. 社交网络舆情用户情感分布分析

微博平台中突发事件"埃航空难"话题下用户的情感分布情况如图 3-28 所示。在"埃航空难"话题下舆情用户的负向情感占比较大，且在舆情生命周期中情感分布不均匀。在舆情爆发期，负向情感多于正向情感，占 60% 左右；在舆情蔓延期，负向情感占比波动较大且有所降低；在舆情衰退期，负向情感占比超过 50%，并呈上升趋势。从数据分析结果来看，总体上中性情感的占比仅在舆情蔓延期大于负向情感，其他周期均少于负向情感，但多于正向情感。虽然正向情感占比随舆情的发展有所上升，但最终逐渐下降，在舆情蔓延期到达顶峰，但其占比远低于负向情感。因此，用户情感整体偏向于负向，且在事件发展的末期用户的负向情感较为强烈。

针对本次突发事件舆情用户的情感分布总体偏负向的情况，需要相关舆情监管部门进行合理的引导并实时关注情感走向，以防突发事件出现走势难以控制或恶化的局面。本次突发事件中舆情用户

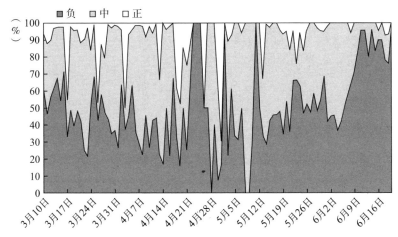

图 3-28 "埃航空难"话题全时段情感分布情况

的情感分布呈现两种特点：一是整体情绪波动剧烈，尽管在某些时间点出现了情绪的短暂缓和或变化，但负面情绪始终占据主导地位，并且容易在各种因素刺激下再次强化；二是舆情用户的情感分布在舆情生命周期内出现了反复性的波动，负向情感在爆发期达到顶峰后，衰退期再次出现了负向情感聚集。此次突发事件受到众多舆情用户的关注，且空难事件中包含中国遇难者，舆情用户随着空难事件的发展容易发布极端片面性、缺乏理性的评论，导致情感分布出现断层。相关舆情监管部门应制定合理的情感引导策略，在控制舆情走向的同时平复舆情用户的情绪，避免负向情感导致衍生话题的出现。

掌握用户的情感分布，对于把控舆情空间内整体的情感极性具有重要的实践意义。由于信息的流动性，舆情空间内的情感分布是不断变化的。舆情监管部门需要不断地分析新的信息流的情感分布，这是维护舆情空间稳定的关键。在具体的舆情监管实践中，舆情空间内的情感分布直接作用于舆情监控，是非常重要的舆情指标。

3. 社交网络舆情用户的情感演化分析

为进一步直观展示舆情用户在"埃航空难"话题下不同舆情生命周期内的情感演化规律，本节通过 Gephi 可视化软件构建了不同舆情生命周期内的社交网络舆情用户情感图谱，如图 3-29 至 3-31 所示。图中以舆情用户为节点，以用户间的转发评论关系为边，以不同的节点颜色表示不同的情感类别，绿色代表负向情感，红色代表中性情感，蓝色代表正向情感。

（1）爆发期社交网络舆情用户情感图谱

如图 3-29 所示，整个图谱属于稠密图，度中心性较高的点集中在图谱中心，这表明爆发期的信息来源集中于少部分节点。同时，大多数舆情用户节点在爆发期表现出中性或负向情感，正向情感的占比较小。由于埃航空难本身就是一场悲剧性质的事故，所以舆情爆发期以负向情感为主。但仍有一部分用户单纯地针对空难进行报道，如"头条新闻"节点的评论信息中并未掺杂过多的情感因素，在情感倾向性上保持中性。应该注意到，在舆情爆发期，处于图谱中心节点的情感倾向能够显著地影响其周围的节点。如多数与"头条新闻"相连的节点依然能够保持中性的情感倾向。相对地，与"微博管理员"相连的节点一般都呈现负向情感。这种在爆发期呈现出的负向情感倾向，极有可能随着舆情周期的不断演化而进一步加剧。因此，针对此次突发事件的舆情管控，需要舆情监管部门与权威机构、媒体、意见领袖进行有效沟通，减少对消极情绪的渲染，使爆发期的舆情用户的情感倾向能够尽量保持中性。特别是针对灾难性、事故性的突发事件舆情，要保障中性情感倾向在舆情爆发期的占比，以降低负面情感对舆情用户心理产生的影响。

（2）蔓延期社交网络舆情用户情感图谱

如图 3-30 所示，相较于爆发期，蔓延期的情感图谱更为稀疏，图谱半径变大，这表明"埃航空难"的舆情开始由少数节点向整个社交网络进行传递。部分节点的情感倾向与自身在爆发期的情感倾向不同，但多数都徘徊在中性情感和负向情感之间。如"头条新闻"由爆发期的中性情感转变为蔓延期的负向情感，"新京报"由爆发期的负向情感转变为蔓延期的中性情感，并且这种情感倾向性的转变也直接影响了与其相连的用户节点。正向情感的占比相较于爆发期

图 3-29　"埃航空难"爆发期社交网络舆情用户情感图谱（附彩图）

进一步下降，这是由于在舆情的蔓延期，波音公司的消极回应再加上相关调查部门进展缓慢，使得民众的消极情绪进一步激化。同时应该注意到，在舆情蔓延期，少数在爆发期度中心性较高的节点不再处于图谱的中心位置，图谱逐步朝着多中心的态势发展。在舆情蔓延期的舆情监管过程中，要重视舆情用户情感倾向性的转变，尤其要关注处于用户情感图谱中心且舆情交互频率较高的节点。在舆情蔓延期，这类节点的情感倾向性的转变容易引起连锁反应。同时，针对突发事件网络舆情，舆情监管部门要善于履行政府职能，在对整体情感倾向进行有效把控的同时，积极联络突发事件的相关责任方，及时披露信息，保障公开透明，且要敦促责任方直面民众的监督甚至是批评，从而换取民众的理解。舆情监管部门也要配合媒体以及意见领袖将事件的最新进展，尤其是责任方的最新情况及时同步到线上，保障舆情蔓延期的快速演化，防止舆情用户长期处于负面情绪之中。

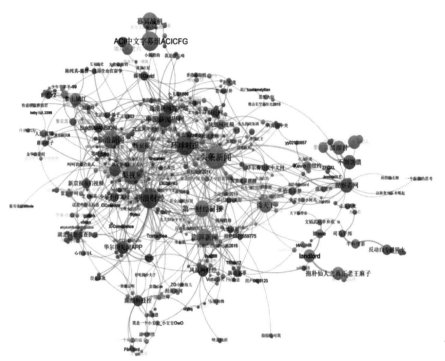

图 3-30 "埃航空难"蔓延期社交网络舆情用户情感图谱（附彩图）

（3）衰退期社交网络舆情用户情感图谱

如图 3-31 所示，舆情衰退期的情感图谱为典型的稀疏图，且呈现出明显的孤岛效应。节点数量相较于爆发期和蔓延期明显减少，社交网络舆情一旦进入衰退期都会呈现出类似的特点。由于社交网络需要持续的话题来获取热度和流量，一旦某舆情进入衰退期，原本隶属于该舆情空间的舆情用户就会被新的舆情所吸引。且由于社交网络存在推送机制，舆情用户会持续接收到新的话题推送，从而使得原有的舆情快速进入衰退期。就各类情感倾向性舆情用户占比而言，衰退期的正向情感占比明显提高。这是由于遇难者家属的理赔工作已经有序开展，民众对事件的关注点从对事故的追责逐步转变为对遇难者家属的同情，且由于主流媒体及意见领袖不断对事件原因进行披露，舆情用户逐步了解此次突发事件的原委，更多的人倾向于将此次事故定义为"天灾"而非"人祸"。舆情衰退期的监管工作，要结合舆情爆发期和蔓延期的情感占比情况，重视对舆情用户正向情感的占比统计，保障舆情不因时间的推移而潦草收场。尤其是针对突发事件舆情，要对民众高涨的负面情绪设置一个合理的出口。联合媒体及意见领袖，通过推送积极的话题，保障衰退期的舆情用户情绪得到一定的宣泄。

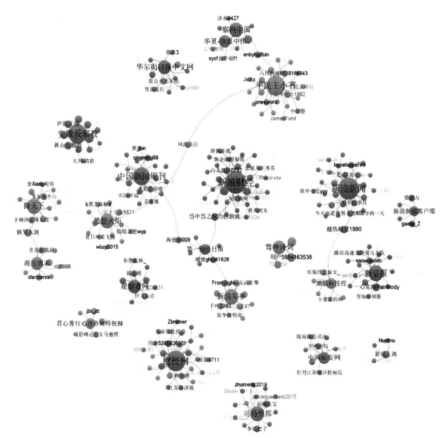

图 3-31　"埃航空难"衰退期社交网络舆情用户情感图谱（附彩图）

情感演化是信息流转链的具体体现，正是由于信息参与运作才有了情感的动态变化。由于舆情本身的无规律性和人类情感的复杂性，情感演化一直是舆情监管的重点和难点。借助社交网络舆情用户情感图谱，舆情监管部门能够对舆情空间中的海量信息进行情感演化的深入挖掘，从而在一定程度上掌握舆情空间内信息的运作规律。在具体的舆情监管实践中，情感演化直接作用于舆情预警，辅助舆情监管部门应对可能的舆情风险。

第四章
大数据驱动的社交网络舆情
事件主题图谱构建

第一节　社交网络舆情事件用户种群图谱构建与分析

一　社交网络舆情事件用户种群图谱构建

1. 社交网络舆情事件用户种群图谱建模依据

（1）舆情用户与信息人

舆情事件用户对应信息人因子。信息生态理论认为信息人是信息生态系统的要素之一，具有信息需求并参与信息活动，可分为信息生产者、信息组织者、信息传播者、信息消费者和信息分解者[①]。社交网络舆情是整个网络信息生态系统中的一个小型信息生态系统，社交网络舆情事件的实质就是舆情信息在参与舆情事件的各类用户之间的流转和交互，这些用户可以成为舆情信息的接收者、发布者、传递者等。

（2）基于信息人因子的舆情事件用户种群

生态系统的层级理论认为，客观世界的结构是具有层次性的，信息生态学的研究学者基于此将信息生态系统分为信息人、信息人种

[①]　张海涛，王丹，张连峰，等. 商务网络信息生态链的演化逻辑及演化模型研究［J］. 图书情报工作，2015（18）：95-101.

群、信息生态群落和信息生态系统四个不同的层次①。在信息生态系统中，具有一定信息特征的信息人个体是位于系统最底层的，在一定的时间、空间或特定的情境下，具有相同信息特征或者扮演相对固定角色或者具有相同信息结构或信息需求的信息人个体会聚集在一起，形成信息人种群。在社交网络舆情事件中，用户个体是舆情事件传播的最小单元。参与舆情事件的用户个体拥有社交昵称、社交 ID、性别、立场观点、情感或态度、影响力等不同的信息特征。由于社交网络舆情事件的群体性，在舆情事件的发酵和传播过程中，随着社交互动的发生和增多，具有相同信息特征的用户个体会互相吸引和聚集，最终形成用户种群。

2. 社交网络舆情事件用户种群图谱构建过程

社交网络舆情事件用户种群图谱构建过程如图 4-1 所示。①进行数据的采集与预处理。通过网络爬虫软件采集舆情事件话题下的数据，对数据进行清洗，并在此基础上根据事件的内容和发展过程划分子事件。②确定用户种群聚类特征。用户种群聚类特征的选择与确定需要考虑两个方面的内容，一是使用何种特征对用户种群进行聚类，二是该特征对用户种群的划分有何现实意义。考虑到上述两个方面，本节将用户种群聚类特征分为用户个人属性特征和用户行为属性特征。用户个人属性特征能够从客观的角度反映用户种群的组成情况，包括用户发布的微博数、用户关注数、用户粉丝数和用户微博等级。用户行为属性特征包括用户情感和用户影响力，能够更好地反映用户对舆情事件的主观态度和在事件传播中的作用。用户情感采用卷积神经网络进行情感分类得到，用户影响力通过加权 PageRank 算法计算得到。③采用 Z-score 数据标准化方法进行聚类数据的标准化，然后利用 Canopy+K-means 算法进行用户种群聚类，并通过 Neo4j

① 李红梅，娄策群. 信息生态群落初探［J］. 图书情报工作，2011，55（12）：46-50.

构建社交网络舆情事件用户种群图谱，对用户种群的关系结构、组成、情感结构和权力结构进行可视化分析。

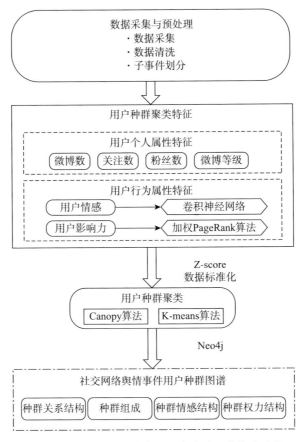

图 4-1　社交网络舆情事件用户种群图谱构建过程

（1）用户个人属性特征

社交网络舆情事件的用户基本信息由昵称、ID、微博数、关注数、粉丝数和会员等级等静态数据构成，体现了用户的基本特征，也能够反映种群组成情况，是分析种群结构、进行用户种群聚类的基础。其中，用户昵称和 ID 是用户个体的唯一识别标识，不适合用来进行种群聚类，因而用户个人属性特征主要包括微博数、关注数、粉丝数和微博等级①。微博数是用户发布微博的总数，能够在一定程度上代表用户在社交网络平台上的活跃程度。关注数是用户在社交网络平台上关注其他用户的总数，能够在一定程度上反映用户对信息的关注程度。粉丝数是用户追随者的数量，代表了用户在社交网络平台上的静态影响力。微博等级代表用户的连续在线时长和活跃度。

（2）用户行为属性特征

1）用户情感

用户情感是指舆情事件中用户的情感类别，能够反映用户的立场和态度。在舆情事件发生时，规模较大的用户种群的情感倾向不仅会对群内和群外的用户个体产生影响，也会对舆情事件的影响力产生直接的影响。舆情事件中负面情感种群占上风时会扩大舆情的消极影响力，容易引发次生舆情。对于种群中情感分布情况的分析和及时把握，有利于对舆情事件进行有针对性的情感引导，因此，情感分类对于舆情决策者十分重要。

情感分类是指基于用户文本的挖掘和分析，识别出其中的情感倾向性，并对情感进行分类②。不同学者在对情感分类的研究中使用的分类标准是不同的，包括二分类（正面和负面）、三分类（正面、负面和中性）、多分类（如高兴、悲伤、惊讶、愤怒、害怕和讨厌等多层次分类）③。其中三分类是最常见的情感分类标准④。情感分类方法主要分为三种，即基于情感词典的方法、基于传统机器学习的方法以及基于深度学习的方法。基于情感词典的方法利用情感词典获取

① 林燕霞，谢湘生．基于社会认同理论的微博群体用户画像［J］．情报理论与实践，2018，41（3）：142-148.

② 王晰巍，张柳，文晴，王楠阿雪．基于贝叶斯模型的移动环境下网络舆情用户情感演化研究——以新浪微博"里约奥运会中国女排夺冠"话题为例［J］．情报学报，2018，37（12）：1241-1248.

③ 钟佳娃，刘巍，王思丽，杨恒．文本情感分析方法及应用综述［J］．数据分析与知识发现，2021，5（6）：1-13.

④ 王晰巍，邢云菲，韦雅楠，王铎．大数据驱动的社交网络舆情用户情感主题分类模型构建研究——以"移民"主题为例［J］．信息资源管理学报，2020，10（1）：29-38+48.

文本中情感词的情感值，再通过加权计算确定文本的整体情感倾向，分类的准确率高度依赖情感词典。应用比较广泛的中文情感词典有知网词典 How Net、台湾大学的 NTUSD 和大连理工大学的中文情感词汇本体库等①。基于传统机器学习的方法使用带有情感标签的数据训练情感分类器进而对测试集中的情感倾向进行预测，常用的算法有最大熵、朴素贝叶斯和支持向量机②。基于深度学习的方法是一种基于人工神经网络的机器学习方法，目前广泛使用的模型包括卷积神经网络、循环神经网络、LSTM 和注意力机制等③。

卷积神经网络是一种包含卷积计算、深度结构的前馈神经网络，是一种典型的深度学习模型④，近年来被越来越多的学者用来解决文本情感分类问题⑤。因此，本节选择卷积神经网络作为情感分类方法，将用户情感划分为三种类别，即负面、中性和正面。

2）用户影响力

用户影响力是指在舆情事件中用户个体的影响力大小。在网络舆情事件传播和发展的过程中，用户个体间的信息互动将不同的用户个体连接起来，普通用户个体对关键用户个体或者影响力较大的用户个体具有一定的依赖性，会形成以其为中心的群簇。用户个体的影响力对事件信息的传播范围也会产生直接或间接的影响。因此，用户影响

① Chen L C, Lee C M, Chen M Y. Exploration of Social Media for Sentiment Analysis Using Deep Learning [J]. Soft Computing, 2020, 24 (11): 8187-8197.

② Neethu M S, Rajasree R. Sentiment Analysis in Twitter Using Machine Learning Techniques [C] //2013 Fourth International Conference on Computing, Communications and Networking Technologies (ICCCNT). IEEE, 2013: 1-5.

③ Yadav A, Vishwakarma D K. Sentiment Analysis Using Deep Learning Architectures: A Review [J]. Artificial Intelligence Review, 2020, 53 (6): 4335-4385.

④ 毕殿杰，魏苏林，赵涛，张子振. 基于卷积神经网络的在线评论情感分析模型 [J]. 河北科技师范学院学报，2019, 33 (2): 41-47.

⑤ Zhang S, Wei Z, Wang Y, et al. Sentiment Analysis of Chinese Micro-Blog Text Based on Extended Sentiment Dictionary [J]. Future Generation Computer Systems, 2018, 81 (APR.): 395-403.

力的量化以及据此识别关键用户对舆情事件的管理非常重要①。

对于用户影响力的度量，可以通过节点的出度、入度、接近中心性、中介中心性以及 PageRank 算法等实现②。PageRank 算法是数据挖掘领域一种较为常见的算法，利用每个页面的权威值来评估网页的重要性，常用于社交网络节点影响力计算和关键用户挖掘，并且拥有高效率和结构稳定等优点③。社交网络中的用户是动态的，如果直接利用 PageRank 算法来计算用户的影响力，则会忽略其他用户行为所产生的影响④。已有研究表明，对用户影响力的衡量除了转发、评论等动态交互行为数据，还应该考虑其他因素，如用户博文的阅读量、兴趣偏好等⑤。因此，本节在构建用户转发、评论关系网络的基础上，将用户的博文阅读量取对数值作为用户间边的权重，通过加权 PageRank 算法来计算用户影响力。

（3）数据标准化

由于用户不同聚类特征在数量级上存在巨大差异，为了去除数值差距过大引起的聚类结果误差，需要对数据进行标准化处理，以便进行后续的比较和综合分析⑥。最常用的数据标准化方式有 Min-Max 标准化和 Z-score 标准化。Min-Max 标准化能够对原始数据进行线性变换，使其分布在指定的区间内并保持原始数据之间的联系；Z-score 标准化不仅能够无量纲化特征参数，同时还可以规避样本中异常值

① Amato F, Moscato V, Picariello A, et al. Extreme Events Management Using Multimedia Social Networks [J]. Future Generation Computer Systems, 2019, 94: 444-452.
② 陈思菁，李纲，毛进，巴志超. 突发事件信息传播网络中的关键节点动态识别研究 [J]. 情报学报, 2019, 38 (2): 178-190.
③ 郭博，许昊迪，雷水旺. 知乎平台用户影响力分析与关键意见领袖挖掘 [J]. 图书情报工作, 2018, 62 (20): 122-132.
④ 王顶，徐军，段存玉，吴玥瑶，孙静. 基于 PageRank 的用户影响力评价改进算法 [J]. 哈尔滨工业大学学报, 2018, 50 (5): 60-67.
⑤ 罗芳，徐阳，蒲秋梅，邱奇志. 基于 PageRank 的多维度微博用户影响力度量 [J]. 计算机应用研究, 2020, 37 (5): 1354-1358+1367.
⑥ 王梦婷. 基于动态聚类的控制子区划分方法研究 [D]. 浙江工业大学, 2019.

和极端值的影响①。在分类、聚类等需要使用距离来度量相似性的算法中，Z-score 标准化的表现要优于 Min-Max 标准化②。因此，在对数据进行聚类分析前，采用 Z-score 标准化方法对数据进行标准化处理。

Z-score 标准化基于数据的平均值和标准差进行标准化，公式为③：

$$v' = \frac{v - \mu}{\sigma} \tag{4-1}$$

其中，v' 为标准化后的样本数据，v 为原始样本数据，μ 为所有样本数据的均值，σ 为所有样本数据的标准差。

（4）用户种群聚类

K-means 算法是目前应用最广泛的聚类算法④。在对大量数据变量进行聚类时，K-means 算法的计算速度可能比分层聚类更快⑤。但是 K-means 算法需要事先确定 K 值，因而对 K 值的确定直接影响了最终的聚类结果和误差。Canopy 算法是一种快速近似的聚类算法，只需要遍历一次数据即可得到聚类结果，但是缺乏高精度⑥。因此，本节将 Canopy 算法和 K-means 算法相结合，以 Canopy 算法作为聚类的前奏，对数据进行"粗"聚类，以此为 K-means 算法提供初始的 K 值，然后使用 K-means 算法继续调节 K 值直至达到合适的聚类标准。

---

① Saranya C, Manikandan G. A study on Normalization Techniques for Privacy Preserving Data Mining [J]. International Journal of Engineering and Technology (IJET), 2013, 5 (3)：2701-2704.

② Nandakumar K, Ross A. Score Normalization in Multimodal Biometric Systems [J]. Pattern Recognition, 2005, 38 (12)：2270-2285.

③ García S, Luengo J, Herrera F. Data Preprocessing in Data Mining [M]. Cham, Switzerland：Springer International Publishing, 2015.

④ Jain A K. Data Clustering：50 Years beyond K-Means [J]. Pattern recognition letters, 2010, 31 (8)：651-666.

⑤ 韩存鸽, 叶球孙. WEKA 平台下的聚类分析算法比较研究 [J]. 重庆科技学院学报（自然科学版）, 2019, 21 (1)：90-93+118.

⑥ Zhang G, Zhang C, Zhang H. Improved K-Means Algorithm Based on Density Canopy [J]. Knowledge-Based Systems, 2018, 145：289-297.

K-means 聚类的判断标准之一是误差平方和（SSE）[①]。聚类过程中，调整 K 值会导致 SSE 值相应变化，可依据此绘制对应的 K-SSE 曲线。当 K 值达到真实的聚类数时，就算 K 值继续增加，SSE 曲线的变化幅度也会趋于平缓，曲线上最先趋于平缓的"肘部"点就是合适的 K 值。

二　研究设计

1. 数据来源

选择微博作为数据来源平台进行数据的爬取与采集。

2. 数据采集与清洗

日本核废水[②]排海决定自发布起，便在世界范围内引起了广泛的关注，各国根据日本政府发表的声明进行了一系列回应。一时间，国内各大社交网络平台对此展开了广泛而热烈的讨论。本节对微博平台"日本核废水排海"话题下的数据进行采集：①利用微博 API，通过网络爬虫软件 LocoySpider（V2010SP3），对 2021 年 4 月 9 日至 2021 年 6 月 8 日"日本核废水排海"话题下的热门微博进行数据爬取；②爬取的字段主要包括用户昵称、用户 ID、发布时间、工具端、微博数、粉丝数、关注数、微博等级、地区、转发和评论内容等；③对于收集到原始数据（80660 条），借助 Excel、Access 等工具进行数据清洗，删去数据中的缺失值、网址链接、空字符串、重复字段、表情符号以及乱码数据等，最终剩余数据 53504 条。

3. 数据处理

（1）子事件划分

按照"日本核废水排海"话题的发展过程，本节将这一事件划

---

① Nainggolan R，Perangin-Angin R，Simarmata E，et al. Improved the Performance of the K-Means Cluster Using the Sum of Squared Error（SSE）Optimized by Using the Elbow Method［J］. Journal of Physics Conference Series，2019.

② 官方报道为日本核污染水排海，因舆情事件初期网络媒体多使用"核废水"，故正文统一使用"日本核废水排海"。

分为 5 个子事件（见表 4-1）。本节依据现有对舆情事件关系特征的研究成果，按照子事件间的语义关系，构建"日本核废水排海"舆情事件图谱，见图 4-2。其中，事件与子事件之间为包含关系，各个子事件之间有时序关系、并发关系和因果关系[①]。

表 4-1　"日本核废水排海"事件概况及子事件划分

事件 E　#日本核废水排海#		
子事件	话题	时间
E1	#日本初步决定核废水排海#	2021/4/9
E2	#外交部回应日本初步决定#	2021/4/9
E3	#日本正式决定核废水排海#	2021/4/13
E4	#美国支持日本核废水排海决定#	2021/4/13
E5	#外交部回应日本正式决定#	2021/4/13

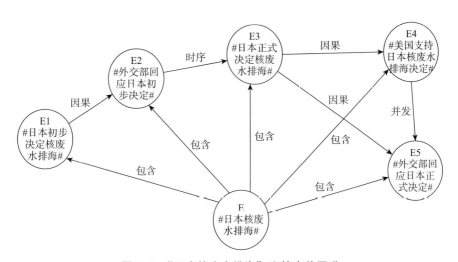

图 4-2　"日本核废水排海"舆情事件图谱

（2）用户情感分类及结果

用户情感分类通过 Python 构建卷积神经网络情感分类模型实现。主要经过输入层输入文本矩阵、卷积层提取特征、池化层最大池化、

① 夏立新，毕崇武，梅潇，陈健瑶，叶光辉 . 基于事件链的网络舆情事件演化研究 [J]. 情报理论与实践，2020，43（5）：123-130.

全连接层 Softmax 函数进行最终结果输出等过程实现情感分类。为了防止过拟合，全连接层进行正则化输出优化，采用 Droupout 优化策略，Droupout 取值为 0.5，最终得到用户的情感分类及其置信度。

（3）用户影响力计算及结果

用户影响力通过加权 PageRank 算法计算得到，见表 4-2。其中，PageRank 值越大代表用户在该事件中的影响力越高。

表 4-2　用户影响力计算结果（部分）

	用户	Page Rank 值		用户	Page Rank 值		用户	Page Rank 值
E1	共青团中央	0.287	E2	成都商报	0.151	E3	人民日报	0.368
	帝吧官微	0.173		人民日报	0.135		央视新闻	0.038
	J***准	0.001		央视新闻	0.128		环球资讯	0.016
	纤***6	0.001		赵立坚个人微博	0.046		共青团中央	0.014
	T***吼	0.001		0***米	0.001		澎湃新闻	0.013
	酷***	0.001		喜***姐	0.001		头条新闻	0.009
E4	澎湃新闻	0.206	E5	央视新闻	0.187			
	央视新闻	0.142		人民日报	0.169			
	环球网	0.050		中国日报	0.104		—	
	头条新闻	0.023		子***7	0.001			
	香港文汇网	0.016		粟***瑶	0.001			
	观察者网	0.014		茫***存	0.001			
E	人民日报	0.195		环球网	0.016	赵立坚个人微博	0.005
	央视新闻	0.091		头条新闻	0.011	香港文汇网	0.005
	澎湃新闻	0.071		中国日报	0.008	观察者网	0.004
	共青团中央	0.018		帝吧官微	0.007	微天下	0.003
	成都商报	0.017		环球资讯	0.007	—	

（4）用户种群聚类及结果

本节使用新西兰怀卡托大学（The University of Waikato）开发的开源机器学习及数据挖掘软件 Weka（Waikato Environment for Knowledge Analysis）进行用户种群的聚类分析。Weka 可以对数据进行预处理、分类、聚类、关联规则等操作，已经在社交网络等多个领域的数据挖掘与分析中得到了广泛应用[①]。通过调用 Canopy 算法对样本进行"粗"聚类，得到初始的 K 值；然后调用 K-means 算法，改变 K 值并得到 K-SSE 曲线。在 5 个子事件中，以 E1 为例，初始 K 值为 5，不断调整 K 值，根据曲线变化可知当 K = 7 时曲线最先趋于平缓状态，K = 7 即为曲线的"肘部"点，故最后确定的聚类种群数为 7。表 4-3 显示了整体事件和每个子事件聚类中的用户种群数和每个种群中所包含的用户数。

表 4-3　事件用户种群聚类结果

单位：个

聚类种群	用户样本数					
	E	E1	E2	E3	E4	E5
0	4266（10%）	193（9%）	1778（33%）	1966（10%）	4473（30%）	252（7%）
1	2972（7%）	755（36%）	267（5%）	1921（9%）	1664（11%）	1623（44%）
2	7789（17%）	649（31%）	161（3%）	1975（10%）	550（4%）	318（9%）
3	13094（29%）	147（7%）	105（2%）	725（4%）	1190（8%）	295（8%）
4	6153（14%）	62（3%）	1490（28%）	3650（18%）	1767（12%）	180（5%）
5	4266（10%）	238（11%）	463（9%）	419（2%）	599（4%）	701（19%）
6	422（1%）	67（3%）	198（4%）	1885（9%）	464（3%）	300（8%）
7	2870（6%）	—	307（6%）	1321（6%）	1163（8%）	—
8	2702（6%）	—	563（11%）	6768（33%）	755（5%）	—
9	—	—	—	—	2463（16%）	—

注：（）内为用户数占比。

---

① Attwal K P S, Dhiman A S. Exploring Data Mining Tool-Weka and Using Weka to Build and Evaluate Predictive Models［J］. Advances and Applications in Mathematical Sciences, 2020, 19（6）: 451-469.

三 数据结果

1. 社交网络舆情事件用户种群图谱

社交网络舆情事件用户种群图谱如图 4-3 所示，其中圆形节点代表用户，节点间的边代表用户间的转发、评论等社交互动关系，不同的用户种群通过不同颜色的群簇区别显示。可见，每个用户种群内和种群间均存在关系连接，并且存在连接其他种群的"桥梁"用户种群，如 Cluster Ⅰ5、Ⅲ5、Ⅳ5，Cluster Ⅱ1 和 Cluster Ⅴ3，以及 Cluster 8。桥梁用户种群不仅与本群内部的用户节点存在联系，同时也与其他用户种群中的用户节点存在直接联系。这类用户种群在事件中扮演着信息传播者和领导者的角色，对其他用户种群起到一定的影响和引导作用。

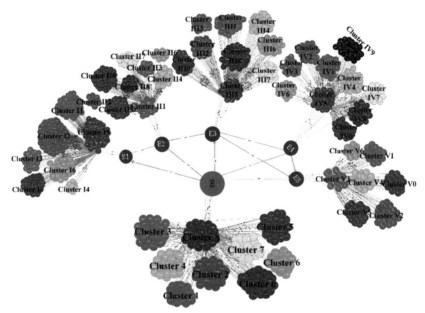

图 4-3 事件用户种群图谱（附彩图）

2. 社交网络舆情事件用户种群组成

经分析，不同事件的用户种群在用户组成上存在一定的规律。首先，扮演桥梁角色的用户种群中，组成用户通常具有较高的活跃度和影响力，即微博数、关注数、粉丝数和微博等级均分布在较高的水平，如事件 E 中的 Cluster 8，子事件 E1、E3、E4 中的 Cluster 5 以及子事件 E2 中的 Cluster 1、E5 中的 Cluster 3。其次，在每个事件的用户种群中，除少数用户外，大多数用户的微博数、关注数和粉丝数这三个维度的个人属性特征是相似的，并且均处在一个较低的水平。

3. 社交网络舆情事件用户种群情感结构

在此次事件中，总体上呈现负面情感用户种群占比大于正面情感用户种群占比的情况。同时，在每个子事件中，用户的情感结构分布不是一成不变的，而是呈现动态性的波动。例如，在子事件 E1 的用户种群情感结构中，负面情感明显占据上风，但在子事件 E2 的用户种群情感结构中，中性情感用户种群占比超过了负面情感种群。另外值得注意的是，除了负面、中性和正面的用户种群，还有一类用户种群同时包含两种情感类别的用户，如事件 E 的 Cluster 8 中同时包含了中性和正面情感用户，子事件 E1 的 Cluster Ⅰ5 中同时包含了负面和中性情感用户，子事件 E5 的 Cluster Ⅴ3 中同时包含了中性和正面情感用户。

4. 社交网络舆情事件用户种群权力结构

用户种群的权力结构通过用户的影响力分布来体现。因为在社交网络群体中，用户间的影响和引导关系，类似于群体理论中的权力结构，即群体内部用户节点间的"领导"与"被领导"关系[①]。

在此次事件中，用户种群的影响力呈现相同的分布，即绝大部分用户种群的影响力是相近的，并且处在一个较低的水平。而且，只存在有限个用户种群以及群内有限个用户节点的影响力相对较高的情况。并且，相同用户在不同事件中的影响力是变动的，即只有少数关键节点在多个事件中同时具备较高的影响力，如事件 E 中的 Cluster 7 和 8，还有子事件 E4 中的 Cluster Ⅳ5 和Ⅳ7，同时，这些种群中影响

---

① ［法］古斯塔夫·勒庞. 乌合之众：大众心理研究［M］. 冯克利，译. 北京：中央编译出版社，2005：15-23.

力大的用户也是不同的。此外，事件中影响力较大的用户节点均出现聚集现象，呈现圈群化的趋势，如在子事件 E1、E2、E3 和 E5 中，高影响力用户基本聚集在同一个用户种群中。这一结果与前文分析相吻合，即这种包含多个高影响力用户节点的用户种群在事件的传播中扮演了"桥梁"和"领导"的角色。相对而言，其他影响力较低的用户群体则扮演着信息接收者的角色，容易被影响和引导。同时，在高影响力节点聚集的用户种群中，用户类型呈现多样化的趋势，既包括政府官方媒体，如人民日报、央视新闻和共青团中央；也包括网络媒体，如微天下、澎湃新闻、头条新闻；以及意见领袖，如帝吧官微等。

四　讨论分析

1. 社交网络舆情事件用户种群关系分析

在社交网络舆情事件用户种群图谱中，事件和每个子事件都有桥梁用户种群的出现，这类用户种群在事件的用户关系网络中起到了关键的作用。作为事件传播的重要枢纽，不同用户种群通过这类种群产生了直接或间接的联系，舆情事件的信息也可以传递到不同的用户种群，从而导致更高的传播性和更广的传播范围。在种群内部，用户节点之间也有密切的连接，这也表明舆情事件的传播是由多个和多类用户节点相互连接产生的系统，任何一个或一类用户节点都不能够完全掌握舆情事件所有的信息资源和信息流转通道。同时，由于社交网络中用户的分散性，需要通过不同用户之间的联系来促进对事件的深度参与和推动舆情事件的发展。

2. 社交网络舆情事件用户种群组成分析

从用户种群的组成来看，桥梁用户种群作为舆情事件传播中的主要行为者，日常就具有较高的活跃度和一定的粉丝基础，因而在舆情事件发生时，其能够迅速将舆情信息传递给其他用户，并且借助与粉丝之间牢固的社交联系，提高舆情信息的传递效率。除了桥梁用户种群外，还存在这样一些种群，它们的活跃度较低、粉丝基础相对薄弱。种群内的用户大多数是普通网民，他们虽然经常发布和转发信息，但个人的影响力十分有限，而且其观点的价值通常不高，他们在舆情事件的传播中主要作为信息受众出现。但随着社交平台在线舆论的兴起，普通民众的话语权、信息获取能力和共鸣能力得到了提升，他们不仅受到其他种群的影响，也逐渐成为舆情事件传播的主要参与者，在许多舆情事件中发挥着重要的作用[①]，这类用户种群是舆情引导和治理的主要对象。

3. 社交网络舆情事件用户种群情感结构分析

从用户种群的情感结构来看，在事件的不同阶段，总体上负面情感的占比多于正向情感，这与事件的性质有关。在公共舆情事件中，公众多希望通过自身或所处的群体的情感表达来唤起某种行动，如了解更多与事件相关的信息、推动相关责任方对事件的进一步处理等，因此用户的情感与舆情事件的类型、性质、媒体报道和群体归属等因素之间存在着相关性[②]。已有研究表明，对于人为因素较重、信息内容不透明或处理不力的事件，负面信息的传播速度要远快于正面信息，并且公众的负面情感传播和演变会变得更加显著[③][④]。根据子事件内容的不同，用户的负面情感表达的激烈程度不同，用户种群的情感分布在整个事件发展过程中存在着波动和不均匀的现象。因

① Hou J, Yu T, Xiao R. Structure Reversal of Online Public Opinion for the Heterogeneous Health Concerns under NIMBY Conflict Environmental Mass Events in China [C] //Healthcare. Multidisciplinary Digital Publishing Institute, 2020, 8 (3): 324.

② Fernandez-Gavilanes M, Juncal-Martinez J, García-Méndez S, et al. Differentiating Users by Language and Location Estimation in Sentiment Analisys of Informal Text during Major Public Events [J]. Expert Systems with Applications, 2019, 117: 15-28.

③ Zhang W, Wang M, Zhu Y. Does Government Information Release Really Matter in Regulating Contagion-Evolution of Negative Emotion during Public Emergencies? From the Perspective of Cognitive Big Data Analytics [J]. International Journal of Information Management, 2020, 50: 498-514.

④ Chen S, Mao J, Li G, et al. Uncovering Sentiment and Retweet Patterns of Disaster-Related Tweets from a Spatiotemporal Perspective—A Case Study of Hurricane Harvey [J]. Telematics and Informatics, 2020, 47: 101326.

为在舆情事件的信息传播网络中，信息是具有针对性和流动性的，而用户的情感又是信息流的具体体现，所以舆情事件用户种群的情感分布也不断变化。例如，在子事件 E1 #日本初步决定核废水排海#中，负向情感的用户种群占上风，但随着事件发展到子事件 E2 #外交部回应日本初步决定#时，事件信息流发生了变化，此时情感结构分布开始发生变化，中性情感的用户种群取代负面情感用户并占据上风。

4. 社交网络舆情事件用户种群权力结构分析

从用户种群权力结构的分析结果可见，在不同事件的用户种群中，那些影响力具有相同分布且水平较低的用户种群主要由普通网民组成，这类用户群体虽然经常在社交网络中发布和转发信息，但是个人影响力十分有限，多作为信息受众出现在舆情事件中。舆情事件中高影响力用户的动态性体现了用户种群的事件依赖性，它们的产生和发展不依赖于相同的意见领导者，通常涉及的是不同领导者之间的合作和接力[①]。影响力较高的关键节点大部分聚集在同一用户种群中，这类用户种群成为舆情事件传播的核心，用户通过彼此之间的相互关注、评论和转发等社交互动，形成了意见圈群。随着用户种群效应的积累和不断扩大，这类用户种群的影响范围会像"滚雪球"一样持续扩大。用户的加权 PageRank 值描述了那些在事件传播中能有较高影响力的用户节点，这些影响力较高的用户节点作为信息源在舆情事件的信息流中占据主导地位，并且，像人民日报、共青团中央和央视新闻这类政府官方媒体的主导作用最强，网络媒体和意见领袖次之；其他的普通网民用户节点及其组成的用户种群则在信息传播中主要扮演着信息受众和信息传递者这种"被领导"的角色。

---

① Lee J Y H, Yang C S, Hsu C, et al. A Longitudinal Study of Leader Influence in Sustaining an Online Community [J]. Information & Management, 2019, 56 (2): 306-316.

第二节　社交网络舆情事件信息群落图谱构建与分析

一　社交网络舆情事件信息群落图谱构建

1. 社交网络舆情事件信息群落图谱建模依据

（1）以传播主体为核心的信息群落与信息

在信息生态理论中，信息是信息生态系统中各个信息生态要素相互联系的中介，维持着整个生态系统的运行，信息的流转和传递是整个生态系统运作的主要表现形式①。信息生态系统是一个多层次的体系，最底层的信息个体通过某种方式或形式，如相同的信息特征、信息需求或信息结构等，聚集在一起，形成了信息人种群。在特定的时空、技术、政策等条件下，具有直接或间接联系的多个信息人种群进行信息的交互与流转以及有规律的信息资源整合，形成了具有一定结构、规律和相互作用的特定功能复合体，即信息群落②。信息群落通过具有特定需求的信息人，在一定的条件下进　步形成相对独立的信息链。信息传播是社交网络中的常见信息需求，不同的信息传播主体构成不同的信息群落，各自形成相对独立的信息链。识别不同信息传播主体形成的信息群落，有利于理解网络舆情的传播特征，并针对不同信息群落制定相应的引导策略，从而更有效地引导网络舆情健康发展。

（2）基于信息因子的以传播主体为核心的舆情事件信息群落

在舆情生态系统中，信息传播主体通过各种手段和形式关注或参与舆情事件、就舆情事件公开发表观点或态度。信息是传播主体之间进行交互的主要形式和成果，体现为传播个体对事件所持的态度、意见、立场和情绪等的总和。由于社交网络舆情事件的群体性，随着事件的不断发展和用户间社交互动的加深，具有相同信息特征或需

---

① 曹海军，侯甜甜. 信息生态视角下政务短视频的内生逻辑与优化路径［J］. 情报杂志，2021，40（2）：189-194.

② 李红梅，娄策群. 信息生态群落初探［J］. 图书情报工作，2011，55（12）：46-50.

求的个体相互吸引和聚集，形成了不同的舆情事件用户种群；这些具有直接或间接联系的用户种群通过特定的信息表达与组织方式，形成了以传播主体为核心的舆情事件信息群落。

2. 社交网络舆情事件中信息传播主体特征分析方法及分析过程

（1）信息传播主体类别

长期以来，突发公共事件在社交网络中的信息传播分为两个不同的舆论领域，一个是官方和立场较为客观的主流媒体舆论领域，另一个是非官方并且立场较为主观的自媒体舆论领域[1]。微博用户认证中的蓝 V 属于机构认证，用户一般是某个机构或组织；红 V 和黄 V 属于个人认证，用户主要是在微博中活跃度高而且又有大量粉丝的公众人物[2]。本节依据微博平台的用户认证进行不同传播主体类型的划分，将蓝 V 用户如央视新闻、澎湃新闻、人民日报等媒体作为网络官媒主体；将红 V 和黄 V 用户作为网络自媒主体；其余用户则划分为普通网民主体。

（2）主体信息传播时间

新冠疫情属于全球突发公共卫生事件，与一般事件不同的是，此类事件具有突发性强、敏感度高、变化速度快等特点。公共卫生事件的网络信息传播和报道更加注重时间信息和效率，时间信息不可或缺，因而在事件中时间要素是重要的组成部分[3]。有学者研究指出，从静态角度对突发事件的分析无法解释事件的发展形势和参与主体的变化，应该将动态性的时间分析列入考虑范围[4]。因此，本节在分

---

① Xie Y, Qiao R, Shao G, et al. Research on Chinese Social Media Users' Communication Behaviors during Public Emergency Events [J]. Telematics and Informatics, 2017, 34 (3): 740-754.

② 李艺全，张燕刚. 高校网络舆情共振现象仿真及应对策略研究 [J]. 情报杂志，2019, 38 (12): 107-113.

③ 王东波，叶文豪，吴毅，刘伙玉，苏新宁，沈思. 基于多特征时间抽取模型的食品安全事件演化序列生成研究 [J]. 情报学报，2017, 36 (9): 930-939.

④ Jiang X J, Hu Q, Wang S S, et al. Application of Aloha in Emergency Response for Hazardous Chemicals Accidents [J]. Applied Mechanics and Materials, 2014, 631-632: 1080-1085.

析主体特征时将时间序列加入研究分析范畴，按照新冠疫情期间关键事件对应的时间节点进行研究。

（3）主体信息传播影响力

在公共卫生事件的舆情传播网络中会出现影响力较大的主体，对于关键主体的识别在突发事件的应急管理中是非常有用的[①]。对于主体影响力的度量，可以通过节点的出度、入度、接近中心性、中介中心性以及 PageRank 算法等实现[②]。社交网络中的用户是动态的，用户的粉丝数量以及用户间的转发、评论和关注行为会对用户的影响力产生影响，如果直接利用 PageRank 算法来计算用户的影响力，则会忽略用户本身属性特征和行为所产生的影响[③]。在已有的研究中，衡量用户影响力还会考虑其他因素，如用户自身的属性，包括粉丝数、是否认证、兴趣偏好等[④⑤⑥]；以及用户动态交互行为，如发博数、转发数和评论数等[⑦]。因此，本节将每个参与主体设定为一个节点，将每个主体与其他主体的评论转发关系作为节点间的边，综合主体的博文阅读量和粉丝量作为边的权重，然后利用 Cypher 语言调用 Neo4j 中的加权 PageRank 算法来计算各类型传播主体的影响力，并通过可视化比较分析来探究不同主体影响力的变化规律和特征。

① Amato F, Moscato V, Picariello A, et al. Extreme Events Management Using Multimedia Social Networks [J]. Future Generation Computer Systems, 2019, 94: 444-452.

② 陈思菁, 李纲, 毛进, 巴志超. 突发事件信息传播网络中的关键节点动态识别研究 [J]. 情报学报, 2019, 38 (2): 178-190.

③ 王顶, 徐军, 段存玉, 吴玥瑶, 孙静. 基于 PageRank 的用户影响力评价改进算法 [J]. 哈尔滨工业大学学报, 2018, 50 (5): 60-67.

④ 罗芳, 徐阳, 蒲秋梅, 邱奇志. 基于 PageRank 的多维度微博用户影响力度量 [J]. 计算机应用研究, 2020, 37 (5): 1354-1358+1367.

⑤ 童曼琪, 黄江升, 郭昆. 基于 Spark 和隐性兴趣的用户综合影响力度量 [J/OL]. 计算机工程: 1-7 [2020-06-17]. https://doi.org/10.19678/j.issn.1000-3428.0056187.

⑥ 王新胜, 马树章. 融合用户自身因素与互动行为的微博用户影响力计算方法 [J]. 计算机科学, 2020, 47 (1): 96-101.

⑦ Zhang S, Liu W, Deng X L, et al. Micro-Blog Topic Recommendation Based on Knowledge Flow and User Selection [J]. Journal of Computational Science, 2018, 26: 512-521.

（4）主体信息传播内容分析方法

传播主体生成的文本内容蕴含了该主体对事件的态度、立场、关注点和情感等信息。传播的文本可以解析为单词网络，可从频率和关系两个角度来分析这些单词，并可以采用单词共现网络进行分析。单词共现网络的主要优点在于其明确性，因为它根据单词和文档之间的关系识别文本中的内容[1]。文本中的共现关系是指在单词的连续序列内、句法关系内以及在有限的上下文中共现[2]。因此，可以通过构建高频词共现网络来分析不同信息传播主体的传播内容，具体方法是：①分别对网络官媒、网络自媒、普通网民三类主体的文本资料进行高频词提取并生成高频词表；②通过停用词表过滤无意义词后生成有效高频词表；③提取行为特征并构建共现矩阵；④将高频词及其共现关系导入 Neo4j 中，进行高频词共现网络的构建和可视化呈现。

Louvain 算法是一种快速的模块化算法，能够起到社区检测的作用，揭示不同规模的社区层次，可以用来对网络结构进行理解。Louvain 算法在社交网络中的应用是基于文本中共同出现的词，找到不同的主题分区以提供有价值的信息[3][4]。一般而言，社区被定义为网络中节点的子组，它们彼此之间的连接比与组外节点的连接更多，为了更好地理解文本内容，基于单词共现网络，采用 Louvain 算法对高频词共现网络进行分区。

①　Celardo L, Everett M G. Network Text Analysis: A Two-Way Classification Approach [J]. International Journal of Information Management, 2020.

②　Bullinaria J A, Levy J P. Extracting Semantic Representations from Word Cooccurrence Statistics: Stop-Lists, Stemming and SVD [J]. Behavior Research Methods, 2012, 44 (3): 890-907.

③　Celardo L, Everett M G. Network Text Analysis: A Two-Way Classification Approach [J]. International Journal of Information Management, 2020, 51: 102009.

④　Kido G S, Igawa R A, Junior S B, et al. Topic Modeling Based on Louvain Method in Online Social Networks [C]. IEEE International Conference on Cloud Computing Technology and Science, 2016.

（5）主体特征分析过程

信息传播主体特征分析过程见图4-4。该模型采用网络爬虫技术对事件发生后的微博平台用户数据和生成文本内容进行采集，并对数据进行删选、去重、排序等预处理。根据微博的用户认证将信息传播主体划分为3个类型，分别为网络官媒、网络自媒和普通网民。为更加直观地展现3类信息传播主体的特征，对主体的时间特征、影响力特征和内容特征进行可视化分析，通过综合分析总结出信息传播主体在3个特征维度上的规律。同时，从时间、影响力、发布内容3个方面对新冠疫情事件发生时不同信息传播主体的特征进行分析。

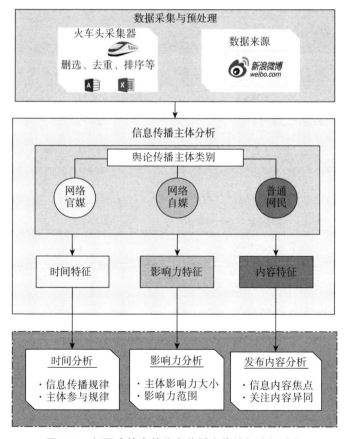

图4-4 新冠疫情事件信息传播主体特征分析过程

二 研究设计

1. 数据来源

本节选择"钻石公主号"邮轮事件的舆情信息作为数据来源进行信息传播主体特征分析。由于船上乘客来自中国、日本、英国、美国等多个国家和地区,"钻石公主号"邮轮开始隔离以来受到了国际社会的广泛关注,在社交网络上掀起了舆论的狂潮。从事件发展趋势可以看出(见表4-4),事件的关注度随时间推移不断提高,2020年2月12日前舆情发展较为平缓,此后舆情信息开始快速爆发并于2月19日达到峰值,最后话题热度有所下降,但又因邮轮23名乘客未经病毒检测下船再次被公众热议。

表 4-4 "钻石公主号"邮轮事件及舆情指数

关键事件	时间	舆情指数
载3700人"钻石公主号"邮轮被隔离	2020/2/5	125
"钻石公主号"邮轮累计20人感染新冠肺炎	2020/2/6	137.5
"钻石公主号"邮轮新增41例新冠肺炎	2020/2/7	160
"钻石公主号"邮轮有40名美国人确诊感染	2020/2/17	450
"钻石公主号"邮轮首批约500名乘客下船	2020/2/19	790
"钻石公主号"邮轮乘客下船结束	2020/2/21	175
"钻石公主号"邮轮23名下船者未经病毒检测	2020/2/22	325

2. 数据采集与清洗

本节选取微博作为数据采集来源,通过火车头采集器爬取平台中包含 #钻石公主号邮轮# 话题的数据,数据采集的时间范围为2020年2月5日到2月26日,爬取的数据信息包括用户ID、昵称、时间和文本内容。本次共采集到数据32229条,通过Access、Excel等进行数据预处理,筛选并删除数据中的缺失值、网址链接、空字符串、重复字段、表情符号以及乱码数据,最终剩余数据21082条。利用

NOSQL 图形数据库 Neo4j 和数据可视化与服务平台镝数[①]等工具对事件予以可视化呈现。

3. 数据分析

由于三类主体的讨论量存在数量级差异,在对主体参与时间的分布进行可视化前,需要对原始数据进行处理,以缩小各主体间的量纲和数量级差异,便于对主体进行比较和分析[②]。Log 函数标准化方法是常见的数据标准化方法之一,具体公式如下:

$$Y = \log_{10}(X)/\log_{10}(MAX) \tag{4-2}$$

其中 Y 为样本标准化后的值,X 为样本原始值,MAX 为样本数据最大值[③]。

本节从主体的博文阅读量、粉丝量 2 个主体基本属性入手,计算传播网络中主体间边的权重。由于不同主体之间在粉丝量、博文阅读量上的差异巨大,因此本节选取对数归一化的方法对上述 2 个基本属性进行处理,权重的计算公式为:

$$W_i = \frac{\log_{10}(R_i)}{\log_{10}(R_{max})} + \frac{\log_{10}(F_i)}{\log_{10}(F_{max})} \tag{4-3}$$

其中,W_i 为主体 i 边的权重,R_i 为主体 i 的博文阅读量,R_{max} 为主体阅读量的最大值;F_i 为主体 i 的粉丝量,F_{max} 为主体粉丝量的最大值。

三 数据结果

1. 信息传播主体参与时间

本节在对三类主体在不同时间的讨论数量进行标准化后,得到

---

① 镝数 . 镝数图表 [EB/OL]. [2020-02-27]. https://dycharts. com/appv2/#/pages/home/index.

② 高晓红,李兴奇 . 主成分分析中线性无量纲化方法的比较研究 [J]. 统计与决策,2020,36(3):33-36.

③ 罗芳,徐阳,蒲秋梅,邱奇志 . 基于 PageRank 的多维度微博用户影响力度量 [J]. 计算机应用研究,2020,37(5):1354-1358+1367.

不同信息传播主体参与时间的分布图（见图4-5）。横轴表示主体的参与时间，纵轴表示标准化后的主体讨论量，其中左侧纵轴代表主体的讨论量，对应图中的柱状图形，右侧纵轴代表主体的累计讨论量，是每个时间点三类主体的讨论量汇总，对应图中的折线。由数据分析结果可知，信息传播主体并不是持续参与整个事件，不同主体的参与时间存在差异。网络官媒的参与时间相对连贯，主体参与度较高，"断层"的次数较少、时间间隔较短。网络自媒的参与时间呈现阶段性集中的特点，"断层"时间间隔较长，在2月5日到7日以及2月19日到23日这两个时间段内较为集中。由于网民群体的特殊性，其参与时间相对另外两种主体来说是最为连贯的，仅在2月13日到17日出现密度较低的情况。此外，普通网民参与存在时滞性，2月23日以后"钻石公主号"邮轮事件已经趋于结束，其他两类主体的参与也已基本结束，但是普通网民依旧在参与讨论。

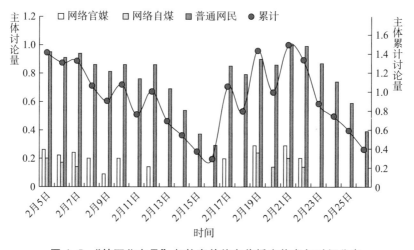

图4-5 "钻石公主号"邮轮事件信息传播主体参与时间分布

2. 信息传播主体影响力

本节利用加权PageRank算法计算得到各类型信息传播主体的影响力，并绘制图4-6。图中不同颜色的圆形气泡代表该信息传播主体在不同时间的影响力，气泡大小代表影响力的大小，"Total"代表主体在整个事件期间的总体影响力。数据结果表明，信息传播主体的影响力在疫情事件整体发展的周期内出现波动，并随着时间动态变化。同时，影响力较大的用户并非在每个时间节点的影响力都很大，如网络官媒中的"人民网"和"澎湃新闻"、网络自媒中的"科技阿呆"和"英国报姐"等。在此舆情事件中，有的信息传播主体在事件传播周期内长期保持着较高的活跃度和影响力，如"梨视频""小野妹子学吐槽"等主体。

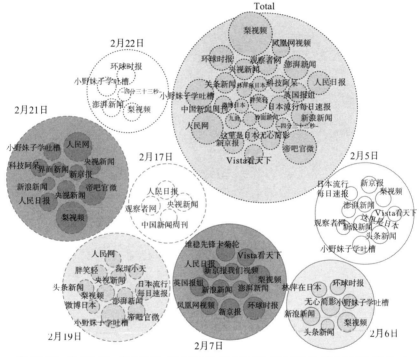

○2月5日　○2月6日　●2月7日　○2月17日　○2月19日　●2月21日　○2月22日　○Total

图4-6　"钻石公主号"邮轮事件信息传播主体影响力

由图4-7可知，网络官媒的总体影响力最高，网络自媒总体影响力次之。两类主体中排名第一和排名最后的节点影响力差距显著。网络官媒中总体影响力排前三位的有"梨视频"（2016.99）、"人民网"（421.76）、"环球时报"（170.45）；网络自媒中总体影响力排前三位的有"帝吧官微"（471.63）、"小野妹子学吐槽"（285.18）、

"日本流行每日速报"（62.84）。

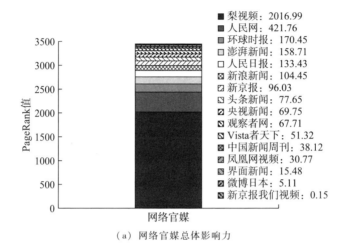

（a）网络官媒总体影响力

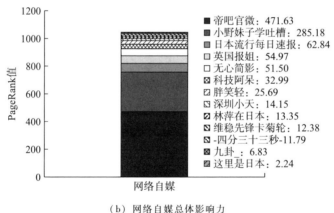

（b）网络自媒总体影响力

图4-7 网络官媒和网络自媒的影响力

对传播主体影响关系图谱（如图4-8所示）分析后发现，网络官媒和网络自媒对普通网民的影响最显著，但是这两类主体彼此之间的影响相对较小。网络官媒的影响范围存在明显重叠，如"央视新闻"和"微博日本"之间、"新京报我们视频"和"新京报"之间、"梨视频"和"头条新闻"之间存在许多交叉节点。网络自媒的影响范围较清晰，各个自媒体在影响范围内基本不存在较多交叉节点。网络官媒和网络自媒间的影响范围较清晰，基本不存在明显重合区域。

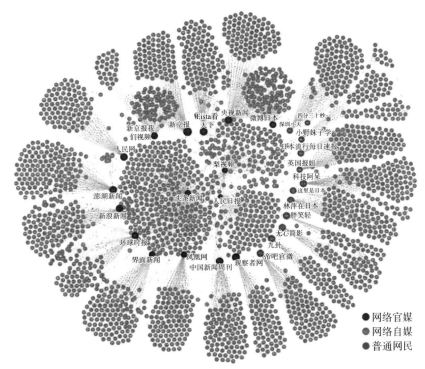

图4-8 "钻石公主号"邮轮事件信息传播主体影响关系图谱（附彩图）

3. 信息传播主体发布内容

本节根据"钻石公主号"邮轮事件信息传播主体发布的信息内容，构建高频词共现网络如图4-9所示，通过 Cypher 语言调用 Louvain 算法得到不同主体高频词共现网络分区结果如表4-5所示。从发布内容和分区结果看，网络官媒和网络自媒发布内容相对集中，高频关键词基本都是"钻石公主号""日本""新冠肺炎"等直接反映事件主题的词语。比较而言，普通网民主体的高频词共现网络分区数量明显多于另外两类主体，发布内容较为零散，涉及范围较广，与事件主题相关的词较少，多为网民关于事件的评论和事件产生的影响。

在对各疫情事件信息传播主体的发布文本进行数据处理的过程中发现，网络官媒和网络自媒这两类主体在发帖时通常会提及其他主体。为了更加清晰地了解两类主体在此方面的特征，本节将两类主体相互之间的关注关系和提及关系以可视化图谱的方式进行呈现，

165

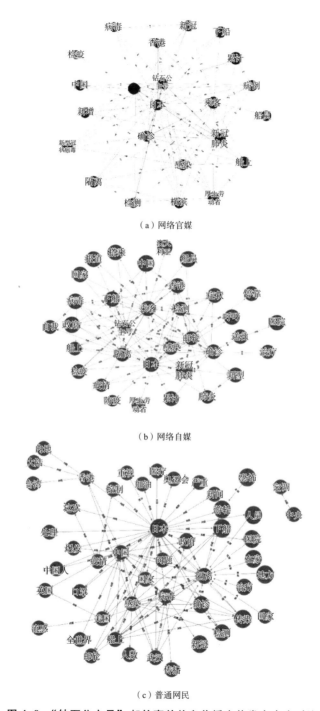

（a）网络官媒

（b）网络自媒

（c）普通网民

图 4-9 "钻石公主号"邮轮事件信息传播主体发布内容对比

如图 4-10 所示。数据可视化分析结果表明，网络官媒之间的灰色线条（即关注关系）较为密集，并且网络官媒之间的提及关系（即红色线条）也相对较多，如"新浪新闻"提及"观察者网"、"人民网"提及"人民日报"、"环球时报"提及"央视新闻"等。这一数据结果表明，网络官媒之间存在明显的媒体协同效应。与此相反，网络自媒之间的关注关系相对稀疏，部分网络自媒甚至与其他网络自媒和网络官媒都无关注关系和提及关系。同时，提及关系主要存在于网络官媒和网络自媒之间，如"小野妹子学吐槽"在推文中提及了"微博日本"，而各个网络自媒之间的提及关系相对较少。

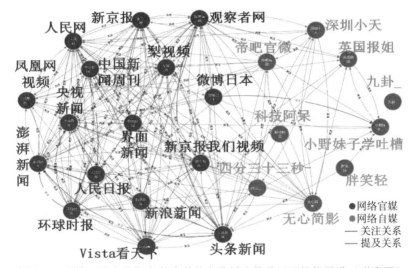

图 4-10　"钻石公主号"邮轮事件信息传播主体关系可视化图谱（附彩图）

表 4-5　高频词共现网络 Louvain 分区结果

主体类别	分区号	包含词数量（个）	主体类别	分区号	包含词数量（个）
网络官媒	0	6	普通网民	0	11
	1	7		1	7
	2	6		2	8
	3	4		3	10
网络自媒	0	13		4	2
	1	4		5	7
	2	8		6	4
	3	9			

四 讨论分析

1. 信息传播主体参与时间特征分析

不同信息传播主体在参与时间和参与密度上存在差异，且该差异与主体类型有关。网络官媒多属于主流媒体，占有绝对话语权，是新冠疫情期间权威信息的主要输出口。在此次"钻石公主号"邮轮事件发展过程中，网络官媒起到信息发布和新闻更新等作用，因而参与时间与事件的发展阶段密切相关。网络自媒属于个人用户，其辐射的用户群体范围和类型都存在一定的局限，多通过立场鲜明的言论来增加自身的曝光度和舆论热度，在一定程度上并不担当权威信息源的角色，故参与时间主要集中在事件热度较高的时段。由于此次"钻石公主号"邮轮事件的特殊性，普通网民群体的信息主要来源于官方报道，其参与多依靠媒体或其他用户的引导[①]，故在另外两种主体参与密集的时段，普通网民也同步密集参与。由于信息传播的时间差，当其他主体停止参与后，依旧有普通网民加入或继续讨论此舆情事件。

突发公共卫生事件在社交网络中的传播在很大程度上属于群体信息传播活动，因此舆情管控需要多个机构和组织之间的协同。早有研究表明，只有当媒体的协同合作达到某种级别、能够满足信息同步需求时，事后管理的效能和信息流通性才会得到提高[②]。因而针对此次全球范围内爆发的新冠疫情的舆情引导及管控，需要网络官媒主体充分发挥主流媒体在信息获取时间上的优势，第一时间迅速发布有关疫情的最新形势信息，以提高公众对疫情事件发展态势的正确认识。对于网络自媒，由于曝光度和热度需求是自媒体在社交网络中生存的根本，但作为公众人物更应该强化社会责任感和引导作用，做

---

① 刘建准，石密，刘春雷. 网民群体对突发互联网集体事件信息感知的语义图谱研究 [J]. 情报理论与实践，2019，42（2）：158-163.

② Dennis A R, Fuller R M, Valacich J S. Media, Tasks, and Communication Processes: A Theory of Media Synchronicity [J]. MIS Quarterly, 2008, 32（3）：575-600.

到不煽动、不造谣和不传谣，以正向的立场和态度引导公众。对于疫情期间的信息传播时间差，则需要社交网络服务提供商和通信部门加强合作，提高信息传播速度、改进信息推荐算法、合理划分信息流通的优先等级，保障疫情信息的传播速度和时效。

2. 信息传播主体影响力特征

信息传播主体的影响力随时间发展动态演变，且传播主体的影响力具有一定的累积效应。社交网络信息传播中，t 时刻网络状态会受到 $t-1$ 时刻网络状态的影响，因而用户节点的影响力特征在时间上也是动态变化的[①]。由于新冠疫情事件的特殊性，大部分公众缺乏相关的专业信息和知识，在事件发生时往往处于较为被动的位置，需要通过主流媒体及时了解准确信息。网络官媒的立场中立、态度客观、信息权威，具有较强的公信力，影响力较大，因而受众间存在交叉的情况较多，受众范围也相对较广。网络自媒由于主张各异，其吸引的受众类型也差异较大。

网络官媒在此次新冠疫情信息传播中，拥有绝对的话语权和庞大的粉丝基础，在信息传播过程中负责信息生成、加工和传递。网络官媒相对其他信息传播主体，其影响力更大，能够承担陈述正面事实、引领舆论导向的重任，是此次新冠疫情信息传播的重要和主要渠道。而网络自媒以鲜明的立场、批判的态度和个性的言论吸引了大批普通网民，粉丝类型也较为多样，且互动关系良好。在整个新冠疫情事件不同信息的传播过程中，网络自媒可以将信息扩散到自己的粉丝群体，并利用良好的互动基础形成与粉丝的互动交流，便于影响辐射更多的普通网民。在此次新冠疫情事件的信息传播中，形成了以网络官媒为中心、网络自媒为辅助的多层级信息传播和扩散网络。不应仅将各传播主体视为信息传播网络中的节点，更应关注和促成各个节点间的协作和沟通关系，形成一种多点触发的

---

① 刘玉文，王凯，刘月华. 基于影响力遗传的意见领袖在线识别［J］. 情报理论与实践，2019，42（7）：126-131+164.

信息传播态势，从而扩大网络信息影响范围。同时将社交媒体平台看作信息扩散网络的"培养皿"和"加油站"，除了在事件管理期间增加上述主体的浏览量和曝光度，还应积极利用大数据和人工智能技术，改进用户推荐和关联算法等，在粉丝之间形成重叠社群，从而提高主体的影响力。

3. 信息传播主体发布内容特征

研究表明，新冠疫情期间，信息传播主体发布内容既存在相同点也存在较大的差异。整体来看，新冠疫情期间不同信息传播主体之间的协同合作有待加强。网络官媒和网络自媒的发布内容都呈现一定的集中化和主题明确化的特征，但是网络官媒以陈述客观事实为主，而网络自媒通常夹带个人情感，以个人立场对疫情事件的发展进行转述和评论。普通网民主体的发布内容涉及多个领域，具有碎片化和零散化的特征。相关研究表明，社交媒体中的发帖主题会影响用户的交互行为，导致不同的信息传播方式和传播结果[①]，因而网络官媒和网络自媒在发布内容时都具有一定的主题明确和紧扣事件要点的特征。由于普通网民信息素养、教育背景、生活经历和居住地域等的差异，在新冠疫情期间不同用户关注的主题内容的差异性较大。

新冠疫情期间，针对不同信息传播主体应采取不同的信息传播管理策略。网络官媒应该致力于为公众提供主题明确和真实可靠的信息，如疫情事件的进展和应对措施等，必要时可以在帖子中加入话题标签、图片、视频和超链接等内容，从而使信息内容的表达更加多元化，增强信息的易读性，并快速吸引众多用户。由于网络自媒与粉丝之间有着更为牢固的联系，在疫情信息发布高峰时期可以考虑让网络自媒用户加入，以加快正能量和真实信息的传播，促进公众的深度参与，提升信息传播效果。对于网络自媒，在信息发布内容上除了

---

① 刘建准，石密，刘春雷. 网民群体对突发互联网集体事件信息感知的语义图谱研究[J]. 情报理论与实践，2019，42（2）：158-163.

以客观事实为依据，还可以适当加入自己的立场和态度，批判和辩证地讨论疫情事件并将相关真实信息传达给公众，同时也促进普通网民的深度参与。

第三节 社交网络舆情事件时空演化图谱构建与分析

一 社交网络舆情事件时空演化图谱构建

1. 社交网络舆情事件时空演化图谱建模依据

（1）信息群落与信息环境

信息环境是除信息人、信息之外与信息活动有关且能够对信息人的生存和发展起到直接或间接影响作用的各种自然、社会等要素的总和。信息生态系统的和谐与稳定运行需要信息人与周围的信息环境相互作用，不断地进行信息和能量的交互。信息群落以具有特定信息需求的人和具有特定表达与组织方式的信息为核心，并且会在特定信息环境下演替。信息环境与信息群落之间存在一定的相互作用，具体表现为：信息群落存在于特定的信息环境中，并且随着信息环境的变动，信息群落逐渐形成相对独立的信息生态链；同时信息群落又通过各种途径不断影响和改变着信息环境。

（2）基于信息环境因子的舆情事件时空演化

在舆情生态系统中，时空环境是舆情生态系统的一部分。不同类型的舆情用户种群通过直接或间接的关系，基于特定的信息表达与组织方式形成舆情事件信息群落。并且，随着舆情事件的发展，舆情事件信息群落不断适应时空环境的变化完成群落的发展和演替，形成不同类型的舆情信息链，表现为舆情事件的发展、融合、交叉和衍生。与此同时，舆情事件的时空环境对象也可能因为事件信息群落的演替和发展而不断变化，形成能够反映舆情事件的时空信息链。

2. 社交网络舆情事件时空演化图谱构建过程

社交网络舆情事件时空演化图谱的构建过程如图 4－11 所示。①通过网络爬虫进行舆情事件话题下的数据采集，并对采集到的时空数据进行清洗，根据事件的内容和发展过程进行子事件的划分。在此基础上按照子事件发生的时间顺序进行事件时间尺度的划分；根据国家地理区划和省级行政区划对收集到的地理位置数据进行事件空间尺度的划分。②构建事件时空演化图谱，其主要由两个方面组成。一是时空结构可视化。使用空间自相关分析并结合时间数据进行事件时空结构的可视化，具体地，通过全局空间自相关分析确定事件的时空分布格局，即事件在空间上呈现的聚集或分散或随机的分布格局，以及随着时间的变化空间分布格局的演变趋势和规律。在此基础上，通过局部空间自相关分析确定事件的时空聚集类型，找出事件的热点、冷点和异常区域，并探寻其随时间的变化模式与规律。二是事件时空网络。基于事件参与用户的时空数据和社交关系构建时空网络图谱，并通过图算法分析时空网络中的关键城市、网络结构特征。③在事件时空演化图谱构建结果的基础上，对事件的时空分布格局和时空网络模式进行讨论分析。

（1）数据预处理

数据预处理主要包括两方面主要内容，一是事件时间尺度的划分，二是事件空间尺度的划分。对于时间尺度的划分，在舆情事件子事件划分的基础上，将子事件发生的时间节点先后顺序和持续时间的长度作为划分依据。对于空间尺度的划分，考虑到事件地理统计单元与网络舆情空间统计单元的一致性，以省级行政区划为单位进行舆情事件空间尺度的划分。即，粗粒度层面上根据省级行政区所在的地理分区划进行舆情事件的空间划分；细粒度层面上按照省级行政区划进行舆情事件空间尺度的划分。

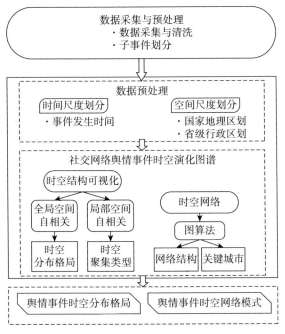

图 4-11　社交网络舆情事件时空演化图谱构建过程

（2）时空结构可视化分析

空间结构可视化早期是地理信息领域的一个核心研究概念，随着地理信息系统（Geographic Information System 或 Geo-Information System，GIS）工具性能的不断提升和功能的逐渐完善，空间数据尤其是通过社交网络生成的地理空间标签数据所蕴含的信息的丰富性和可分析性不断增强，基于 GIS 的空间结构可视化分析成为一种重要的研究方法[1]。空间自相关是一种根据特征位置和特征值来衡量空间事物分布的相互关联程度及其空间分布的统计方法，可以分为全局空间自相关和局部空间自相关[2]。全局空间自相关主要检验整个研究区域内相邻或相似区域单元特征值空间相关性的总体趋势，通常使用

---

[1]　徐迪．基于空间可视化的大数据舆情研判体系建构研究［J］．情报科学，2019，37（3）：22-26.

[2]　Eryando T, Sipahutar T, Rahardiantoro S. The Risk Distribution of COVID-19 in Indonesia: A Spatial Analysis［J］. Asia Pacific Journal of Public Health, 2020, 32（8）：450-452.

全局 Moran's I（全局莫兰指数）统计值来评估每个区域特征值在空间上是否相关，计算公式如下[①]：

$$I = \frac{\sum_{i=1}^{n} \sum_{j=1}^{n} \mathbf{w}_{ij} (x_i - \bar{x})(x_j - \bar{x})}{S \sum_{i=1}^{n} \sum_{j=1}^{n} \mathbf{w}_{ij}} \tag{4-4}$$

其中，I 是全局莫兰指数，n 是研究对象的数量，x_i 为空间单元 i 的特征值，x_j 为空间单元 j 的特征值，$\mathbf{w}_{ij}$ 是空间权重矩阵，S 是观测值的方差，$\bar{x}$ 是观测值的平均值。全局莫兰指数 I 的取值在 -1 和 1 之间，当 I 值大于 0 时，则认为存在空间正相关，呈现空间聚集格局，即空间均质性，且值越接近 1 空间聚集程度越高。当 I 值等于 0 时，表示空间不相关，呈现随机分布格局。当 I 值小于 0 时，则认为存在空间负相关，即空间异质性，呈现空间分散格局，且值越接近 -1 分散程度越高。此外，在进行全局空间自相关分析时，还需要结合 P-value 和 Z-score 来判断全局莫兰指数的显著性[②]。其中，Z-score 的计算公式如下：

$$Z = \frac{I - \mathrm{E}(I)}{\sqrt{\mathrm{VAR}(I)}} \tag{4-5}$$

其中，$\mathrm{VAR}(I)$ 为全局莫兰指数的方差，$\mathrm{E}(I)$ 为全局莫兰指数的期望值。

全局空间自相关可以显示研究对象在整个空间的分布格局，但仅能判断其是否存在聚集现象，无法确定某一研究对象与其邻近区域对象的相关程度。局部空间自相关分析能够反映局部单元属性与相邻单元相同属性之间的相关程度，通常使用局部 Moran's I（局部莫

[①] Qian F, Chi Y, Lal R, et al. Spatio-Temporal Characteristics of Cultivated Land Fragmentation in Different Landform Areas with a Case Study in Northeast China [J]. Ecosystem Health and Sustainability, 2020, 6 (1): 1800415.

[②] Briz-Redón Á, Serrano-Aroca Á. A Spatio-Temporal Analysis for Exploring the Effect of Temperature on COVID-19 Early Evolution in Spain [J]. Science of the Total Environment, 2020, 728: 138811.

兰指数）进行衡量，计算公式如下[①]：

$$I_i = \frac{n(x_i - \bar{x}) \sum_{j=1}^{n} \mathbf{w}_{ij}(x_j - \bar{x})}{\sum_{i=1}^{n}(x_i - \bar{x})^2} \tag{4-6}$$

其中，I_i 为局部莫兰指数，n 是研究对象的数量，x_i 为空间单元 i 的特征值，x_j 为空间单元 j 的特征值，$\mathbf{w}_{ij}$ 是空间权重矩阵，$\bar{x}$ 是观测值的平均值。若局部空间自相关显著，则可能存在 4 种空间聚集类型：高-高聚集（H-H），表示本身是高值，周围的其他单元也是高值，代表热点区域；低-低聚集（L-L），表示本身是低值，周边单元也是低值，代表冷点区域；高-低聚集（H-L），表示本身是高值，但周边单元都是低值，代表高值异常区；低-高聚集（L-H），表示本身是低值，但周边单元都是高值，代表低值异常区[②]。

（3）时空网络的图算法分析

从时空网络图谱的空间结构看，不同位置的节点拥有不同的信息资源，在舆情事件的发展和演变过程中扮演着不同的角色。处于核心位置的地区在舆情事件中具有重要的作用，不仅能够影响相邻地区舆情信息的传播效率与范围，甚至还能够影响舆情事件的发展走向。通过图算法能够识别和衡量时空网络图谱中地区节点之间的关系，并确定关键的地区节点，同时还能够对网络的整体形状和结构进行描绘和探究。

知识图谱作为一种类似网状结构的图数据库，利用图算法对其进行分析，能够帮助理解图数据网络，并且图算法也是分析图数据网络的最有效方法之一，可以利用节点间的关系来发现隐藏的知识和

---

① Li Q，Xia M，Guo X，et al. Spatial Characteristics and Influencing Factors of Risk Perception of Haze in China：The Case Study of Publishing Online Comments about Haze News on Sina ［J］. Science of the Total Environment，2021，785：147236.

② 王璟琦，李锐，吴华意. 基于空间自相关的网络舆情话题演化时空规律分析 ［J］. 数据分析与知识发现，2018，2（2）：64-73.

信息[1]。在图算法中，聚类系数（Clustering Coefficient）表示网络图中节点间相互联系的紧密程度，分为局部聚类系数和平均聚类系数。一个节点的局部聚类系数是与它相邻的节点之间也被互相连接的可能性；平均聚类系数是局部聚类系数的均值，代表网络图整体的聚集程度，局部聚类系数和平均聚类系数的计算公式如下[2]：

$$CC(u) = \frac{2R_u}{k_u(k_u - 1)} \tag{4-7}$$

$$C = \frac{1}{n} \sum_{i=1}^{n} CC(u) \tag{4-8}$$

其中，$CC(u)$ 代表局部聚类系数，u 代表节点，R_u 是通过节点的某两个相邻节点的关系数（三角形计数），$\frac{k_u(k_u - 1)}{2}$ 是节点 u 与其相邻节点构成相互连接的完全图的三角形总量，它们的比值就是节点的局部聚类系数。局部聚类系数的值越大，表示该节点与相邻节点的联系越密切。C 代表平均聚类系数，n 代表网络图中的节点总数。平均聚类系数的值越大，代表整个网络的局部连接越明显。

二 研究设计

1. 数据来源

本节选择微博作为数据采集的来源平台，进行舆情事件时空数据的爬取与收集，并通过收集的时空数据和用户间的社交关系来分析舆情事件中的时空要素。

2. 数据采集与清洗

2021 年 4 月初，日本政府决定在两年后将福岛核电站事故产生的 100 多万吨核废水排入太平洋，并且整个排放过程预计将持续 30

---

[1] Trudeau R J. Introduction to Graph Theory [M]. Courier Corporation，2013.

[2] Needham M，Hodler A E. Graph Algorithms：Practical Examples in Apache Spark and Neo4j [M]. O'Reilly Media，2019.

余年。由于核废水带来的严重海洋环境污染和对周边多个国家民众健康安全的巨大威胁，事件一经报道便在社交网络上迅速引发热议。本节对微博平台中"日本核废水排海"话题下参与讨论的用户的时空数据信息进行数据采集：①通过微博 API，使用网络爬虫软件 LocoySpider（V2010SP3）爬取"日本核废水排海"事件热门微博下的数据；②数据爬取的时间范围为 2021 年 4 月 9 日至 2021 年 6 月 8 日，爬取的字段包括用户昵称、ID、评论或转发时间、用户资料中的地理标签等；③数据清洗过程主要是通过 Access、Excel 等软件对收集到的数据进行筛选、排序和删除，主要删去数据中的缺失值、网址链接、空字符串、表情符号、无用字段和乱码等；④共收集到原始数据80660 条，数据清洗后剩余数据 53504 条。

3. 数据处理

（1）事件时间和空间尺度划分

本节将"日本核废水排海"事件划分为 5 个子事件，并且按照子事件发生的时间顺序进行事件时间尺度的划分（见表 4-6）。

表 4-6　事件时间尺度划分结果

时间	事件	时间范围
T	E #日本核废水排海#	2021/4/9—6/8
T1	E1 #日本初步决定核废水排海#	2021/4/9
T2	E2 #外交部回应日本初步决定#	2021/4/9
T3	E3 #日本正式决定核废水排海#	2021/4/13
T4	E4 #美国支持日本核废水排海决定#	2021/4/13
T5	E5#外交部回应日本正式决定#	2021/4/13

事件空间尺度的划分上，对于国内的参与用户，按照省级行政区划及其所在的地理分区进行划分（见表 4-7）。并且，在后续的时空分析中，以省级行政区省会（首府）所在地的经纬度作为省级行政区的地理位置代表和分析依据（在下文中各个自治区和特别行政区采用简称，即内蒙古、广西、西藏、宁夏、新疆、香港和澳门）。国

外地区则统一划分为其他。

表 4-7　事件空间尺度划分结果

地理区划	省级行政区划	省会（首府）	地理区划	省级行政区划	省会（首府）
华北地区	北京市	北京	华南地区	广东省	广州
	河北省	石家庄		广西壮族自治区	南宁
	内蒙古自治区	呼和浩特		海南省	海口
	山西省	太原	西南地区	贵州省	贵阳
	天津市	天津		四川省	成都
东北地区	黑龙江省	哈尔滨		西藏自治区	拉萨
	吉林省	长春		云南省	昆明
	辽宁省	沈阳		重庆市	重庆
华东地区	安徽省	合肥	西北地区	甘肃省	兰州
	福建省	福州		宁夏回族自治区	银川
	江苏省	南京		青海省	西宁
	江西省	南昌		陕西省	西安
	山东省	济南		新疆维吾尔自治区	乌鲁木齐
	上海市	上海	港澳台地区	香港特别行政区	香港
	浙江省	杭州		澳门特别行政区	澳门
华中地区	河南省	郑州		台湾省	台北
	湖北省	武汉	其他		
	湖南省	长沙			

（2）事件时空结构可视化

为了了解事件讨论热度的时空分布格局和变化趋势，以子事件发生和持续的时间作为时间分辨率，以热门微博下各省级行政区中所包含的用户的转发和评论总量作为讨论热度[①]。由于各个省级行政区的讨论热度在数量级上存在一定的差异，在进行空间自相关分析

---

① Resch B, Usländer F, Havas C. Combining Machine-Learning Topic Models and Spatiotemporal Analysis of Social Media Data for Disaster Footprint and Damage Assessment [J]. Cartography and Geographic Information Science, 2018, 45（4）: 362-376.

前需要对原始数据进行处理，以缩小数量级差异对空间自相关分析结果的影响，本节采用 Log 函数对数据进行标准化处理①。关于空间权重矩阵的构建，由于距离是体现空间格局的重要指标，因而本节选取基于距离的空间权重矩阵，即给定某一临界距离，间距小于临界距离的省级行政区权重设为 1，否则为 0②，在此基础上，进一步对子事件和整体事件进行空间自相关分析。

（3）事件时空网络构建

通过空间自相关分析得到事件的时空结构后，为了明确各个空间热点、冷点以及不显著聚集城市之间的关系，在空间自相关分析结果的基础上构建事件的时空网络图谱。具体地，以地区所包含的用户之间的社交关系作为地区节点间的边，将地区的讨论热度作为节点间边的权重，将通过空间自相关分析得到的空间聚集类型作为节点的属性标签，得到节点、关系和属性表，并将表导入 Neo4j 图形数据库中，以便后续进一步通过图算法分析时空网络图谱的网络结构和关键城市。

三　数据结果

1. 事件时空结构

通过全局空间自相关分析探究事件在国内的总体趋势。经过分析最终得到不同时间即不同子事件的全局莫兰指数、Z-score 和 P-value，结果如表 4-8 所示。从空间维度看，全局莫兰指数统计值均大于 0，表明事件讨论热度的分布具有正空间自相关性，即空间分布呈现一定的聚集格局。虽然全局莫兰指数统计值大于 0，但也比较接近 0，说明这种正空间自相关程度较弱。各个事件的 P-value 统计值均小于 0.05，Z-score 统计值均大于 1.65，表明事件讨论热度呈现空间聚集

---

①　高晓红，李兴奇. 主成分分析中线性无量纲化方法的比较研究［J］. 统计与决策，2020，36（3）：33-36.

②　赵飞，廖永丰. 突发自然灾害事件网络舆情传播特征及影响因素研究［J］. 地球信息科学学报，2021，23（6）：992-1001.

分布的置信度均在 90% 以上，即这种聚集分布现象并不是随机出现的。从时间维度来看，在整体事件的发展过程中，全局莫兰指数统计值的变化特征分为三个阶段：第一阶段（从 E1 到 E2）和第三阶段（从 E3 到 E5），均呈现上升趋势，第二阶段（从 E2 到 E3）呈现短暂的下降趋势，但第三阶段的全局莫兰指数均高于第一和第二阶段。这意味着事件讨论热度的空间分布特征整体上以聚集分布为主，且聚集程度不断提升，而 E3 可能是一个事件转折点。

表 4-8　全局莫兰指数及检验值

时间/事件	莫兰指数	Z-score	P-value
T1/E1	0.064	2.1068	0.027
T2/E2	0.065	2.0985	0.024
T3/E3	0.054	1.9025	0.038
T4/E4	0.084	2.5307	0.016
T5/E5	0.097	2.7722	0.007
T/E	0.07	2.2208	0.025

　　全局自相关分析结果仅仅说明"日本核废水排海"事件的讨论热度在整体上存在聚集现象，但无法说明事件讨论热度在各个省级行政区的具体聚集情况。为了了解事件的时空聚集格局，按照子事件时间段进行了局部空间自相关分析，得到的聚集类型分布统计如表 4-9 所示。首先，事件发展的各个时间段中，各子事件的聚集区域类型分布与整体事件的聚集区域类型分布一致。其次，事件时空分布中，高-高（H-H）聚集区域数量较多，表明事件存在讨论热度集中区域，即存在空间热点。低-高（L-H）聚集区域伴随着高-高（H-H）聚集区域存在，低-低（L-L）聚集区域出现频次较低，说明事件讨论热度的空间冷点不明显。高-低（H-L）聚集区在事件的各个时间段均未出现，说明事件讨论热度不存在显著的高值异常区。同时，显著聚集区总数明显多于非显著聚集区，说明在各个时间段中

事件讨论重点分布于部分地区，并不是普遍存在于全国各地，这也与全局自相关分析的结果相一致。

表 4-9 局部聚集区域数量统计

单位：个

时间/事件	聚集类型				
	高-高 （H-H）	低-低 （L-L）	高-低 （H-L）	低-高 （L-H）	非显著 （Not Significant）
T1/E1	12	0	0	6	16
T2/E2	13	0	0	4	17
T3/E3	13	0	0	4	17
T4/E4	13	1	0	4	16
T5/E5	13	0	0	5	16
T/E	14	1	0	4	15

为了明确每个聚集类型中所包含的具体省级行政区和空间位置特征，以 34 个省级行政区的省会（首府）坐标为基准和代表，按照其相对地理位置绘制了舆情事件空间局部聚集类型分布图，见图 4-12。其中，高-高（H-H）聚集区用红色节点表示，低-低（L-L）聚集区用蓝色节点表示，低-高（L-H）聚集区用紫色节点表示，高-低（H-L）聚集区用粉色节点表示，不显著用灰色节点表示。此外，图中仅使用义字标注了显著聚集的省级行政区。

从时空交叉的维度看，在事件的发展过程中，高值聚集区常出现在以北京、天津为代表的华北地区，以河南、陕西为代表的华中和西北地区，以及以江苏、浙江、上海、福建为代表的华东地区，并且这类空间热点区域具有明显的连续分布趋势。而低-高聚集区则伴随着高值聚集区存在，分布于高值聚集区的附近，如东北地区的吉林、华北地区的山西与内蒙古以及港澳台地区的台湾等。西北地区的内陆城市新疆作为唯一一个显著的低值聚集区，是事件的空间冷点区域。

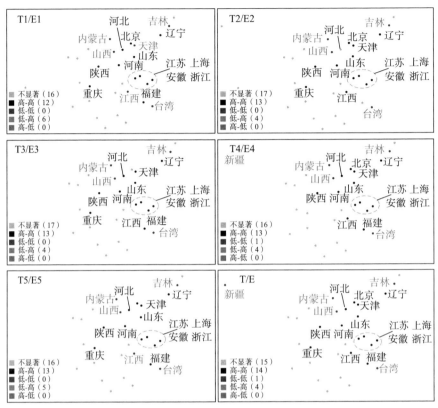

图 4-12　舆情事件空间局部聚集类型分布（附彩图）

2. 事件时空网络

构建的舆情事件时空网络图谱如图 4-13 所示。其中，除 6 个事件和子事件节点外，红色节点代表高-高（H-H）聚集区，蓝色节点代表低-低（L-L）聚集区，浅紫色节点代表低-高（L-H）聚集区，灰色节点代表不显著聚集区和其他地区。由图谱可见，各个子事件和事件的时空网络均呈现以个别城市节点为核心向周围发散的结构，如"北京""四川""香港""上海"等，其周围的关系线条较为密集，整个空间网络中的信息流围绕它们展开，并且这些城市节点起到连接其他城市节点的"信息桥梁"作用。除此之外，其他部分城市节点间也互相联系。通过城市节点的属性标签可知，在城市空间聚集类型中属于不显著聚集的城市同样能够在时空网络中扮演重要的角

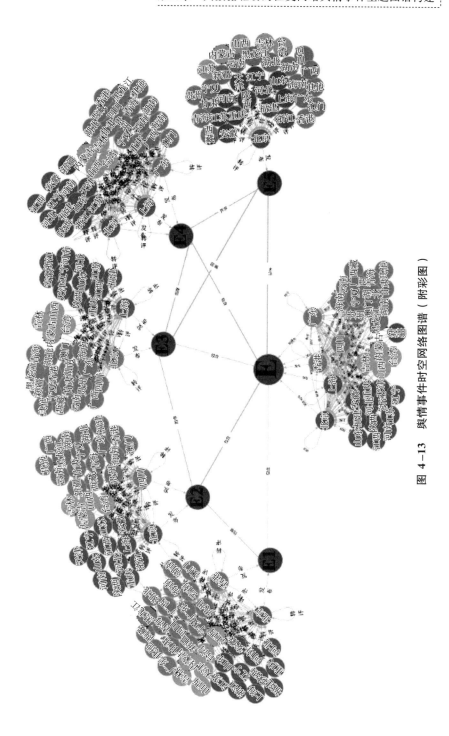

图 4−13　舆情事件时空网络图谱（附彩图）

色，如 E1 中的"香港"、E2 中的"四川"、E4 中的"广东"等。与此同时，在城市聚集类型中属于低-高（L-H）聚集区的"山西""吉林""内蒙古"等地，以及低-低（L-L）聚集区的"新疆"在网络中通常处于边缘位置，并且与其他城市节点联系稀疏，在信息交流中多作为"信息受众"存在。

舆情事件时空网络聚类系数分析结果如表 4-10 所示。需要指出的是，本节在结果显示中过滤掉了大部分局部聚类系数为 1 的节点，这类节点的所有相邻节点都是彼此的相邻节点，直接围绕此类节点形成的网络社区将具有很强的凝聚力。本节重点关注时空网络平均聚类系数，以及局部聚类系数较低的节点。平均聚类系数越高，表明节点间的联系越紧密，同时时空网络的凝聚力也越强。由子事件和整体事件的平均聚类系数可知，除 E5（0.001）外其他事件均呈现城市节点联系密集的网络结构。结合事件时空网络图谱来看，E5 的空间网络呈现以"北京"为核心的发散状态，除与"北京"存在直接的联系外，各个城市节点间的联系稀疏，网络中信息的交流效率较低。

局部聚类系数较低表明该城市节点在网络图中是一个结构孔，即该城市节点可能是一个与其他网络城市社区中的城市节点连接良好的节点，然而这些社区除了该城市节点外在其他方面并没有互相连接，这类城市节点是网络结构中潜在的"桥梁"，充当着中介的作用，促进网络中节点间的信息流动和共享，在舆情事件的时空扩散和演化中更具有关系优势，如子事件 E1 中的"香港""北京"，E2 中的"四川"，E3 中的"上海"等。但是，当局部聚类系数为 0 时，表示该城市节点的相邻节点都只与这一个节点相连但彼此之间互不相连，即其他每一个节点只有这一个相邻节点，如 E1 中的"青海""台湾""澳门"以及 E5 中除"北京"外的其余城市节点等。由于此类节点周围的网络结构较为简单，因而在舆情事件的管理和调控中，对此类城市节点的管理相对容易。

表 4-10 舆情事件时空网络聚类系数分析结果

事件 （平均聚类系数）	地区	局部 聚类系数	事件 （平均聚类系数）	地区	局部 聚类系数
E1 （0.860）	香港	0.057	E4 （0.922）	广东	0.116
	北京	0.053		北京	0.106
	青海	0		上海	0.106
	台湾	0	E5 （0.001）	北京	0.029
	澳门	0		其余城市	0
E2 （0.946）	四川	0.055	E （0.878）	香港	0.222
	北京	0.055		广东	0.222
E3 （0.918）	上海	0.057		上海	0.205
	北京	0.054		四川	0.205
	台湾	0		北京	0.205

四 讨论分析

1. 舆情事件时空分布格局分析

从舆情事件的时空分布格局来看，舆情事件呈现空间聚集分布格局且聚集程度随事件发展不断提升。这可能与随着舆情事件的不断发展，政府、媒体、意见领袖等关键用户的介入，对舆情事件信息发布数量的增加以及公众对舆情事件的接受与关注程度的提升等有关。因为在舆情事件发生的不同阶段，参与舆情的用户会有不同的信息需求和行为，并对舆情事件的热度和影响范围产生影响[1]。事件初期，政府和媒体对于事件的信息发布和报道是有限的，而随着时间的推移，有影响力的用户不断参与到事件中来，不断对事件进行干预和引导，可能产生引爆点，吸引更多的用户参与到事件的讨论中。同时，由于关键用户的粉丝基础庞大、影响力较高，他们能够影响和提高普通用户对于事件的接受和关注程度，并且先前形成的空间聚集

---

[1] Li Z, Zhang Q, Du X, et al. Social Media Rumor Refutation Effectiveness: Modelling and Enhancement [J]. Information Processing & Management, 2021, 58 (1): 102420.

会对相同和邻近空间内的其他用户产生直接或间接的影响，进而导致空间聚集的程度不断提升。此外，子事件 E3 出现聚集程度的暂时下降，而之后聚集程度在原来的水平上继续上升，这表明 E3 可能是一个事件转折点。这与事件之间的时间接续程度和事件的性质有关。根据子事件发生和持续的时间可知，E3#日本政府正式宣布将核废水排入大海#发生在 2021 年 4 月 13 日，而 E1 和 E2 分别是日本的初步决定和外交部的回应，且发生在 4 月 9 日当天。可见 E3 与前一子事件的时间间隔相对较长，其间舆情热度已经发生了明显的回落；而 E4 和 E5 与 E3 的时间间隔又重新变得较短，因而舆情热度和空间聚集程度得以不断地积累和攀升。

通过局部自相关分析结果可知，事件的热点区域分布在部分地区并非普遍分布于全国，舆情事件时空分布具有地域差异性和规模特征，在重点城市群表现出明显的聚集特征。例如，以北京、天津为代表的华北地区，以上海、江苏、浙江、福建为代表的华东地区都是事件的空间热点区域。相关研究显示，地区的经济水平越高，该地区的公众就越有可能通过在线网络发表评论来表达自己对于某一事件的态度。同时，空间热点区域分布格局也显示了这些经济发达地区在舆情事件中的高价值属性。关于低-高和低-低聚集地区的分布，可能的解释是，首先，事件讨论热度的时空分布与该地区的人口聚集程度相关[①]，像新疆、内蒙古等人口密度较低的地域空间聚集类型也属于低值区。其次，与地区所处的地理位置有关。在此次事件中，日本核废水排入太平洋后受到最直接影响的是沿海地区，所以山东、福建、辽宁等地属于空间热点区域，而地处内陆的新疆、内蒙古和山西等地则属于低值区。

2. 舆情事件时空网络模式分析

从舆情事件时空网络图谱的结构来看，时空网络呈现以个别城

---

① Zhu B, Zheng X, Liu H, et al. Analysis of Spatiotemporal Characteristics of Big Data on Social Media Sentiment with COVID-19 Epidemic Topics [J]. Chaos, Solitons & Fractals, 2020, 140: 110123.

市节点为核心的发散结构，事件传播范围覆盖全国以及海外其他地区。有研究表明，地理事件的传播和带来的影响与自然地理条件和空间距离直接相关[①]。"日本核废水排海"事件是现实中发生的地理事件，但该事件引起的舆情在时空覆盖方面则体现了一定的全面性，网络舆情的传播情况与地理事件实际覆盖的时空范围出现了不一致的现象，这体现了网络舆情信息的跨时空性。网络舆情事件虽因地理事件而起，但其传播形式和规律不同于地理事件，且传播范围和带来的影响不受时空限制，但依然具有时空属性。时空网络也体现了网络舆情传播和扩散的时空收缩效应，舆情信息在地理事件发生后的短时间内实现了远距离、广范围的传播和扩散。根据节点的标签及其在网络中的位置可知，除了空间热点城市外，不显著聚集的城市也部分处于时空网络中的核心位置，在事件的传播中起到一种"四两拨千斤"的作用，此类城市节点也应该成为舆情管控和舆情生态治理的重点关注对象，这一发现也对空间自相关分析的结论进行了补充。

从舆情事件时空网络的图算法分析结果来看，子事件 E5 的平均聚类系数较其他事件存在明显差异，城市节点间的联系较为稀疏，网络凝聚力较弱。这与网络组成和结构有关，在子事件 E5 的网络中核心节点城市仅有"北京"一个，且其他城市节点间的联系稀疏，形成了星状信息生态链。在此种结构的信息生态链中，信息可以从核心节点向外发散或由其他节点向核心节点汇聚。在此事件中，核心节点有较大的信息控制权，其他节点除了与核心节点联系外几乎不存在互连关系，因而舆情管控较为容易和简单。其他子事件的时空网络则属于网状结构，节点间存在纵横交叉的连接，信息流的联通路线更多且存在不同程度的交叉，信息流通速度快、流通效率高，因而舆情管控的重点应该放在局部聚类系数较低的信息桥梁城市节点上。此外，结合前文的分析结果可知，关键用户种群中所包含的用户的地理位

---

①　李杰，陈思宇，张静文，徐培罡. 基于大数据的疫情地理传播与网络舆情时空关系研究［J］. 地理信息世界，2020，27（3）：31-34+41.

置信息与本节分析结果中的信息桥梁城市高度重合，此类关键用户种群在事件发展和信息传播过程中所起到的"领导"和"桥梁"作用，为信息桥梁城市的出现提供了合理的解释。同时结合前文的研究结论来看，关键用户种群所处的城市成为时空网络中的信息桥梁城市，这些用户种群和城市能够干预和控制其他用户和城市节点之间信息的传播，是在紧急情况下对舆情管控和舆情生态治理很重要的监管节点。

第五章

大数据驱动的社交网络舆情
多平台主题图谱构建

第一节　社交网络舆情多平台用户角色图谱构建与分析

一　社交网络舆情多平台用户角色图谱构建问题的提出

社交网络舆情是多个社交媒体平台中的用户关于某舆情话题发表的观点的集合，多个平台中的用户即信息人是社交网络舆情的主体要素。用户在网络舆情中展现出群体聚集特征及角色特性，而扮演较固定角色的信息个体聚集形成用户种群。用户种群是舆情传播的基本单元，围绕舆情话题，用户种群展开种群内的信息交流、种群外的信息置换及平台间的矩阵化信息发布，影响和塑造不同平台中每个用户的舆情观点，形成对用户既有舆情观点的加深或削弱。用户种群根据舆情话题类别、所处平台、关注热点及舆情参与行为偏好展现其用户角色及角色特征，在社交网络舆情话题中的不同平台中发挥作用；通过种群间不同的协作模式对每个平台局部舆论场及多平台整体的舆论场产生影响，推动社交网络舆情整体的传播和演进。

因此，对于社交网络舆情多平台用户角色图谱的构建与分析，能够发现舆情话题空间中整体用户角色的分布及不同平台中的用户角色和用户功能，为未来社交网络舆情多平台的管理和引导从主体视角提供治理对策。

二 社交网络舆情多平台用户角色图谱构建

1. 社交网络舆情多平台用户角色图谱建模依据

（1）信息人与舆情多平台用户

信息生态理论认为信息人是信息生态系统的主体，根据其信息需求开展信息活动。根据网络信息生态系统理论[①]，社交网络舆情是组成网络信息生态系统中的一个小型信息生态系统，具有信息生态系统的特征。同时社交网络舆情发生在多个平台，因此舆情多平台的用户对应信息生态系统中的信息人。社交网络舆情本质上是舆情话题信息通过多个平台内在舆情用户之间的交流和传递。需要注意到，多数用户在不同平台拥有不同的 ID 和用户名，本章将每个平台的用户作为独立的个体进行分析，不进行多平台间用户身份的一致性认证。

（2）基于信息人因子的舆情多平台用户角色种群

根据生态系统的层级理论，在社交网络舆情多平台生态系统中，多平台中的用户个体是参与舆情话题传播的最小单元，社交网络舆情多平台的信息种群是由每个平台中的用户个体扮演的用户角色聚集而成。用户角色由用户在舆情中展现的具体特征，包括用户所处平台、用户在社会网络结构中的位置、用户的主题偏好、用户信息行为特征等共同决定。多平台中的用户根据其角色对于不同平台中的舆情知识获取和传播产生影响，发挥其角色种群的价值和功能。因此本节基于信息人因子分析舆情多平台中用户角色种群，展现整体角色特征及不同平台中种群角色特征的异同。

2. 社交网络舆情多平台用户角色图谱构建过程

社交网络舆情多平台用户角色图谱构建过程如图 5-1 所示。在确定数据来源，即确定舆情话题和社交媒体平台时，根据相关研究，

---

① 张海涛，许孝君，刘原池，宋拓. 我国商务网络信息生态链研究综述 [J]. 情报科学，2013，31（10）：149-153.

社交媒体平台倾向于使用户进行平台内的信息交流，不支持跨平台信息交流，因此本章认定用户在每个平台中的信息交互是在平台内独立完成的，不存在跨平台的用户之间的交互关系，用户在不同平台中有不同的身份和用户 ID，将其作为独立的个体分析每一个平台中用户角色的情况，不进行不同平台中用户身份的一致性认证。进而，采集舆情话题下不同平台的用户数据，清洗数据后得到社交网络舆情多平台用户数据集。

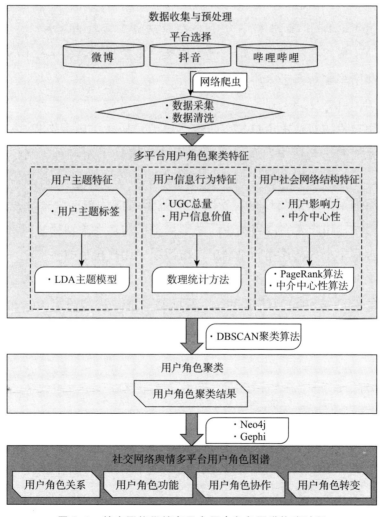

图 5-1　社交网络舆情多平台用户角色图谱构建过程

本节参考大量用户聚类的相关文献①②③，认为用户参与舆情话题表现的主题特征、信息行为特征及社会网络结构特征是识别用户角色的关键指标。用户主题特征展现用户在舆情话题中关注的信息内容，从内容视角展示用户对于舆情话题演进的贡献。用户信息行为特征展现用户在舆情话题中的信息行为偏好。用户社会网络结构特征展现用户在舆情话题中的位置和功能，即其是否对他人的观点和舆情的进展产生重要作用和影响。用户主题特征采用 LDA 主题模型计算得到，用户信息行为特征由数理统计方法得到，用户社会网络结构特征由 PageRank 算法和中介中心性算法得到。在此基础上，通过 DBSCAN 聚类算法对用户角色进行聚类。最后通过 Neo4j 及 Gephi 构建社交网络舆情多平台用户角色图谱。

（1）用户主题特征

用户主题特征由用户发布内容（UGC）所属主题类别④决定。用户在社交网络舆情中发布内容的主题特征表现了用户对于舆情话题的关注主题和兴趣偏好，同时用户也会根据个人职业特征和需求发布与舆情话题相关的信息，表明用户关于舆情话题的个人观点和立场。因此，用户发布内容的主题类别揭示了用户在推动社交网络舆情演进过程中个人的作用，是确定舆情话题中用户角色的要素之一。

本节使用在用户聚类算法中较为常用、善于挖掘潜在关联、用途广泛的 LDA 主题模型确定用户主题标签。LDA 模型采用 Dirichlet 分布作为概率主题模型多项分布的先验分布，计算方法见公式（5-1）。

① Hagel J. NET Gain: Expanding Markets through Virtual Communities [J]. Journal of Interactive Marketing, 1999, 13 (1): 55-65.

② Villodre J, Criado J I. User Roles for Emergency Management in Social Media: Understanding Actors' Behavior during the 2018 Majorca Island Flash Floods [J]. Government Information Quarterly, 2020, 37 (4): 101521.

③ 吴江, 赵颖慧, 高嘉慧. 医疗舆情事件的微博意见领袖识别与分析研究 [J]. 数据分析与知识发现, 2019, 3 (4): 53-62.

④ 王帅, 纪雪梅. 基于在线健康社区用户画像的情感表达特征研究 [J]. 情报理论与实践, 2022, 45 (6): 179-187.

在 LDA 主题模型中，最重要的过程是多个参数的调整优化过程。最终输出在最优主题数目下每个主题的主题词表。

$$P_j(\omega_i|d_s) = P(\omega_i|t_j) * P(t_j|d_s) \tag{5-1}$$

（2）用户信息行为特征

用户信息行为特征是用户在社交网络舆情话题中创造内容积极性、活跃度、信息行为偏好和被认可程度的集中体现。用户所发内容和评论的数量代表了用户参与舆情话题的活跃程度，同时展现了用户在话题空间中的社交意愿、社交需求和社交能力，用户所发内容和评论数量越多，代表用户越积极参与舆情话题的传播和讨论，通过观点输出影响其他用户的观点立场并促进舆情演进。用户发布内容的被点赞数量和被评论数量代表了用户发布内容的价值，决定了用户向话题空间输送的信息有用性的程度[1]。本节通过用户的原创 UGC 数、评论 UGC 数、被点赞数和被评论数衡量用户参与舆情话题的信息行为特征，定义 UGC 总量算法如公式（5-2）所示，用户信息价值算法如公式（5-3）所示。

$$A_t = G_t + H_t \tag{5-2}$$
$$V_t = (C_t + L_t)/2 \tag{5-3}$$

其中，A_t 表示在时间 t 内，社交网络舆情中的 UGC 总量；G_t 和 H_t 分别表示在时间 t 内该用户参与舆情话题的文本发布数及评论数；V_t 代表在时间 t 内，用户的信息价值总量；C_t 和 L_t 分别表示在时间 t 内该用户参与舆情话题的被评论数和被点赞数[2]。

（3）用户社会网络结构特征

用户社会网络结构特征反映了用户在网络结构中的中心性和重要性，可以定量展示用户的影响力和用户在舆情传播过程中的作用。

---

① 滕春娥，何春雨. 在线医疗社区用户画像构建与应用 [J]. 图书情报工作，2021，65（12）：147-154.

② 陈苗苗，安璐. 突发传染病情境下社会化问答平台用户角色形成及转变——以知乎平台为例 [J]. 图书情报工作，2022，66（12）：68-81.

在由舆情话题组成的社会网络中，用户不仅是信息的使用者，更是信息内容的创造者与传播者。用户通过转发、分享、评论等互动行为，对其他用户的观点、立场及网络舆情的演进通过节点间的纽带联系产生直接或者间接的影响。因此对用户社会网络结构特征的分析是凸显用户角色特征的关键内容[①]，对识别社会网络结构中的重要节点和关键用户具有重要意义。

本节通过构建关于舆情话题的社会网络来发现用户的社会网络结构属性，重点关注用户影响力及中介中心性。用户影响力采用PageRank算法得到，用户的中介中心性采用中介中心性算法得到。中介节点通常控制着资源和信息的流动，是不同种群的桥梁节点，是社交网络中的结构洞，可以用来描述节点所承载信息量的多少，表征用户间共享信息内容的程度。

（4）用户角色聚类

随着社交网络应用的推广，社交媒体平台中的用户数量不断增加，对于社交网络平台中用户画像、用户聚类及用户角色的挖掘也不断增加和深入。目前用户聚类研究主要包括Web用户聚类[②]和基于特征的用户聚类研究[③]。用户的特征数据包括用户基本信息数据、行为特征数据、主题特征数据、情感特征数据等，通过特征提取、特征融合[④]、特征学习[⑤]等过程实现对用户的聚类。常见的聚类算法主要有K-means聚类、均值漂移聚类、DBSCAN密度聚类等，或进行算法优

① 郭宇，孙振兴，刘文晴，于文倩. 基于数据驱动的移动图书馆UGC用户画像研究[J]. 情报理论与实践，2022，45（1）：30-37.

② Zola P, Ragno C, Cortez P. A Google Trends Spatial Clustering Approach for a Worldwide Twitter User Geolocation [J]. Information Processing & Management, 2020, 57 (6): 102312.

③ Qiu Z, Shen H. User Clustering in a Dynamic Social Network Topic Model for Short Text Streams [J]. Information Sciences, 2017, 414: 102-116.

④ Ahmadian S, Meghdadi M, Afsharchi M. A Social Recommendation Method Based on an Adaptive Neighbor Selection Mechanism [J]. Information Processing & Management, 2018, 54 (4): 707-725.

⑤ Xu G, Zhang L, Ma C, et al. A Mixed Attributes Oriented Dynamic SOM Fuzzy Cluster Algorithm for Mobile User Classification [J]. Information Sciences, 2020, 515: 280-293.

化提出新的聚类算法等①。

DBSCAN 算法是一种经典的基于密度的聚类算法。与基于网格、模型和层次聚类的方法不同②，DBSCAN 将簇定义为密度相连的点的最大集合，能够把具有足够高密度的区域划分为簇，并可在噪声的空间数据库中发现任意形状的聚类。DBSCAN 算法的优势在于无须事先知道要形成的簇类的数量，可以发现任意形状的簇类，对"噪声"数据、标签复杂且特征维度较多的数据样本具有较好的聚类处理效果③。前序研究中，多数学者采用 DBSCAN 算法对用户的类别④、种群进行聚类。因此，研究选取 DBSCAN 聚类算法对用户角色种群进行分析⑤。

三 研究设计

1. 平台选择与数据来源

《2022 全球社交媒体趋势报告》⑥ 显示，全球社交媒体用户数量达 46.2 亿，其中中国社交媒体用户数量达 10.2 亿，稳居全球各国之首。社交媒体平台与中国网民的公共文化生活深度融合，触达网民生活的各垂直领域，成为网民分享意见、立场和观点的重要平台和工具，是网络舆情话题空间生成的重要支撑和载体。本节选取 3 个社交媒体平台作为多平台研究对象的代表。在综合考虑平台用户数据隐

① Gao Y, Xu K. pRankAggreg: A Fast Clustering based Partial Rank Aggregation [J]. Information Sciences, 2019, 478: 408-421.
② 熊回香，叶佳鑫，蒋武轩. 改进的 DBSCAN 聚类算法在社会化标注中的应用 [J]. 数据分析与知识发现，2018，2（12）：77-88.
③ Galán S F. Comparative Evaluation of Region Query Strategies for DBSCAN Clustering [J]. Information Sciences, 2019, 502: 76-90.
④ 熊回香，王妞妞，刘梦豪，黄晓捷. 基于记忆优化机制的图书群组推荐研究 [J]. 情报科学，2022，40（4）：9-17.
⑤ 王帅，纪雪梅. 基于在线健康社区用户画像的情感表达特征研究 [J]. 情报理论与实践，2022，45（6）：179-187.
⑥ DataReportal. 2022 全球社交媒体趋势报告 [EB/OL]. [2022-12-01]. https://datareportal.com/reports/digital-2022-global-overview-report.

私性、平台用户数量的代表性及平台类型选择的全面性等原则的基础上，选取微博、抖音和哔哩哔哩分别作为公共社交平台、短视频社交平台及垂直社交平台的代表进行分析。

2. 数据采集与清洗

2021 年 7 月 20 日河南省遭遇历史罕见暴雨，造成重大人员伤亡和财产损失①。该事件引发网民广泛关注并迅速形成话题空间，事件传播热度远高于同期事件且舆论数据充足②，因此本节选取三大平台中"河南 7·20 暴雨"的话题数据进行采集。获取三大平台 API，对 2021 年 7 月 21 日至 2021 年 8 月 14 日"河南 7·20 暴雨"话题下的数据进行爬取。爬取内容的字段包括用户昵称、用户 ID、发布时间、发布 IP 地址、微博数、粉丝数、关注数、点赞数、微博等级、转发和评论文本等内容。收集的原始数据中，微博 67238 条、抖音 73425 条、哔哩哔哩 63423 条。通过数据清洗及处理，剩余有效数据中，微博 51846 条、抖音 53115 条、哔哩哔哩 57358 条，总计 162319 条数据。

3. 数据处理

（1）舆情周期划分

根据"河南暴雨""郑州暴雨"词条的百度指数③，结合政府相关部门采取应急响应措施的时间节点，对话题的舆情周期进行划分。河南暴雨事件突发性强，事件发生之初便引起广泛关注，拥有极快的传播速度，不存在事件的发酵过程④。舆情热度在事件发生当天迅速攀升，7 月 23 日后网民讨论量随事态缓解骤降，在 7 月 27 日随暴雨衍生事件发生有轻微舆论热度再次发酵后，7 月 28 日后舆

① 河南郑州"7·20"特大暴雨灾害调查报告公布［EB/OL］.［2022-12-01］. http://www.gov.cn/xinwen/2022-01/21/content_5669723.htm.
② 知微事见. 河南遭遇特大暴雨［EB/OL］.［2022-12-01］. https://ef.zhiweidata.com/event/8265e34c64b90e6510054700/trend.
③ 百度指数. 河南暴雨［EB/OL］.［2022-12-01］. https://index.baidu.com/v2/index.html#/.
④ 温志韬，夏一雪. 基于演化建模的突发事件网络舆情态势感知分析［J］. 情报杂志，2022，41（9）：71-78.

论热度基本为 0，舆情消亡。因此将话题的舆情周期划分为爆发期（2021/7/20—2021/7/23）、蔓延期（2021/7/24—2021/7/28）和衰退期（2021/7/29—2021/8/14）。

（2）用户主题分类及结果

本节在进行文本主题提取之前，首先对 3 个平台下的 UGC 文本进行了初步浏览，以确定平台的不同是否会导致 UGC 侧重点的不同。事实上，不同平台用户发布的内容存在侧重，因此对 3 个平台中的 UGC 分别进行主题提取。在得到 3 个平台的主题结果之后进行主题类别命名，对相似主题类别进行合并后，得到 7 个主题及每个主题下包含的关键词，如表 5-1 所示。

表 5-1　主题类别及主题词

主题	主题名称	主题词
主题 0	公益救助	电话 注意安全 免费 休息 食物 地址 避雨 留宿 酒店 食品
主题 1	求救信息	郑州 救援 漏电 保险公司 救援队 被困 交叉口 塌方 求救 绕行
主题 2	实时救援	停电 指挥部 编织袋 防汛抗旱 抢救 医院 支援 急救 防汛 装沙
主题 3	暴雨描述	平安 保佑 暴雨 视频 感谢 降雨量 地铁 洪水 大雨 灾难
主题 4	祝福信息	感谢 平安 保佑 希望 挺住 郑州 感动 天佑 渡过难关 祈福
主题 5	衍生事件	保险公司 进价 成本 老板 损失 质量 t恤 批发 善良 便宜
主题 6	科普信息	细菌 污染 食物 繁殖 煮熟 饮用水 致病 生冷食物 凉拌菜 生水

（3）用户社会网络结构参数计算结果

用户影响力及用户结构洞属性采用 PageRank 值和中介中心性值衡量。本节通过 Neo4j 分别构建话题的整体的用户关系网络和在不同平台中独立的用户关系网络。本节采用 Neo4j 数据库中的中心性算法确定用户节点的 PageRank 值和中介中心性，结果如表 5-2 所示。其中，PageRank 值越大代表用户在该话题中的影响力越强，中介中心性越大代表该节点结构洞属性越强。

表 5-2 用户社会网络结构参数计算结果（部分）

平台	昵称	PageRank 值 （前 5 名）	昵称	中介中心性 （前 5 名）
微博	人民日报	0.1048	BENDAN＊＊	1073
	央视新闻	0.1007	请你＊＊＊我	746
	中新经纬	0.0449	橘子味儿的橙果	546
	大象新闻	0.0225	Any＊＊＊控	392
	大河财立方	0.0209	大脑虎＊＊＊＊	357
抖音	大象新闻	0.0933	长安范儿＊＊	79085
	泉州晚报	0.0489	大象新闻	56272
	封面新闻	0.0464	大海	12441
	长安范儿＊＊	0.0450	一点素心	11219
	朝天融媒	0.0372	小＊＊＊＊	8601
哔哩哔哩	新华社	0.0634	天示蒼雲	5045
	波士顿圆脸	0.0621	郭云神奇	4583
	五四 IAM	0.0526	五四 IAM	2382
	陆 e	0.0453	河南共青团	1850
	四川观察	0.0343	三下巴	1194

（4）用户角色聚类

本节使用 Python 算法编码实现 DBSCAN 聚类过程完成对用户角色的聚类。首先，对用户角色特征数据进行标签化处理获得标签数据集，参考大量用户聚类研究，数据集标签类别如表 5-3 所示。其次，获得标签数据集后，调用 sklearn 库中的 DBSCAN 聚类算法对标签数据集进行聚类得到聚类结果。采用轮廓系数对聚类效果进行检验，本次聚类结果的轮廓系数为 0.89，具有较好的聚类优度[1]。

---

[1]　马晓悦，马昊．考虑标签情绪信息的图书资源个性化推荐方法研究 [J]．情报理论与实践，2020，43（9）：115-124.

表 5-3 数据集标签类别

数据集	层级 1	层级 2	层级 3	层级 4	层级 5
用户影响力	低	初具影响力	影响力显著	高	核心力场
PageRank 值	0% ~ 20%	21% ~ 40%	41% ~ 60%	61% ~ 80%	81% ~ 100%
中介中心性	低中介	初具中介	中介显著	高中介	核心结构洞
中介中心性取值	0% ~ 20%	21% ~ 40%	41% ~ 60%	61% ~ 80%	81% ~ 100%
信息价值	低价值	初具价值	价值显著	高价值	核心价值
信息价值取值	0% ~ 20%	21% ~ 40%	41% ~ 60%	61% ~ 80%	81% ~ 100%
活跃度	不活跃	低活跃	一般活跃	中度活跃	高度活跃
UGC 总量取值	0% ~ 20%	21% ~ 40%	41% ~ 60%	61% ~ 80%	81% ~ 100%

四 数据结果

1. 多平台用户角色图谱

采用 Neo4j 构建的"河南 7·20 暴雨"话题多平台用户角色图谱如图 5-2 所示。在图谱中存储的节点是话题、话题包含的多平台和多平台用户，存储的关系是话题对平台的包含关系、平台之间的并列关系、平台对用户的发布关系以及多平台用户之间的转发或评论等在线互动关系。节点之间群簇的颜色代表在该平台中用户的角色。图谱显示，社交网络舆情由多个社交媒体平台的舆论场组成，即多平台用户角色图谱由 3 部分独立的用户关系网络并列组成，包括微博、抖音和哔哩哔哩，不同平台舆论场彼此影响，形成整体的舆情多平台舆论场。用户在不同平台中扮演的角色根据其偏好而有所差异，某些活跃用户如"央视新闻"节点在微博、哔哩哔哩平台中扮演相同角色，"人民日报""大象新闻"节点在微博、抖音平台中扮演的角色不同，普通节点角色多数不同且不均匀地出现在不同平台中。不同平台中的用户角色总体组成类别是相同的，均具有 5 类角色，但不同种类角色的用户数量不同，导致在该平台中发挥核心作用的用户不同。微博平台中黄色类别用户处于网络边缘；抖音平台中绿色类别用户处于网络边缘；哔哩哔哩平台中黄色、粉色类别用户处于网络边缘，未在核心网络中展示。为对每一类用户角色的具体功能进行确定，对不同平台的用户角色做进一步的分析。

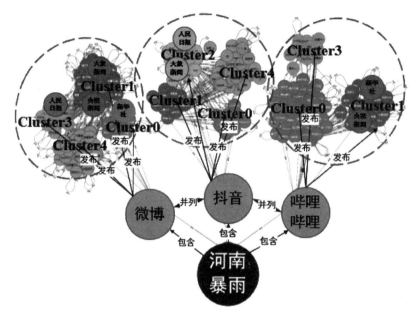

图 5-2　社交网络舆情多平台用户角色图谱（局部）（附彩图）

2. 多平台用户角色组成

用户角色由主题特征、信息行为特征和社会网络结构特征共同决定，结合用户角色聚类结果及角色识别相关文献[①]对用户角色进行确定[②]，将用户角色划分为信息记录者（Cluster 0）、救助发布者（Cluster 1）、积极参与者（Cluster 2）、协调组织者（Cluster 3）和信息求助者（Cluster 4）。各平台用户角色种群组成如表 5-4 所示。结果表明，随舆情态势发展，用户角色在舆情话题空间中整体有所侧

---

① Drakopoulos G，Kanavos A，Mylonas P，et al. Defining and Evaluating Twitter Influence Metrics：A Higher-Order Approach in Neo4j ［J］. Social Network Analysis and Mining，2017，7（1）：1-14.

② 陈苗苗，安璐. 突发传染病情境下社会化问答平台用户角色形成及转变——以知乎平台为例 ［J］. 图书情报工作，2022，66（12）：68-81.

重，Cluster 0、1、4 类用户角色节点较多且分布均匀，Cluster 2、3 类用户节点较少且在平台中分布不均。用户角色组成在不同平台中具有共性和特性。共性表现在不同平台中均存在 5 类用户角色，不同平台根据平台功能激发用户角色之间的协作实现舆情危机的引导和化解。特性体现在平台包含的用户角色占比因平台属性而有所不同。微博和抖音平台以信息求助者为主，哔哩哔哩平台以信息记录者为主。微博、哔哩哔哩平台中积极参与者用户角色不凸显，抖音平台中协调组织者角色不凸显。

表 5-4　多平台用户角色组成

单位：个

角色	全体	微博	抖音	哔哩哔哩
Cluster 0	28667（23%）	4396（12%）	4053（12%）	20218（40%）
Cluster 1	27341（22%）	8832（24%）	6109（17%）	12400（24%）
Cluster 2	11754（10%）	1345（4%）	7668（22%）	2741（5%）
Cluster 3	16990（14%）	5530（15%）	1055（3%）	10405（20%）
Cluster 4	37516（31%）	15979（44%）	16256（46%）	5281（10%）

注：（）内为数据的占比。

3. 多平台用户角色交互

为识别用户角色交互模式在不同平台中的规律，拆解多平台用户角色图谱，结果如图 5-3 所示。为展示核心角色交互网络，采用度中心性对节点进行过滤，图中仅保留度中心性大于 5 的用户。多平台用户角色交互图谱的共性为不同平台中均存在角色组内交互和组外交互。角色种群内均存在意见领袖节点，如微博中"人民日报""央视新闻"、抖音中"大象新闻""封面新闻"及哔哩哔哩中"波士顿圆脸""四川观察"等节点，意见领袖节点通过发挥其角色影响力实现和其他群组及节点的互动，推动该平台舆情话题的演进。

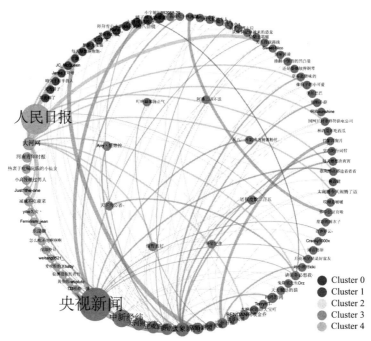

（a）微博平台用户角色交互图谱

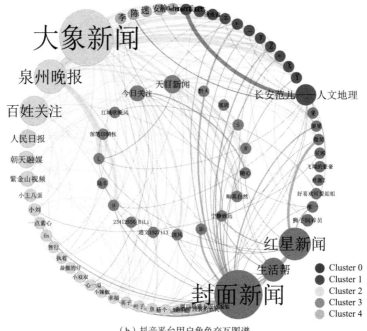

（b）抖音平台用户角色交互图谱

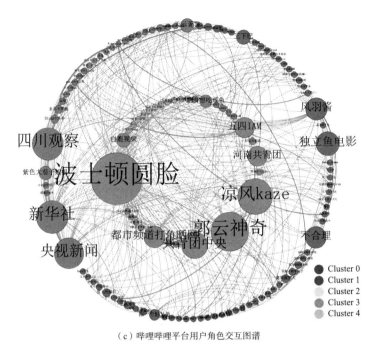

（c）哔哩哔哩平台用户角色交互图谱

图5-3　多平台用户角色交互图谱

　　多平台用户角色交互图谱特性体现在不同平台组内、组外交互有所侧重。其中微博组内组外交互占比相近，抖音及哔哩哔哩平台组外交互数量是组内交互的2~3倍。与微博相比，抖音和哔哩哔哩平台用户交互网络中的关系以评论为主，缺少转发关系，缺少高影响力节点间的互联互通，平台中生成的信息链以星状结构和树状结构为主。但哔哩哔哩平台的内容共创机制进一步增强了组外网络媒体的协同性，以"凉风Kaze—中国长安网—学习强国"共创内容为代表，原创内容视频以合作的形式连接多个用户主体，说明抖音和哔哩哔哩平台用户更加倾向于在不同的角色群组中进行信息交流和知识互换。不同平台参与信息交互的核心节点角色类型不同。微博、哔哩哔哩平台中积极参与者节点处于网络边缘位置，对整体舆情演进贡献不大；抖音平台用户角色分布均匀，通过5种类别角色节点的协同促进舆情演进。

4. 多平台用户角色转变

多平台用户角色随舆情周期转变的结果如图5-4所示。图中方条代表该类别节点包含的用户数量，方条之间连接的带宽代表不同角色用户在不同舆情周期之间转变的数量。为了清晰观察到舆情多平台和各平台在不同舆情周期的变化情况，图中设置了整体的舆情周期和分平台的舆情周期流量展示条。整体上，用户节点在爆发期角色分工明显且参与度高，信息求助者、救助发布者角色明显。随着事态发展及舆论热度的降低，在蔓延期和衰退期，用户节点逐渐退出话题空间，凸显的用户角色为救助发布者和信息记录者。对不同平台而言，在爆发期，微博中救助发布者、信息求助者角色凸显，抖音中信息求助者及积极参与者角色凸显，哔哩哔哩中信息记录者、协调组织者角色凸显。在蔓延期及衰退期，微博用户参与度下降，而抖音和哔哩哔哩用户仍针对话题进行讨论，退出话题空间行动延迟。舆情周期中的角色分布体现了平台特色，自然灾害事件突发性强，黄金救援时期内平台的用户角色映射平台在应急救援进程中的作用，衰退期的用户角色也体现出平台内容差异，需要根据平台差异性进行应急信息沟通措施的选取及舆论的引导和管控。

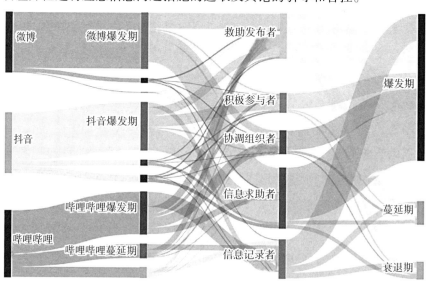

图5-4 多平台用户角色随舆情周期转变的结果

五　讨论分析

1. 多平台用户角色关系分析

多平台用户角色图谱表明，社交网络舆情由多个用户关系网络组成，各平台用户关系网络之间呈现并列关系，用户在平台内进行独立的信息交互后形成平台舆论场，平台舆论场之间相互作用形成社交网络舆情多平台。可以发现，各平台用户角色关系既相互异质又相互影响。

相互异质体现在，不同平台的用户组成不同，且用户在不同平台中的角色不同，其通过发挥不同的角色功能从而促进平台舆情的演化；舆情信息交互是在平台内完成的，通过平台内的信息交互和内容发布产生平台内的意见领袖、承担疏导舆情与发布救助信息功能的用户角色以及具有平台特性的角色种群交互网络；舆情话题中不同平台的危机沟通、应急信息发布、热点问题纪实或辩论的功能存在区别。

相互影响体现在，同一个用户使用不同的 ID 在多个平台参与舆情，使得舆情多平台在舆论场叠加、激发和整合过程中相互激励，进一步营造全网多平台用户角色的协同生态、提升危机沟通效率并塑造舆情发酵的整体格局。首先，部分意见领袖、桥梁节点在多平台发布信息，在不同平台具有相同或不同的用户角色，形成以其为中心的平台内舆情信息传播拓扑。其次，一方面上述节点在不同平台实现角色功能的协同，扩大节点在全网的信息发布及危机沟通效率，促进救助信息、公益信息的传播；另一方面，上述节点在不同平台根据平台特征发布差异化信息内容，形成平台之间内容分发的差异化互补格局，进而促成舆情多平台角色功能的互补及多样化协同。通过危机舆情下意见领袖、桥梁节点等关键节点的差异化布局，实现舆情实时疏导，防范舆情风险。

2. 多平台用户角色功能分析

多平台用户角色功能进一步凸显社交网络舆情多平台的协同格

局。舆情发生之初，不同平台均包含多种用户角色，用户角色功能在不同平台中是一致的。其中救助发布者以发布救助信息为主，包含大量官方媒体及头部节点，发布内容具有价值密度，其利用影响力将救助信息传递给普通用户[1]。救助发布者在微博平台以"大象新闻""中新经纬"为代表，在抖音平台以"封面新闻""红星新闻"为代表，在哔哩哔哩平台以"央视新闻"为代表[2]。但不同类型平台的用户群组的社交交互网络存在差异，如抖音平台与微博平台中意见领袖节点构成的良好拓扑结构的差别较大[3]。

不同平台用户角色功能的一致性进一步体现舆情多平台用户角色功能的联动性。可以利用特定角色功能以达到多平台中此类角色节点的效能联动，进行全网舆情的引导和管控。舆情监管机构可通过识别话题包含的用户角色，根据平台类别选择平台内意见领袖、桥梁节点类角色用户进行信息分发及舆论引导。通过意见领袖角色用户在不同平台中矩阵化发布相同的舆情信息，实现多个平台中关键信息的协同发布，进而借助角色功能实现特定信息的靶向扩散，以增强救助信息、辟谣信息及知识科普类信息的传播效能。

3. 多平台用户角色协作分析

多平台用户角色交互图谱凸显社交网络舆情多平台的异质性，具体表现在不同平台内用户角色协作存在异质性。不同平台均存在角色协作，在角色协作中均存在意见领袖节点和桥梁节点，因平台讨论内容及用户活跃度存在差异，具体担任意见领袖和桥梁节点的用户在不同平台中存在差异。意见领袖节点作为组内信息交互的守门

① Wang H, Xiong L, Wang C, et al. Understanding Chinese Mobile Social Media Users' Communication Behaviors during Public Health Emergencies [J]. Journal of Risk Research, 2022: 1-18.

② Wu Y, Shang Y, et al. Social Network Efficiency of Multiple Stakeholders on Agricultural Drought Risk Governance—A Southern China Case Study [J]. International Journal of Disaster Risk Reduction, 2020, 51: 101772.

③ 王晰巍，李玥琪，邱程程，等. 直播平台用户信息交互行为图谱及特征研究 [J]. 图书情报知识，2021，38（4）：15-26+61.

人，同时作为组外信息交互的结构洞，将社交网络舆情中的信息进行收敛，在网络结构中成为普通网民依赖及信任的节点；桥梁节点通过自身的枢纽作用促成节点间的协作和沟通，形成角色种群间的信息置换生态。对不同平台用户角色协作中的意见领袖和桥梁节点的识别是治理舆情的关键。

同时，不同平台用户角色间的协作机制、协作偏好和协作效能体现平台差异。在协作机制层面，抖音和哔哩哔哩平台由于仅有评论关系，呈现围绕意见领袖的星状及树状信息传播网络。截至"河南7·20暴雨"话题爆发的时间节点，仅有哔哩哔哩平台具有内容共创机制，可以实现节点的协同发声及内容创作。在协作偏好方面，微博表现出群内交互和群外交互的均等性，凸显信息置换和流动的均衡性；而抖音和哔哩哔哩平台群外交互偏好性更强，凸显信息置换的对立性和信息讨论的辩论性。在协作效能方面，微博侧重救助信息发布，抖音、哔哩哔哩侧重现象纪实及辟谣信息发布。因此，根据舆情空间下用户角色协同的平台异质性进行舆情引导的差异化布局，对于防范舆情多平台风险是有必要的。

4. 多平台用户角色转变分析

多平台用户角色转变分析结果凸显社交网络舆情用户角色转变的平台异质性和平台相互影响性。平台异质性在于，首先，在不同舆情周期，不同平台每类用户角色占比不同，用户角色之间的协同也随舆情周期呈现阶段性特征。在蔓延期和衰退期，抖音、哔哩哔哩平台的信息记录者仍然参与舆情讨论，微博用户退出讨论空间，凸显微博交流的即时性、抖音、哔哩哔哩平台舆论讨论的持续性和爆点分散性。其次，舆情周期下不同平台的用户角色转变具有角色转变不同步且分角色类别转变的特点，本质上是由于不同平台信息传播优势不同。哔哩哔哩和抖音更关注信息记录和观点辩论，在舆情演化的后期仍在关注事态的进展及灾后重建的过程。

平台相互影响性体现在，首先，爆发期用户参与话题讨论的活跃度最高，多平台中用户在此阶段积极参与，促进舆情多平台的整体演进。其次，蔓延期和衰退期突发事件危害降低，舆论中更多是资源提供、灾后重建、科普知识等内容，此时处于舆论后发酵环节，抖音和哔哩哔哩仍然进行舆情讨论，存在波动性的舆论热度升高现象，敏感话题的热度聚焦容易再度触发微博平台关于话题舆情的二次发酵，形成多平台舆情发酵的共振。此时根据平台演进具体态势动态实施针对性的舆情用户监管和引导是必要的。

第二节　社交网络舆情多平台群落信息图谱构建与分析

一　社交网络舆情多平台群落信息图谱构建问题的提出

用户发布的信息内容是社交网络舆情中的核心要素，是用户即信息人参与舆情话题的具体表现，能够反映舆情话题演化中的重要观点、话题走势和用户态度。随着多种社交媒体平台的迭代，舆情传播呈现多平台并发性及平台异质性，存在于多平台中的信息内容以不同方式影响网络空间：信息内容本身帮助用户了解即时舆论；信息承载的情感特征影响网民情感表达和观点立场；信息主题的演变影响舆情在多平台的演进态势。对于社交网络舆情发生过程中不同平台的信息内容特征、信息语义的关联挖掘，可以帮助发现各平台主要舆论观点、舆情关注点异同以及整体的舆情发酵的信息特征，是相关机构实现社交网络舆情多平台监测、多维舆情态势感知、危机事件应急管理的关键步骤。因此，对多个平台产生的舆情信息的监测和分析是必要的。

信息群落是信息生态系统的中观层面，群落间的区别本质上是由群落共同表达的信息内容决定的，因此舆情多平台信息群落充分展现了舆情话题的信息特征在不同平台的差异性。

基于此，本节基于信息生态中的信息因子，进行社交网络舆情多平台群落信息图谱的构建与分析。理论层面，构建社交网络舆情多平台群落信息图谱，对舆情的文本挖掘、语义网络构建、情感特征识别的方法进行阐述。实践层面，以本章第一节收集的话题数据及用户角色的分析为基础，进一步挖掘舆情多平台的信息特征，确定网络舆情多平台群落间的信息关联、情感表达和主题演化。结合图谱构建与分析结果进行讨论，为舆情多平台风险识别提供理论参考和借鉴，最终服务于社交网络舆情多平台风险防范。

二　社交网络舆情多平台群落信息图谱构建

1. 社交网络舆情多平台群落信息图谱建模依据

（1）信息种群与信息群落

依据信息生态理论，信息是信息生态系统维持、运行和发展的基础要素，是信息主体之间的"黏合剂"，信息的收集、传播和利用是信息生态系统运行的具体表现。信息生态系统是多层次的独立体系，其中最底层的是具有一定信息特征的信息人。扮演较固定的角色的信息人聚集形成信息种群。信息种群之间围绕某个特定的信息需求或信息资源，通过直接和间接的关系产生信息交互后形成了更大的复合体，即信息群落[①]。信息群落的特点是相对独立，且拥有更加紧密的群落结构，种群之间具有相对独立的信息链[②]。

（2）基于信息因子的舆情多平台群落信息

在舆情多平台的生态系统中，舆情信息是舆情话题下不同平台中用户之间进行交互的主要成果和形式，是舆情话题演进的根本属性。在不同的平台中，平台掌握的舆情信息内容的不同产生了平台内的信息交流，平台间的信息交互彼此独立，形成每个平台不同的信息种群[③]，进一步，种群间产生独立的交互信息链后形成信息群落，不

---

①　周秀云，娄策群. 信息生态群落演替的概念、过程与特征［J］. 情报理论与实践，2011，34（6）：12-14.

②　李红梅，娄策群. 信息生态群落初探［J］. 图书情报工作，2011，55（12）：46-50.

③　张海涛，刘雅姝，张枭慧，宋拓. 基于模块度的话题发现及网民情感波动研究——以新浪微博"中美间贸易摩擦"话题为例［J］. 图书情报工作，2019，63（4）：6-14.

同平台的信息群落组成具有异质性①。舆情多平台信息群落包含的信息内容是平台及群落产生区别的根本特征，展现了社交网络舆情的演进与舆情走势中各平台群落的群体智慧。

2. 社交网络舆情多平台群落信息图谱构建过程

社交网络舆情多平台群落信息图谱构建过程如图 5-5 所示。基于本章第一节的分析结果，根据舆情话题的内容和发展特征确定话题包含的多平台群落，得到多平台群落语料数据集，利用语料数据集构建多平台群落信息图谱并挖掘多平台群落的信息特征。

根据相关研究，本节认为社交媒体平台之间是相互独立的舆论场，每个图谱都是由三个平台的舆情信息内容并列组成的，舆情信息在平台内进行交流和演化。经过对分析舆情信息特征及群体信息特征的文献的阅读②，本节认为多平台群落信息图谱由三部分组成，包括多平台群落语义图谱③、多平台群落情感表达图谱④及多平台群落主题演化图谱⑤。多平台群落语义图谱是从语义的层面提取群落包含的文本特征，采用依存句法分析、语义角色标注规则抽取群落包含的语义三元组，基于语义三元组构建语义图谱发现群落在舆情话题中展现的知识和关注的内容。多平台群落情感表达图谱结合文本情感特征协同分析不同群落用户的情感表达，调用百度 AI 平台情感分析接口对群落文本的情感特征进行识别，通过展示不同情感类别下包含的语义内容进一步发现多平台中的群落情感观点。多平台群落语义图谱和多平台群落情感表达图谱从话题总体性视角分析了网络舆

① 安宁，安璐. 突发公共卫生事件舆情环境下的群体智慧涌现研究 [J]. 情报学报，2022，41（1）：96-106.

② 徐元，毛进，李纲. 面向突发事件应急管理的社交媒体多模态信息分析研究 [J]. 情报学报，2021，40（11）：1150-1163.

③ 邵琦，牟冬梅，王萍，靳春妍. 基于语义的突发公共卫生事件网络舆情主题发现研究 [J]. 数据分析与知识发现，2020，4（9）：68-80.

④ 曾子明，孙晶晶. 基于用户注意力的突发公共卫生事件舆情情感演化研究——以新冠肺炎疫情为例 [J]. 情报科学，2021，39（9）：11-17.

⑤ 马晓悦，薛鹏珍，陈忆金，朱多刚. 社交媒体危机主题演化模型构建与趋势分析 [J]. 图书情报工作，2021，65（13）：77-86.

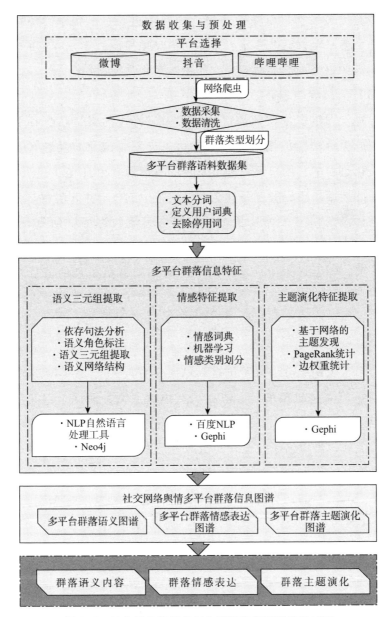

图 5-5　社交网络舆情多平台群落信息图谱构建过程

情多平台群落特有的信息内容，但无法展现时间序列下群落信息内容的转变和演进。因此进一步构建多平台群落主题演化图谱，确定不同舆情周期中多平台的群落信息内容关注焦点及焦点的动态变化，进一步突出多平台群落在舆情演化中的信息特征，揭示舆情话题演进过程中各平台群落及多平台整体的信息规律。最终，对多平台群落信息图谱的语义内容、情感表达和主题演化进行讨论分析。

（1）用户群落划分

在社交网络舆情话题演进的过程中，关注的舆情信息相似且发挥相同的角色功能的用户经过高频信息交互组成用户角色种群。在舆情演化过程中，用户角色种群发布的舆情信息更具有价值、影响力更高。此类用户角色种群是社交网络舆情中的核心用户种群，会对其他角色种群的信息行为及整个社交网络舆情的走势产生重要影响，同时不同的社交媒体平台中重点发挥效能的角色种群类别不同。因此在本节，为了进一步展示不同平台中用户群落呈现的信息特征和群落智慧，将结合本章第一节用户角色种群的聚类结果做进一步划分，并对用户群落进行分析。

（2）语义三元组提取

文本主题挖掘方法主要包括 LDA 主题模型[①②]、共词网络分析[③④]等。基于 LDA 主题模型的方法在识别热点主题方面优于空间向量模型，但受词频影响较大，同时无法挖掘词汇和词汇之间的顺序和语义之间的关联，难以清晰、全面、精准地掌握文本的舆情信息特征。共词网络分析法[⑤]通过构建词汇共现矩阵，基于共现网络进行主题识别，但忽视了词汇之间的位置关系、先后关系和语义关系，容易出现主题之间关联关系的冗余和主题提取的误差。为得到关联清晰、易于识别、重

① 翟姗姗，王左戎，陈欢，潘港辉．会话分析视角下的突发公共事件主题演化研究——以"新冠肺炎疫情"为例［J］．图书情报工作，2022，66（11）：87-99.

② 张柳，王晰巍，黄博，刘婷艳．基于 LDA 模型的新冠肺炎疫情微博用户主题聚类图谱及主题传播路径研究［J］．情报学报，2021，40（3）：234-244.

③ 胡泽文，孙建军，武夷山．国内知识图谱应用研究综述［J］．图书情报工作，2013，57（3）：131-137.

④ 章小童，李月琳．人工智能政策与规划的主题结构：基于主题词共现网络分析［J］．情报资料工作，2019，40（4）：44-55.

⑤ 王连喜，曹树金．学科交叉视角下的网络舆情研究主题比较分析——以国内图书情报学和新闻传播学为例［J］．情报学报，2017，36（2）：159-169.

点突出的主题分析结果，本节决定使用语义三元组提取文本，并基于语义三元组的网络构建方法确定文本的语义及主题特征[1][2]。

　　语义三元组提取方法有很多，如语义角色标注[3]和依存句法分析[4]。研究发现，依存句法分析和语义角色标注相融合的抽取方法对于多宾语的句子更加有效，且多次被用于文本知识三元组抽取过程。本节采用融合方法对语义三元组进行提取。依存句法分析是一种句法分析技术，是指通过分析词语之间的依存关系来描述语法结构的一种框架。依存句法分析认为句子结构是由词法单元之间的关系构成的，句子的各个成分之间都存在着支配与从属的关系（relation），其中处于支配地位的称为核心词（head），处于被支配地位的称为从属词（dependency），核心词和从属词之间存在一种指向关系（relation）。

　　语义角色标注以句子的谓语为中心来分析句子中各个成分与谓语之间的关系。用一种语义角色来描述不同成分和谓语之间的结构关系，可以使文本更加具有机器可读性。基于语义角色标注所确定的"核心词—动作—从属词"结构则能够很好地表示一段文本所要表达的主旨内容，该结构也很好地弥补了仅有关键词而没有语义关系的缺陷。语义角色标注中核心的语义角色包括6种，其含义如表5-5所示[5]。

　　经过上述两个步骤提出本节语义三元组提取规则如表5-6所示。通过依存句法分析和语义角色标注过程提取的语义三元组能够将舆情用户发布的每一条文本内容以〈head, relation, dependency〉的形式进行表示，其中relation是句子中的动作。通过提取得到群落包含

---

①　安宁，安璐. 突发公共卫生事件舆情环境下的群体智慧涌现研究［J］. 情报学报，2022，41（1）：96-106.

②　邵琦，牟冬梅，王萍，靳春妍. 基于语义的突发公共卫生事件网络舆情主题发现研究［J］. 数据分析与知识发现，2020，4（9）：68-80.

③　江腾蛟，万常选，刘德喜，刘喜平，廖国琼. 基于语义分析的评价对象——情感词对抽取［J］. 计算机学报，2017，40（3）：617-633.

④　喻影，陈珂，寿黎但，陈刚，吴晓凡. 基于关键词和关键句抽取的用户评论情感分析［J］. 计算机科学，2019，46（10）：19-26.

⑤　曹树金，闫颂. 基于语义角色信息的科技论文创新段落定位及功能句识别方法研究——以中文情报学领域论文为例［J］. 情报理论与实践，2022，45（11）：1-9+20.

的全部语义三元组，进而对群落共同表达的信息内容进行理解。

表 5-5 文本包含的核心语义角色

标签	含义
A0	施事者
A1	受事者
A2	作用范围
A3	动作开始
A4	动作结束
A5	其他相关动作

表 5-6 语义三元组提取规则

条数	规则内容
规则 1	若语义角色标注输出返回值，则直接获取基于 A0、A1、A2 三种核心语义角色的主谓宾三元组
规则 2	若语义角色标注为空，则依据依存句法分析结果，提取以谓词为中心的语义三元组
规则 2.1	若句子中含有主谓关系及动宾关系，则提取主谓宾三元组
规则 2.2	若句子中仅含有主谓关系，则寻找动补结构或介宾关系，提取主谓宾三元组
规则 2.3	若句子中仅含有动宾关系，则寻找定中关系，提取主谓宾三元组
规则 3	对提取的三元组结果中的主语和宾语进行扩展。根据依存句法分析，发现句子结构中主语或宾语的修饰词，即定中关系，对三元组边界进行补充

（3）文本情感识别

文本情感是指用户在舆情话题中发布的文本内容包含的情感类别，能够反映用户的立场和态度。舆情话题中的情感呈现和分布一方面展示了群落关于舆情话题的立场方面的信息特征，另一方面会影响网络舆情的走势，容易引发次生舆情，产生舆情危机，因此文本情感也是识别网络舆情潜在危机和风险的关键信息要素。对于社交网络舆情中不同平台及不同群落的情感信息的识别，有助于在发现群落情感特征的同时挖掘舆情话题演进的潜在风险要素。

本节旨在快速准确获得文本的情感特征，因此采用百度 AI 开放平台自然语言处理模块提供的情感分析接口对用户文本情感进行识别。百度的情感分析使用情感词典和深度学习方法[①]，同时百度拥有规模庞大的模型训练语料库，模型可用性以及准确性均较高，被熟练用于文本情感识别研究[②③]。通过调用百度 NLP 平台提供的情感分析接口对预处理后的评论文本进行情感识别，输出格式为情感类别（正、负、中）及该情感类别下的置信度。

（4）语义网络构建

语义网络是共词网络的进一步拓展。通过得到的语义三元组关系可直接构建语义网络得到语义图谱。在语义网络中，一个节点代表一个关键词，即语义三元组中的核心词和从属词。节点间的连线和边的粗细表示关键词间的指向关系与强度，同时节点间的连线将保留边的名称以展示节点间的依存关系。语义网络一方面保留了共词网络对于关键词之间的关系、共现强度的展示，同时增强了对节点间的依存关系、语义关系、上下文位置关系的表达，使得网络具有更强的语义特性和主题表达准确性。采用语义网络对群落的信息特征进行拆解分析，是确定群落情感表达和群落关注主题演化规律的基础。

（5）网络分析

网络分析是一种以节点和节点间关系为基本研究对象的方法，通过测度网络的结构参数直观地展示网络中节点之间的关系及网络

① Al-Natour S, Turetken O. A Comparative Assessment of Sentiment Analysis and Star Ratings for Consumer Reviews [J]. International Journal of Information Management, 2020, 54.

② 卢新元，姜元培，张恒，陈肖潇. 问答社区中信息效价与社会支持类型对潜水用户影响研究 [J]. 现代情报，2023，43（1）：29-39.

③ 谭春辉，陈晓琪，梁远亮，李玥澎. 隐私泄露事件中社交媒体围观者情感分析 [J]. 情报科学，2023，41（3）：8-18.

的结构。本节采用网络分析中的关键参数对生成的语义网络结构及网络结构中的重要节点进行分析。对网络整体结构，使用平均聚类系数、平均路径长度、网络直径来确定不同平台中不同群落语义网络的小世界效应。对于网络的"核心-边缘"结构，将采用 K-核分解法进行识别①。对于语义网络中的关键节点，采用 PageRank 算法进行识别②。同时将基于节点 PageRank 值和节点包含的边权重进一步对语义网络中的关键主题进行挖掘。

三　研究设计

1. 平台选择和数据来源

本节沿用本章第一节平台的选择结果进行分析，选择微博、抖音、哔哩哔哩三大平台作为舆情话题的数据来源，进行数据的爬取与收集，通过收集到的数据来分析舆情话题中不同社交媒体平台群落表达的信息特征。

2. 数据采集与清洗

本节继续对三大平台中"河南 7·20 暴雨"话题数据进行采集，重点采集三大平台中用户发布的文本内容。获取平台 API、使用 Python 编写爬虫代码，对 2021 年 7 月 20 日至 2021 年 8 月 14 日"河南 7·20 暴雨"话题下的数据进行爬取。爬取内容的字段包括用户昵称、用户 ID、发布时间、发布原文、转发文本和评论文本内容。收集的原始数据中，微博平台 67238 条、抖音平台 73425 条、哔哩哔哩平台 63423 条。经过数据清洗后，剩余有效数据中微博平台 51846 条、抖音平台 53115 条、哔哩哔哩平台 57358 条，总计 162319 条数据。

---

① 安宁，安璐. 突发公共卫生事件舆情环境下的群体智慧涌现研究 [J]. 情报学报，2022，41（1）：96-106.
② 邵琦，牟冬梅，王萍，靳春妍. 基于语义的突发公共卫生事件网络舆情主题发现研究 [J]. 数据分析与知识发现，2020，4（9）：68-80.

3. 数据处理

（1）多平台用户群落类型划分

本节在本章第一节分析结论的基础上，结合"河南 7·20 暴雨"话题下用户种群展现的用户角色功能特征，对用户群落类型进行进一步划分。将用户群落划分为核心群落和普通群落，划分结果见表 5-7。

表 5-7 "河南 7·20 暴雨"话题用户群落类型划分

群落类别	核心群落	普通群落
微博	Cluster 1、Cluster 3	Cluster 0、Cluster 2、Cluster 4
抖音	Cluster 1、Cluster 2	Cluster 0、Cluster 3、Cluster 4
哔哩哔哩	Cluster 1、Cluster 3	Cluster 0、Cluster 2、Cluster 4

（2）语义三元组提取

先对群落语料库原始数据进行预处理，主要包括数据清洗、停用词过滤及同义词合并。通过 Python 调用 LTP，采用 3.4.0 版本 LTP 模型文件，利用 LTP 语言云平台，完成对微博、抖音和哔哩哔哩平台群落文本数据的分词、词性标注、命名实体识别、依存句法分析、语义角色标注等处理。依据提取规则对语义三元组进行提取，经过清洗无效、重复以及低频的三元组后，三大平台的提取结果及提取的部分实例如表 5-8 所示。

表 5-8 各平台语义三元组提取结果（部分）

平台	类别	统计结果
微博	三元组提取总量	13286 条
	有效三元组数量	7388 条
	实体数量	9374 条
	提取实例 〈head，relation，dependency〉	〈互助信息，愿，平安〉 〈新乡局部地区，出现，暴雨〉 〈河南，发布，红色预警〉 〈人民日报，开通，求助通道〉 〈监测点，超过，300 毫米〉

续表

平台	类别	统计结果
抖音	三元组提取总量	7638 条
	有效三元组数量	3992 条
	实体数量	5063 条
	提取实例 〈head，relation，dependency〉	〈河南，发布，橙色预警〉 〈保险公司，给予，理赔〉 〈这次天灾，带来，财产损失〉 〈水火无情，保佑，郑州父老乡亲们〉 〈钱财，是，身外之物〉
哔哩哔哩	三元组提取总量	22169 条
	有效三元组数量	17377 条
	实体数量	22608 条
	提取实例 〈head，relation，dependency〉	〈方便面厂家，解决，这个问题〉 〈河南人，希望，挺过天灾〉 〈互助平台，需，救援〉 〈7mm 降水量，是，什么概念〉 〈民间自发团结，看到，品质〉

（3）用户文本情感分类及结果

用户情感分类通过 Python 调用百度 AI 开放平台中情感倾向分析功能的接口实现。使用网络请求的方式向百度 AI 接口提交需要处理的评论文本数据，随后百度 AI 开放平台返回处理的参数，包括情感极性分类结果、积极类别的概率、消极类别的概率以及情感倾向分析的置信度。

（4）语义网络绘制

在构建多平台群落语义图谱时，采用 Neo4j 数据库存储并展示不同平台中各群落包含的全部语义三元组。一是从整体视角观察社交网络舆情多平台语义网络的结构，二是进一步对不同平台的核心群落和普通群落语义网络包含的三元组数量及网络结构的属性进行分析和对比。在构建多平台群落情感表达图谱时，为凸显群落情感表达的关键主题特征，决定对语义三元组的呈现进行筛选。在获得不同群落文本语义三元组后，将其导入至社会网络分析工具 Gephi 中。将三元组〈head，relation，dependency〉中的 head 和 dependency 作为网络结构中的头部节点和尾节点，将 relation 作为网络结构中定义节点之间关联关系的边，构建语义网络。进一步采用 Gephi 软件中的 K-核分解法对核心网络进行筛选查询和展示。本节中展示的情感表达图谱过滤的 K 值为 2。

四　数据结果

1. 多平台群落语义图谱

根据多平台群落的划分结果和不同群落语义三元组提取结果，采用 Neo4j 构建的多平台群落语义图谱如图 5-6 所示。在图谱中存储的节点是话题包含的多平台和多平台包含的语义关键词，存储的关系是话题对平台的包含关系、平台间的并列关系、平台对语义关键词的发布关系以及语义关键词之间的指向关系。节点群簇的颜色代表群落的类别。图谱显示，社交网络舆情多平台由多个社交媒体平台的舆论场组成，即多平台群落语义图谱由三部分独立的语义网络并列组成，包括微博、抖音和哔哩哔哩，不同平台的语义表达彼此影响共同作用形成整体的舆情多平台语义表达。多平台群落语义图谱在每个平台的局部语义网络中表现出异质性和共性。异质性体现为各平台语义网络包含的语义三元组数量、呈现的语义内涵及网络的结构参数不同，凸显不同平台掌握关于舆情话题的不同信息资源。各平台语义网络中，核心群落和普通群落包含的语义三元组数量、呈现的语义内涵及网络的结构参数也存在异质性。共性体现为各平台语义网络呈现的信息特征和关注的焦点语义内容存在重合，如"河南""感谢""安全""加油""注意"等舆情信息语义关键词在不同平台中产生交叉；同时各平台中核心群落和普通群落均围绕核心词汇分布，如"河南"产生了较为紧密的网络，表明不同平台用户关注舆情内容的相似性。

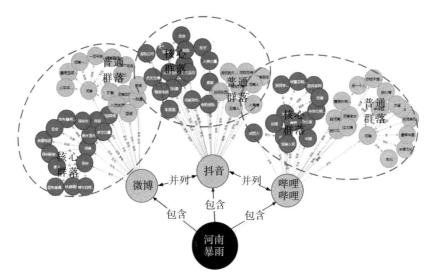

图 5-6　多平台群落语义图谱（附彩图）

　　拆解多平台群落语义图谱得到不同平台语义网络，并分别计算语义网络的结构参数，如表 5-9 所示。哔哩哔哩平台语义网络蕴含的舆情信息语义特征最丰富，是微博语义三元组数量的两倍多，抖音平台的舆情信息语义特征最稀疏，价值密度最低。三大平台语义网络的聚类系数都比较低，即每个平台的语义网络呈现较为分散且比较孤立的格局。微博和抖音语义关键词之间的关联关系相对更加紧密，哔哩哔哩语义关键词之间的关联关系相对分散。对比平台网络直径可知，哔哩哔哩的网络直径最大，微博和抖音平台的网络直径较小，进一步证明哔哩哔哩平台语义内容更加丰富。比较各平台语义图谱中实体的交集可以发现，平台中的实体内容存在交叉，但平台之间的实体集合元素内容差距很大，说明不同平台用户围绕同一舆情话题，关注的焦点有所侧重，平台自身围绕舆情演进拥有着不同的衍生内容。对于各平台语义网络内部结构，微博平台核心群落包含的语义三元组更丰富，而哔哩哔哩平台普通群落包含的语义三元组更丰富，哔哩哔哩平台用户关于话题讨论的内容更具有分散性，语义表达更多元和复杂。抖音平台核心群落和普通群落的语义提取数量比较平均，整体呈现语义表达单一且内容简短的特征。

表 5-9　各平台群落语义图谱参数

群落类别	点数（个）	边数（条）	聚类系数	平均路径长度	网络直径
微博整体	9374	7388	0.002	5.481	16
微博核心群落	6305	4692	0.002	5.706	16
微博普通群落	4029	2944	0.001	2.853	8
抖音整体	5063	3992	0.002	5	16
抖音核心群落	2438	1784	0.001	3.781	10
抖音普通群落	3134	2337	0.002	4.412	12
哔哩哔哩整体	22608	17377	0.001	6.529	17
哔哩哔哩核心群落	8874	6146	0.001	5.431	18
哔哩哔哩普通群落	15558	11503	0.001	6.515	18

2. 多平台群落情感表达图谱

为分析多平台群落展现的情感特征，构建多平台群落情感表达图谱。节点大小代表语义关键词在网络中的重要性，节点 PageRank 值越大，节点越大。为凸显情感表达图谱中群落最关注的核心语义内容，对情感表达图谱采用 K-核分解的方式进行过滤展示，K 值为 2。

微博平台群落情感表达图谱如图 5-7 所示。整体情感呈积极态势，正面情感的占比为 64.9%，核心群落包含的语义三元组数量多于普通群落。中性情感和负面情感的关键词节点形成的网络比较孤立和稀疏，即持有中性和负面情感的用户的语义表达较为分散，正向情感用户的语义内容更加聚集且关联密切。结合图谱节点的 PageRank 值及与节点相连的边权重分析群落关注的焦点主题。核心群落和普通群落发布的观点主题存在交叉。核心群落的语义内容更加复杂且具有价值性，普通群落语义内容更加简短，且围绕核心群落关注的主题展开讨论，衍生新的舆论话题。

抖音平台群落情感表达图谱如图 5-8 所示。整体情感呈积极态势，正面情感的占比为 78.1%，整体包含的语义三元组数量较少，核心群落和普通群落发布的有价值的语义内容数量较为平均，用户偏好发布短文本评论内容。在情感呈现上，与微博平台保持一致，中性和负面情感的关键词网络比较稀疏，与整个语义网络的连接不多。群落关注的主题内容如表5-10所示。与微博相同，抖音平台核心群落和普通群落发布的观点主题存在交叉，普通群落围绕核心群落进行的延伸性的讨论较少，即抖音平台用户对话题的延伸性思考较少。

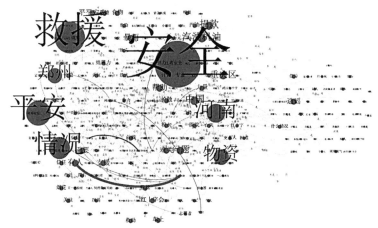

（a）微博核心群落情感表达图谱

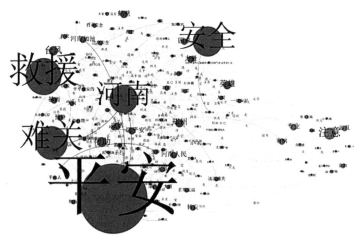

（b）微博普通群落情感表达图谱

图5-7 微博平台群落情感表达图谱

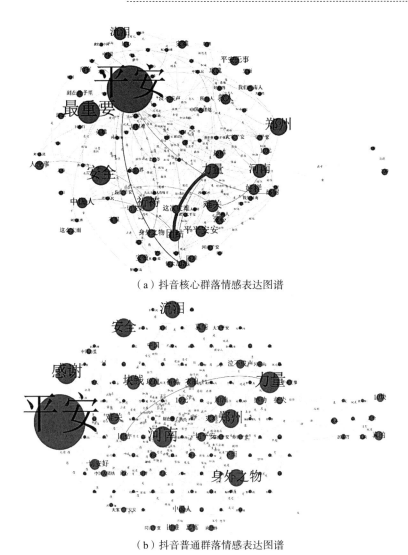

（a）抖音核心群落情感表达图谱

（b）抖音普通群落情感表达图谱

图 5-8　抖音平台群落情感表达图谱

哔哩哔哩平台群落情感表达图谱如图 5-9 所示。整体上平台情感分布均匀，正面情感的占比为 57.6%，负面情感占比明显高于微博和抖音，展现了网民关于河南暴雨事件的争议性。平台包含的语义三元组数量远多于微博和抖音，用户偏好发布更复杂且信息量丰富的长文本舆论观点。在情感呈现上，正面情感语义内容和负面情感语义内容均出现了一定程度的聚集，中性情感内容聚集性不强，与核心语义网络的连接不多。根据表 5-10，可以发现哔哩哔哩核心群落和普通群落的观点主题存在交叉，且相较微博和抖音，哔哩哔哩平台的普通群落用户更多地针对舆情话题进行延展性讨论，且更具有思考的深入和独立性，而并非针对核心用户的观点的复制和转发。

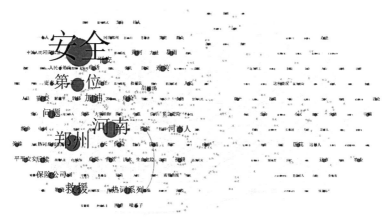

（a）哔哩哔哩核心群落情感表达图谱

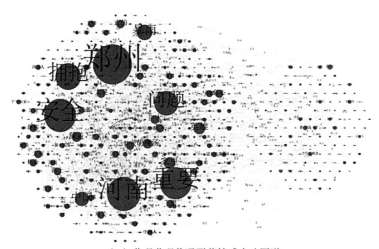

（b）哔哩哔哩普通群落情感表达图谱

图 5-9　哔哩哔哩平台群落情感表达图谱

表 5-10 对三个平台不同群落关注的主题内容进行展示，其中中性文本内容的语义聚集性较弱、数量较少，未予展示。结合表 5-10

及 3 个平台群落情感表达图谱的结果，可以发现各平台在舆情话题中不同群落的情感表达上具有共性和特性。共性在于，核心群落和普通群落的观点主题存在交叉，而普通群落会围绕核心群落的观点进行拓展，其中拓展性最强的为哔哩哔哩平台。对于群落内部的情感特征的挖掘显示，负面和中性主题的语义聚集性要弱于正面主题，即 3 个平台中正面文本内容更容易提炼出有语义的知识。一些主题同时具有正面和负面色彩，说明该事件容易引发网民的观点对立及辩论。同时，3 个平台群落用户在某些主题上表现出了共同的情感特征，如针对"暴雨衍生事件讨论"等表现出相同的负面感情色彩，呈现多平台情感表达的协同格局。特性在于不同平台情感表达不同，哔哩哔哩负面情感表达程度最强；且不同平台关注的主题内容不同，同时关于舆情话题衍生的主题内容也不同，用户针对其也持有不同的情感态度，表明不同平台用户思考视角及信息诉求的差异性。

表 5-10 各平台群落主题挖掘结果

平台	核心群落		普通群落	
	正面	负面	正面	负面
微博	#求助信息发布扩散 #紧急救援行动记录 #救助资源信息共享 #公益救助讨论 #暴雨原因解读分析 #暴雨情况纪实描述 #祈祷河南平安渡过难关	#暴雨造谣话题 #公益救助讨论 #暴雨情况纪实描述 #暴雨衍生事件讨论	#祈祷河南平安渡过难关 #紧急救援行动记录 #救助资源信息共享 #求助信息发布扩散	#暴雨造谣话题 #暴雨衍生事件讨论 #公益救助讨论
抖音	#祈祷河南平安渡过难关 #紧急救援行动记录 #暴雨情况纪实描述 #暴雨衍生事件讨论 #相关科普知识分享	#暴雨衍生事件讨论	#祈祷河南平安渡过难关 #紧急救援行动记录 #暴雨衍生事件讨论 #暴雨情况纪实描述	#暴雨衍生事件讨论 #暴雨情况纪实描述

平台	核心群落		普通群落	
	正面	负面	正面	负面
哔哩哔哩	#暴雨情况纪实描述 #紧急救援行动记录 #暴雨衍生事件讨论 #祈祷河南平安渡过难关 #暴雨原因解读分析 #求助信息发布扩散 #公益救助讨论 #相关科普知识分享 #暴雨造谣话题	#暴雨衍生事件讨论 #公益救助讨论 #暴雨情况纪实描述 #外媒煽动舆论行动	#暴雨情况纪实描述 #紧急救援行动记录 #祈祷河南平安渡过难关 #暴雨衍生事件讨论 #暴雨造谣话题 #相关科普知识分享 #求助信息发布扩散 #暴雨原因解读分析 #国家应急能力讨论	#外媒煽动 舆论行动 #公益救助讨论 #暴雨情况 纪实描述 #暴雨衍生 事件讨论 #求助信息 发布扩散

3. 多平台群落主题演化图谱

为进一步展现各平台群落用户的关注主题在时间序列上的分化、继承及消亡等演化特征，构建多平台群落主题演化图谱，如图5-10所示。沿用本章第一节舆情周期划分标准，分别构建各平台在三个舆情周期的语义网络，使用社会网络分析法和节点中心性方法确定群落在不同时间关注的主题焦点内容，将得到的主题挖掘结果通过主题演化图谱的方式进行展示。其中图谱中平台圈的大小代表主题数量的多少，主题的颜色代表平台对主题的包含属性，蓝色代表微博特有主题、紫色代表哔哩哔哩特有主题、黄色代表抖音特有主题、红色代表抖音-微博共有主题、绿色代表微博-哔哩哔哩共有主题、橙色代表抖音-哔哩哔哩共有主题、白色代表三个平台的共有主题。

由图5-10可知，整体上普通群落语义网络包含的主题内容要多于核心群落，各平台核心群落间关注的主题类别相似度较强、异质性较弱。但各平台普通群落主题类别异质性更加明显。对于核心群落，在不同的舆情周期，各平台关注的主题内容有所侧重：爆发期，抖音、哔哩哔哩侧重关注科普知识，而微博、哔哩哔哩侧重关注"救援信息共享"；蔓延期，只有哔哩哔哩关注外媒舆论、微博关注"救援资源信息共享"；衰退期，哔哩哔哩侧重关注河南印象。另外，一些主题极具继承性，在舆情演进中持续受到网民关注，如"暴雨衍

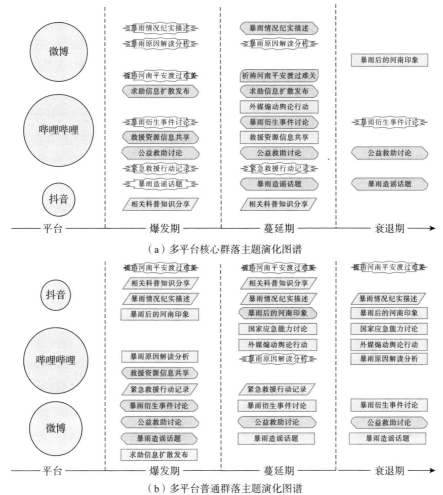

（a）多平台核心群落主题演化图谱

（b）多平台普通群落主题演化图谱

图 5-10　多平台群落主题演化图谱（附彩图）

生事件讨论""公益救助讨论"等话题被持续讨论。这类话题的讨论
热度较持久，容易产生舆情风险。

对于普通群落，经过语义图谱的分周期拆解绘制，可发现一些隐
性主题，如"暴雨后的河南印象"在爆发期，哔哩哔哩平台已经开
始讨论，但在整体的语义图谱中并不突出，进一步印证同一平台不同
群落用户关注焦点的异质性。另外，某些主题继承性极强，是普通群
落用户持续关注的焦点，如"祈福平安""暴雨情况纪实描述""公

益救助讨论"。在普通群落关注主题的周期演化方面，蔓延期和衰退期普通群落中哔哩哔哩及抖音平台用户仍然参与舆情讨论，微博用户退出舆论空间。在爆发期，微博重点关注"求助信息扩散发布"；哔哩哔哩侧重关注河南印象与暴雨原因解读等；进入蔓延期，抖音持续关注救援行动，哔哩哔哩持续关注"暴雨衍生事件讨论""公益救助讨论"等；衰退期，只有哔哩哔哩关注河南印象等主题。

五　讨论分析

1. 多平台群落语义内容分析

社交网络舆情多平台由多个社交媒体平台舆论场组成，多平台的语义表达在不同平台展现其语义内容特性，同时从平台和平台间的语义内容的耦合作用中形成整体的舆论语义表达。首先，语义内容呈现与平台特征有关，微博侧重用户之间的信息实时交互、救助信息共享和信息置换，因此在应急事件中更适宜提供危机沟通、危机交流效能[①]。抖音侧重信息记录、信息发布和信息接收[②]，哔哩哔哩侧重现象纪实和事件讨论，具有强话题衍生分裂性、对话辩论性且语义内容表达丰富，因此抖音和微博相较于哔哩哔哩更适合作为信息公开和政策发布的政府发言载体[③]。其次，各平台表达的语义内容还受到平台用户的知识素养和风险意识的影响[④]，各平台中普通群落围绕核心群落的主题进行延展性辩论和思考，其中哔哩哔哩用户的评论内容延展性更强，微博及抖音延展性较弱，折射出不同平台用户的思考

---

① Zhang X A, Cozma R. Risk Sharing on Twitter: Social Amplification and Attenuation of Risk in the Early Stages of the COVID-19 Pandemic [J]. Computers in Human Behavior, 2022, 126: 106983.

② 毕翔，唐存琛，肖俏. 短视频社交媒介舆情监测与危机防范机制研究 [J]. 情报理论与实践，2019，42（10）：102-108.

③ Iandoli L, Primario S, Zollo G. The Impact of Group Polarization on the Quality of Online Debate in Social Media: A Systematic Literature Review [J]. Technological Forecasting and Social Change, 2021, 170: 120924.

④ Kim J, Park H. A Framework for Understanding Online Group Behaviors during a Catastrophic Event [J]. International Journal of Information Management, 2020, 51: 102051.

视角及内在信息诉求的差异。

　　社交网络舆情多平台的语义表达受到平台间语义表达的耦合作用的影响。多个平台共同关注舆情演进中的个别主题，展开激烈讨论及对话行动，形成围绕关键主题内容的多平台协同发声共同体，进一步提升其在整体多平台舆论场中的舆论热度，形成"1+1>2"的效果。关键主题的多平台共振现象折射出公众利用多个社交媒体平台矩阵化地表达其诉求的现象，主题多与其切身利益相关或能引起强烈共情，这也是相关机构进行舆情疏导及信息公开的关键。不同平台在部分主题上产生了差异化发酵和传播格局，促进社交网络舆情的多平台演进，展现了不同平台用户参与舆情话题的动机差异，同时也展现了不同平台在功能提供环节的垂直分化差异。通过舆情信息资源的差异化传播和发布，形成多平台舆情内容的互补及平台功能的互补，为网民通过多平台参与舆情话题讨论及社会公共治理提供多样的载体选择。

2. 多平台群落情感表达分析

　　不同群落网民在各平台中的情感表达体现了舆情在不同平台的情感异化程度，同时平台间情感表达的交织形成了社交网络舆情多平台情感表达的整体格局。从各平台情感表达结果来看，哔哩哔哩平台用户负面情感占比最高，形成了一定程度的舆论漩涡和情感极化格局。微博和抖音中负面和中性情感的语义表达聚集程度较弱，语义网络稀疏，整体对舆论演进的效能弱于正面情感内容。具体到不同平台的不同群落层面，普通群落的负面情感表达要强于核心群落。由前文分析结果可知，核心群落多数是官方媒体、自媒体等意见领袖，文本表达内容较为官方和客观，而普通群落围绕核心群落展开观点讨论，其文本表达更加碎片化和情绪化，容易产生负面情感聚集效应。对于自然灾害舆情话题，由于灾害事件与用户切身利益相关，社交媒体平台中极易产生负面舆论和话题争议，引发舆情风险。同时，在某些话题的情感表达上多个平台均呈现两面性及极化特性，以"暴雨造谣话题""公益救助讨论"为主,此类主题极易成为网络舆情演化中的次生舆情发酵点。

社交网络舆情多平台的情感表达是多平台情感交织的结果。多平台的情感交织首先表现为不同平台网民关于祈福祝愿、信息共享、救援行动记录等舆情内容,表现出共同的积极情感,形成多平台的情感共同体;以核心群落为中心连接部分普通群落形成平台局部的积极情感小组,进一步通过平台之间的情感扩散的交织影响生成整体的正面案例传播矩阵,扩大正面案例和积极声音的扩散范围和传播效能。对于公益救助、暴雨造谣、暴雨纪实等内容,多个平台网民表现出一致的辩论性和争议性,对此类话题形成的情感极化的格局,折射出公众对于社会现实中公益救助及暴雨衍生事件的不满。在多个平台中,情感极化现象在平台间的蔓延,将导致舆情传播风险多平台的并发态势,加速整体舆情多平台风险的产生。

3. 多平台群落主题演化分析

社交网络舆情的发展态势具有极强的时间依赖性,多平台群落关注的主题内容伴随着舆情的演化而产生和消亡,多平台群落的主题演化存在平台异质性和平台耦合性。多平台主题演化的横向扩散格局凸显多平台用户共同关注的舆情关键问题,舆情在不同平台的纵深演化体现平台用户的差异化诉求,因此同时关注舆情发展中主题的多平台纵深和整体横向扩散格局是必要的。平台异质性体现在,在相同的舆情周期,各平台关注的主题内容各有侧重。受到平台用户素养及用户偏好的影响,不同平台的核心群落关注的主题内容存在一定的相似性,但普通群落关注的主题内容存在较大的差别,且这种差别受平台用户思考视角及思考深度调节。在不同舆情周期,不同平台关注的主题呈现阶段性特征,即主题内容伴随舆情的消亡逐渐减少。进一步,不同平台的核心群落和普通群落关注的主题存在区别,核心群落一定程度上会掩盖普通群落关注的内容焦点。因此,需要对群落用户的文本内容进行拆分监测，以达到对小群体中舆论主题风险点的识别。三大平台群落主题演化的情况本质上体现了平台用户的信息诉求、思维方式及关注焦点的差异，是舆情多平台传播异质性的内在驱动因素。

多平台群落主题之间的耦合性首先表现为随舆情演进网民关注主题类别呈减少趋势，即舆情初期用户关注最多。其次，主题演化中存在主题的扩散、合并、继承和消亡现象。部分主题在不同舆情周期受到多平台中核心群落和普通群落的共同关注，促进多平台舆情话题空间的联合发酵，从而增加该主题衍生舆情风险的概率。社交网络舆情的风险识别和监测需要重点关注此类具有强继承性的主题，防范衍生舆情风险。最后，一些主题单独在特定平台具有强继承性，但容易伴随着舆情演化形成触发机制，带动此主题在其他平台的并发扩散和联动发酵，进一步加大其他平台在舆情衰退的情况下产生二次舆情发酵的可能性。

第三节　社交网络舆情多平台时空特征图谱构建与分析

一　社交网络舆情多平台时空特征图谱构建问题的提出

社交网络舆情多平台的发生具有强烈的时空伴随性，即其演化随时间和空间呈现不同的聚集特性①。时空视域下的用户舆情参与行为对社交网络舆情多平台的演进产生重要影响，产生舆情演化、热度聚集以及舆情事件因果导向等结果②。对舆情多平台的时空特征进行

---

①　Dong L, Zhang J, Huang L, et al. Social Influence on Endorsement in Social Q&A Community: Moderating Effects of Temporal and Spatial Factors [J]. International Journal of Information Management, 2021, 61: 102396.

②　Farnaghi M, Ghaemi Z, Mansourian A. Dynamic Spatio-Temporal Tweet Mining for Event Detection: A Case Study of Hurricane Florence [J]. International Journal of Disaster Risk Science, 2020, 11 (3): 378-393.

分析，一方面可以确定社交网络舆情在时空格局中的演化属性[①]，另一方面可从社交网络舆情时空大数据的结构和异常聚集现象出发，发现舆情话题在不同平台传播扩散的时空异质性以及舆情多平台整体包含的关键城市、空间社团及异常时空聚集点，为社交网络舆情多平台的风险识别从时空分布的视角提供分析基础。

社交网络舆情多平台时空特征图谱的构建与分析，是将多平台中发生的网络舆情映射在现实的时间和地理格局中，从时空关联的视角分析网络舆情多平台演进特征的整体情况及在不同平台中的异同点。

基于此，本节以信息生态中的信息环境因子为基础，进行社交网络舆情多平台时空特征图谱的构建与分析。从理论角度构建社交网络舆情多平台时空特征图谱，对建模依据、构建方法及分析维度进行阐述。实践层面，结合前文收集和分析的"河南7·20暴雨"数据及多平台用户角色、群落信息图谱的分析结论，进一步挖掘舆情多平台信息环境层面的时空规律，以明确社交网络舆情多平台时空网络结构和时空聚集格局，为社交网络舆情多平台的风险识别和风险防范提供信息环境维度的支撑。

二 社交网络舆情多平台时空特征图谱的构建

1. 社交网络舆情多平台时空特征图谱建模依据

（1）信息群落与信息环境

信息环境是除信息人、信息之外与人类信息活动有关的一切自然、社会因素的总和，对信息生态系统的和谐稳定运行起到重要作用。信息生态系统的稳定运行及均衡发展本质上依赖于信息人利用信息技术在信息环境中实现的信息资源的交换。信息生态层级理论认为信息群落是信息生态系统的中观结构，而信息群落的更迭和演

---

① Li S, Liu Z, Li Y. Temporal and Spatial Evolution of Online Public Sentiment on Emergencies [J]. Information Processing & Management, 2020, 57 (2): 102177.

替是在信息环境中完成的，因此信息环境是信息群落进化的宏观环境。信息群落和信息环境之间相互影响及作用，一方面表现在信息群落从信息环境中获取信息资源实现信息交换，进而完成群落自身的进化及成长，另一方面表现在信息群落在融合过程中向信息环境输出信息资源，改变信息环境中的信息布局。

（2）基于信息环境因子的舆情多平台时空特征

在社交网络舆情多平台生态系统中，时空环境是舆情多平台演化的共同环境场所，是舆情生态系统的重要组成[1]。在社交网络舆情多平台生态系统的层级结构中，不同类型的舆情用户角色构成了角色种群，不同角色种群围绕共同舆情信息资源进行的信息交互和共享产生了相对独立的信息链，信息链在不同的平台中连接生成了不同的信息群落。而不同的信息群落在信息环境的作用和影响下进行平台内部的群落间、群落和信息环境间的信息资源交换，进一步实现信息群落的合并、继承、消亡和衍生。分析信息环境包含的具体因素[2]，本节认为多平台的社交网络舆情发生的一定时期，内部环境要素即时空环境对不同平台的信息群落的演化产生重要影响。同时，强调时空环境是信息群落进化对信息环境产生作用的结果，使多平台社交网络舆情的时空特征映射舆情的更迭，因此社交网络舆情多平台时空环境是本节研究的重要对象。

2. 社交网络舆情多平台时空特征图谱构建过程

社交网络舆情多平台时空特征图谱的构建过程如图 5-11 所示。首先，通过网络爬虫对多平台舆情话题的时空数据进行采集及清洗，得到社交网络舆情多平台时空数据集。基于时空数据集，进一步对多平台的社交网络舆情的时间和空间尺度进行划分。

---

①　赖凯声，付宏，晏齐宏，李辉. 地理舆情：大数据时代舆情研究的新路径 [J]. 情报理论与实践，2020，43（8）：64-69.

②　娄策群. 信息生态系统理论及其应用研究 [M]. 北京：中国社会科学出版社，2014.

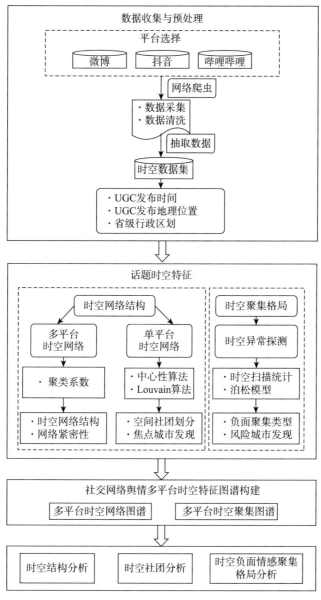

图 5-11　社交网络舆情多平台时空特征图谱构建过程

其次，进一步构建社交网络舆情多平台时空特征图谱，分析社交网络舆情多平台的时空特征。经过文献梳理①②，本节认为社交网络舆情多平台时空特征图谱主要包括多平台时空网络图谱及多平台时空聚集图谱。多平台时空网络图谱是基于网络舆情时空大数据，分别构建多平台时空网络和单平台时空网络确定整体的和不同平台的社交网络舆情的时空网络结构。通过聚类系数，对多平台时空网络结构的紧密程度进行分析，使用中心性算法和 Louvain 算法发现不同平台时空网络中的焦点城市及空间社团。多平台时空聚集图谱是在确定多平台时空网络结构的基础上，采用时空异常探测方法对舆情聚集情况出现的时间和空间进行扫描③，本次异常聚集情况的观测对象是负面舆情，主要观测其聚集的时间和地理位置④。

最后，基于图谱构建结果对社交网络舆情多平台的时空网络结构、时空社团及时空负面情感聚集格局进行分析，发现舆情多平台时空环境的特征及不同平台社交网络舆情在时空环境中的演变趋势和具体规律。

（1）数据预处理

数据预处理主要包括多平台社交网络舆情的时间尺度和空间尺度的划分。采纳本章第一节与第二节的舆情周期划分方式对社交网络舆情的时间尺度进行划分，将舆情话题全过程划分为爆发期、蔓延期和衰退期。对于空间尺度的划分，考虑到收集的二个平台的网络舆情数据中，用户发布舆情信息内容的 IP 地址统计单元的一致性，以省级行政区为单位进行舆情多平台的空间尺度的划分。

---

① 黄仕靖，吴川徽，袁勤俭，夏镜然. 基于情感分析的突发公共卫生事件舆情时空演化差异研究［J］. 情报科学，2022，40（6）：149-159.
② 马晓悦，薛鹏珍. 大数据环境下的信息时空分析与应用研究评述［J］. 情报理论与实践，2020，43（2）：164-170.
③ 阳长征. 网络空间中情感扩散、信息级联与舆论偏差的内生影响效应研究——基于2015—2020 年突发事件面板数据动态分析［J］. 情报学报，2021，40（5）：448-461.
④ 阳长征. 基于 ARCH-SDM 模型的突发事件网络舆论偏差时空内生效应研究［J］. 情报杂志，2020，39（12）：74-82.

（2）时空网络图算法分析

本节主要应用聚类系数、Louvain 算法及中心性算法对多平台及单平台时空网络图谱进行分析。

本节使用节点聚类系数来表征多平台社交网络的紧密程度，为时空网络中的空间社团划分提供支撑。对于节点 i，其局部聚类系数定义见公式（5-4）：

$$C_i(G) = \frac{\text{与点 } i \text{ 相连的三角形数量}}{\text{与点 } i \text{ 相连的三元组数量}} = \frac{2E_i}{k_i(k_i - 1)} \tag{5-4}$$

公式（5-4）中，k_i 表示与节点 i 相连的节点数，k_i 个节点之间最多可能有 $k_i(k_i - 1)/2$ 条边，E_i 表示 k_i 个节点之间实际存在的变数，网络整体的聚类系数可由公式（5-5）来表示：

$$C(G) = \frac{1}{N} \sum_{i \in N} C_i(G) \tag{5-5}$$

本节采用 Louvain 算法识别时空网络结构中频繁交互的空间社团，用来发现在社交网络舆情周期中紧密交互的城市之间的联系。基于空间社团的发现，采用中心性算法中的度中心性算法及 PageRank 算法对空间社团中的意见领袖城市进行发现。

（3）时空异常探测

时空异常探测是地理空间大数据挖掘的典型研究方法，目的在于从庞大的时空数据集中发现潜在的偏离时空演化规律的关键对象，该方法被广泛应用于流行病在空间中的传播演变以及城市安全轨迹的数据聚集分析等。其中时空扫描统计（space-time scan statistic）是时空异常探测的有效分析方法，能够揭示地理空间要素聚集区域随时间的变化规律，与常用的空间自相关分析相比，能更精确地对时空交互聚集性进行定位。本节时空异常探测的对象是社交网络舆情中的负面情感聚集情况，目的在于确定不同平台中负面情感聚集的时间和地理位置。

因此，基于本章第二节对用户发布内容情感分析的结果，进一步挖掘负面情感在时空环境中的聚集格局[①]。选用时空扫描统计方法对多平台的社交网络舆情的全生命周期进行扫描，监测负面舆情在整个社交网络舆情演进中出现的聚集区，寻找在统计学上有意义的异常时空聚焦点，利用时空大数据对易引发舆情二次发酵的负面舆情敏感时空节点进行发现并实现早期预警。在分析过程中，用对数似然比统计量（LLR）来评估扫描窗口是否包含聚集区，用相对风险值（RR）表示聚集区相对于聚集区域以外的负面聚集地区的风险程度。对数似然比和相对风险值公式如下。

对于某一特定窗口，似然函数为：

$$\left(\frac{c}{n}\right)^{c}\left(\frac{C-c}{C-n}\right)^{C-c}I(c>n) \tag{5-6}$$

对数似然比为：

$$LLR = c \times (C-c)\log_{10}\left(\frac{C}{n}\right) \times \left(\frac{C-c}{C-n}\right) \tag{5-7}$$

其中，C 为总案例数，c 为窗口内案例数，n 是基于无效假设由协变量校正过的预期发病数，$I(c>n)$ 为 0-1 指示变量，当窗口内实际案例数高于预期案例数时，I 取 1，反之取 0。对于每一个窗口，都计算似然函数，然后寻找所有地点所有大小的窗口中最大的似然函数值，此处即为最有可能聚集的区域，也是最不可能由随机变异造成聚集的区域[②]。

$$RR = \frac{C_{c}/E(C_{c})}{(C_{T}-C_{c})/(E(C_{T})-E(C_{c}))} = \frac{C_{c}/E(C_{c})}{(C_{T}-C_{c})/(C_{T}-E(C_{c}))} \tag{5-8}$$

其中，C_{c} 为聚集区域内的实际案例数，C_{T} 为总案例数；$E(C_{c})$ 为聚集区域内案例预期值；由于该分析是基于实际案例数据，所以 $E(C_{T}) = C_{T}$。

[①] 翟羽佳，过南杉，阎嘉琪．突发公共卫生事件中虚假信息的时滞性扩散与情感关联分析［J］．情报科学，2021，39（5）：62-69.

[②] 徐勇，吕露，张萌等．基于地理信息平台的传染病时空聚集性分析与实现［J］．中国卫生信息管理杂志，2019，16（5）：532-536+551.

三 研究设计

1. 平台选择与数据来源

本节继续使用第五章第一、第二节的平台选择结果进行分析,选择微博、抖音、哔哩哔哩三大平台作为数据来源,对不同平台的时空数据进行爬取与收集,通过对收集到的数据的分析,来确定舆情话题中不同社交媒体平台及舆情多平台整体展现的时空环境特征。

2. 数据采集与清洗

本节继续对三大平台中"河南 7·20 暴雨"话题数据进行采集。本节重点采集在三大平台中用户发布信息的时间信息和地理位置信息。获取平台 API,使用 Python 编写爬虫代码,对 2021 年 7 月 20 日至 2021 年 8 月 14 日"河南 7·20 暴雨"话题下的数据进行爬取。爬取内容的字段包括用户昵称、用户 ID、转发及评论发布内容、发布时间及 IP 地址。收集的原始数据中,微博平台 67238 条、抖音平台 73425 条及哔哩哔哩平台 63423 条。经过数据筛选、删除缺失数据等数据清洗步骤后,剩余有效数据中,微博平台 51846 条、抖音平台 53115 条、哔哩哔哩平台 57358 条,总计 162319 条数据。

3. 数据处理

(1)舆情话题时间和空间尺度划分

参照本章前两节的做法,将"河南 7·20 暴雨"话题的时间尺度按照舆情周期进行划分,主要包括爆发期(2021/7/20—2021/7/23)、蔓延期(2021/7/24—2021/7/28)和衰退期(2021/7/29—2021/8/14)三个阶段。在空间尺度的划分上,对于国内的参与用户,按照各平台舆情参与用户的 IP 地址进行划分,整体上包括 23 个省、5 个自治区、4 个直辖市和 2 个特别行政区。并且在后续的时空异常探测分析中,以省级行政区省会(首府)所在地的经纬度数据,作为省级行政区的地理位置代表和分析依据。国外地区统一划分为其他。

（2）多平台时空网络图谱构建

多平台时空网络图谱包括多平台时空网络及单平台时空网络两个部分。通过对多平台时空数据集进行处理，获得节点、节点之间的关系及节点属性后，将其导入 Neo4j 数据库，构建多平台时空网络图谱，进一步通过图算法对舆情多平台整体的时空网络结构和网络紧密程度进行分析。同时为进一步分析不同平台时空网络中的意见领袖城市、空间社团和地理格局，采用 Gephi 软件中 Geo layout 布局算法对不同平台的时空网络结构进行拆解分析。Geo layout 布局算法使用经纬度坐标来标记网络上的节点位置，将社交网络舆情内容映射在地理空间布局中进行计算，得到城市之间的关系和城市在网络中的位置。

（3）多平台时空聚集性分析

在确定社交网络舆情多平台时空网络结构的基础上，采用 SaTscan 10.0.2 软件，建立离散泊松（Poisson）概率模型对多平台负面舆情聚集情况进行时空扫描统计。社交网络舆情多平台中的负面情感数量及负面情感出现的时间将沿用本章第二节的情感分析结果。其中将每个省份负面情感用户数作为负面舆情发生的案例数，将每个省份参与社交网络舆情的用户数作为案例背景人口数据。将最大空间扫描窗口设置为风险人口数的 25%，默认最大时间扫描窗口设置参数，输出在此参数下的时空交互性聚集结果。通过在笛卡尔坐标系中绘制时空扫描结果的时空聚集情况获得多平台时空聚集图谱，发现多平台中负面情感聚集的风险点。

四　数据结果

1. 多平台时空网络结构

"河南 7·20 暴雨"话题的社交网络舆情多平台时空网络图谱如图 5-12 所示。在图谱中存储的节点是话题包含的多平台和多平台中网络舆情扩散的地理位置，存储的关系是话题对平台的包含关系、平台间的并列关系、平台对地点的发布关系和地点之间产生评论转发交互的社会网络关系。节点之间群簇的颜色代表节点处于话题发展的不同舆情周期。图谱结果显示，社交网络舆情由多个社交媒体平台的舆论场并列组成，舆论场之间存在相互影响，即图谱由三部分独立的时空网络组成，分别包含微博、抖音和哔哩哔哩。不同平台时空网络中，不同舆情周期内的空间交互存在紧密和稀疏的区别，且不同周期中均存在以某个城市为核心节点的扩散拓扑结构。一些地区是舆情传播源头，例如，微博舆情全周期中的河南、北京，抖音蔓延期的四川以及哔哩哔哩衰退期的四川；一些地区是舆情信息受众，例如，微博蔓延期的云南、宁夏，抖音爆发期的宁夏、河北以及哔哩哔哩爆发期的黑龙江、广西等；但不同周期和不同平台网络中的核心节点城市不同，即在不同平台中关于舆情话题的用户讨论在地理空间位置上存在侧重。为进一步确定不同平台网络中时空网络联系的紧密程度，采用聚类系数对多平台时空网络的结构进行分析。

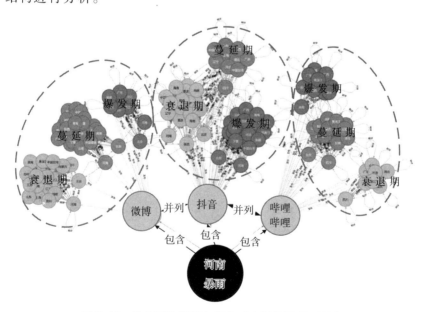

图 5-12　社交网络舆情多平台时空网络图谱（局部）

　　社交网络舆情多平台时空网络聚类系数分析结果如表 5-11 所示。局部聚类系数为 1 的节点代表这类节点的所有相邻节点都是彼此的相邻节点，围绕其形成的网络社区非常紧密。局部聚类系数为 0 的节点代表该节点的相邻节点都只与这一个节点相连但彼此之间互不相连，即此类节点是其他节点唯一相连的节点，代表此节点是比较孤立的网络边缘节点。本节重点关注不同平台网络的紧密程度以及在平台中起到关键作用的城市节点，因此需要关注不同平台整体的平均聚类系数和局部聚类系数较低的节点。对于各平台的平均聚类系数来说，值越高，表明围绕话题讨论的空间城市越紧密，因而互联性和聚集性越强。

表 5-11　社交网络舆情多平台时空网络聚类系数分析结果

平台（平均聚类系数）	舆情周期（平均聚类系数）	地区	局部聚类系数	平台（平均聚类系数）	舆情周期（平均聚类系数）	地区	局部聚类系数
微博（0.7947）	爆发期（0.7760）	海南	0.3439	抖音（0.7031）	爆发期（0.7919）	江苏	0.5258
		浙江	0.3116			山东	0.5258
		河北	0.2804			河南	0.5092
		河南	0.2139			四川	0.5092
		北京	0.1802			贵州	0.5092
	蔓延期（0.7828）	浙江	0.5		蔓延期（0.7199）	江苏	0.5824
		北京	0.0666			广东	0.5033
		河南	0.0487			北京	0.4286
						陕西	0.2139
						四川	0.2017
	衰退期（0.8396）	北京	0.0761		衰退期（0.5974）	广东	0.5250
		河南	0.0761			江苏	0.5165
						陕西	0.4583
						福建	0.2989
						河南	0.1950

续表

平台 （平均聚 类系数）	舆情周期 （平均聚 类系数）	地区	局部聚 类系数	平台 （平均聚 类系数）	舆情周期 （平均聚 类系数）	地区	局部聚 类系数
哔哩哔哩 （0.8210）	爆发期 （0.8148）	河南	0.5815	整体 （0.7647）	爆发期 （0.7939）	—	
		上海	0.5815				
		山西	0.5815				
		北京	0.5815				
	蔓延期 （0.8421）	上海	0.6391		蔓延期 （0.7817）	—	
		四川	0.6174				
		陕西	0.6117				
		安徽	0.5865				
		河南	0.5580				
	衰退期 （0.8060）	广东	0.5517		衰退期 （0.7378）	—	
		四川	0.4811				
		上海	0.4792				
		北京	0.4563				
		河南	0.4303				

　　整体的聚类系数为0.7647，说明社交网络舆情多平台时空网络结构整体是较为紧密的。具体到不同平台，哔哩哔哩的平均聚类系数最高、抖音最低，说明哔哩哔哩平台的空间交互网络更加紧密，交流更为密切。不同平台不同时间尺度下的聚类系数存在波动，但基本比较平稳，也就是说，网络结构的聚集性在不同舆情周期是比较均衡的，但抖音衰退期的网络结构的聚集性明显下降，即衰退期抖音关于网络舆情的空间交互变得较为稀疏。

　　从每个节点的局部聚类系数来看，局部聚类系数较低的城市是社交网络舆情在时空扩散中的结构洞，此类城市充当多个城市之间彼此连接的中间节点，起到舆情传递作用。微博的桥梁城市为北京、河南等；抖音的桥梁城市为河南、四川、福建等；哔哩哔哩的桥梁城市为河南、北京、山西等。大量社交网络舆情的核心资源和重要观点在此类城市收敛并向其他边缘城市扩散，此类城市成为影响社交网络舆情走向的关键城市。

2. 多平台时空社团分布

为进一步发现不同平台时空网络结构中的时空社团分布及核心城市，对多平台时空网络图谱进行拆解分析。如图15-13至图15-15所示，在舆情发展的不同周期，社交网络舆情围绕意见领袖城市呈现扩散拓扑结构，同时存在多个由频繁交互城市组成的空间社团。

微博平台时空网络结构图谱如图5-13所示。爆发期空间社团最多有5个，蔓延期、衰退期空间社团数减少为2个。爆发期舆情交互内容更丰富、交互网络更复杂，更容易围绕舆情话题产生小世界的局部地区讨论传播效应。蔓延期和衰退期的分组讨论效应伴随话题热度的下降而下降，空间社团的分组趋向合并和统一。爆发期呈现以北京为焦点的空间扩散格局，紧密围绕北京产生强交互的城市为河南、广东、江苏。蔓延期的核心城市为河南，强交互城市为广东、江苏、浙江。衰退期的核心城市为北京，强交互城市为河南、浙江、广东、四川。微博平台整体呈现以"北京—河南—广东"为中心的舆情扩散空间格局。

抖音平台时空网络结构图谱如图5-14所示。爆发期空间社团最多有5个，蔓延期和衰退期空间社团减少。衰退期抖音的空间社团数量要多于微博，说明抖音衰退期的小世界局部地区交互效应要强于微博平台。抖音爆发期的核心城市以四川、河南为主。围绕河南的强交互城市为广东、江苏、浙江、山东；围绕四川的强交互城市为广东、江苏、山东、浙江。蔓延期的核心城市为四川、陕西。围绕四川、陕西的强交互城市为广东、山东、江苏、安徽。衰退期的核心城市为河南，围绕河南的强交互城市为广东、山东、江苏。抖音平台形成以"四川—河南—陕西"为中心的舆情扩散空间格局。

哔哩哔哩平台时空网络结构图谱如图5-15所示。在3个舆情周期中，空间社团数量比较均衡且数量均较多，说明哔哩哔哩平台关于舆情话题的讨论内容随着舆情周期的演变呈现地域聚集的小组讨论

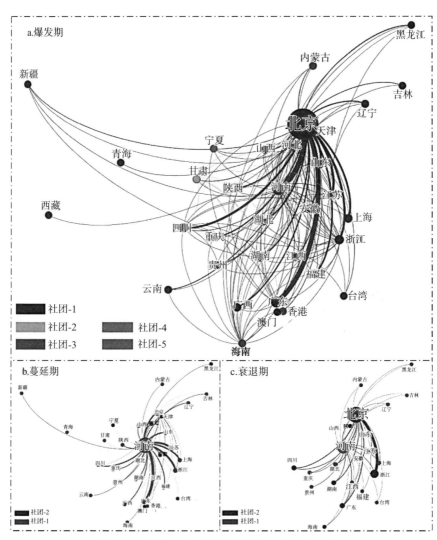

图 5-13　微博平台时空网络结构图谱（附彩图）

格局，分块聚集属性要强于微博和抖音，也反映出哔哩哔哩平台包含的交互关系要比微博和抖音平台更复杂。爆发期围绕北京、上海、河南形成舆情扩散的交互格局。围绕北京、上海的强交互城市为广东、江苏、山东、浙江。蔓延期呈现以四川、河南、安徽为核心的舆情扩散格局。围绕四川、安徽的强交互城市均为广东、江苏、山东、浙江；围绕河南的强交互城市为广东、浙江、四川、山东。衰退期形成

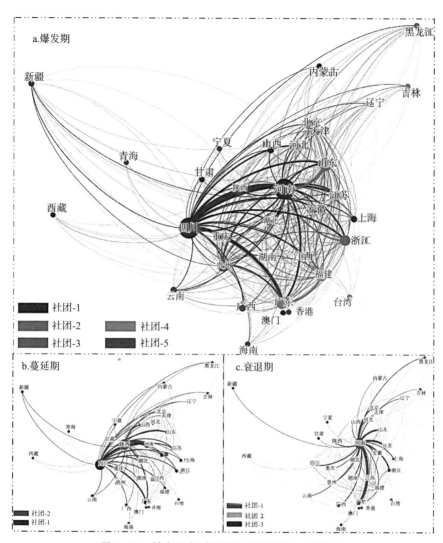

图 5-14 抖音平台时空网络结构图谱（附彩图）

以北京、上海、河南、广东为核心的舆情扩散格局，围绕其的强交互城市为广东、河南、江苏、山东、浙江等。哔哩哔哩平台形成以"北京—上海—河南—四川"为中心的舆情扩散空间格局。

可以发现尽管意见领袖城市在不同平台中有所区别，但是三个平台中的意见领袖城市主要是北京、广东、江苏、山东、浙江等，也就是说，网络舆情多平台的空间扩散格局一部分取决于话题事件发

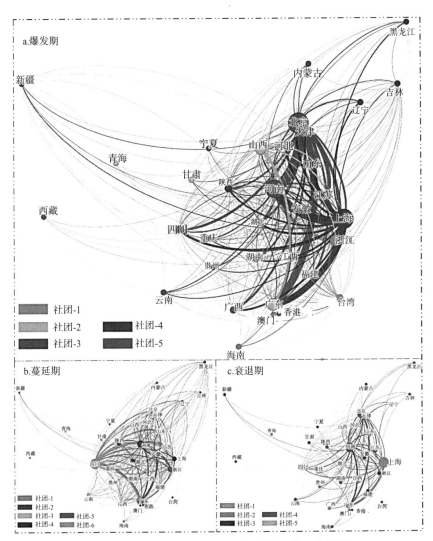

图 5-15 哔哩哔哩平台时空网络结构图谱（附彩图）

生地"河南"，一部分取决于不同城市网民的舆情参与意愿。苏浙沪京粤等区域包含大量的自媒体意见领袖，其更愿意在社交网络舆情的传播中发表个人观点，对其他网民产生影响，达到网络舆情在全国扩散的结果。

3. 多平台时空聚集格局

进一步分析多平台社交网络舆情的负面情感聚集情况，具体的聚集可能性及聚集的程度见表 5-12。以聚集发生的可能性 LLR 值对聚集类别进行划分，LLR 值最高的为一类聚集区。微博、抖音和哔哩哔哩均存在 3 类具有统计学意义的负面情感聚集区域。其中，微博、哔哩哔哩平台的负面情感更可能出现聚集发酵现象。观测聚集地区的 RR 值发现，微博平台负面情感聚集程度最深，与本章第二节的分析结果对比可知，微博负面情感占比少于哔哩哔哩平台，但微博的负面情感在局部地区出现显著聚集效应。这说明舆情风险的发生一方面受负面情感数量的影响，另一方面受负面情感的地理位置聚集密度的调节。负面情感占比大说明负面情感传播范围广，但负面情感并不一定高度聚集，而负面情感占比少，却有可能在局部地区产生高度聚集，从而引发舆情危机。

从时间聚集结果来看，三个平台在爆发期均可能出现负面情感的高度聚集。抖音在衰退期以及哔哩哔哩在全程均出现负面情感的聚集现象。这与抖音和哔哩哔哩平台原创内容的分发特性有关，微博平台原创内容分发时间相对集中，但抖音和哔哩哔哩原创内容的传播和发酵时间分散。从聚集的地理位置来看，微博和哔哩哔哩中负面情感出现的地理位置是一致的，以河南、北京、福建为中心向外辐射扩散；且三个平台中河南所在聚集区域的 RR 值均最高，表明河南所在聚集区负面情感的聚集程度更高。抖音呈现以山西、江苏和广东为核心的负面情感聚集格局。

表 5-12　多平台时空扫描统计结果

平台	聚集分类	聚集时间	聚集区域	LLR 值	RR 值	P 值
微博	一类聚集区	2022.7.20—2022.7.22	浙江、上海、江西、福建、广东	4900.15	17.57	<0.01
	二类聚集区	2022.7.20—2022.7.22	黑龙江、吉林、辽宁、内蒙古、北京、天津、河北、山东	3947.32	16.87	<0.01
	三类聚集区	2022.7.20—2022.7.22	河南、湖北、重庆、陕西、湖南	3924.70	20.35	<0.01

续表

平台	聚集分类	聚集时间	聚集区域	LLR 值	RR 值	P 值
抖音	一类聚集区	2022.7.21	河南、山东、江苏、安徽、浙江、上海	877.78	8.97	<0.01
	二类聚集区	2022.7.21	云南、贵州、湖南、广东、江西、广西、海南	842.78	8.81	<0.01
	三类聚集区	2022.7.29	北京、天津、河北、陕西、山西	773.02	7.82	<0.01
哔哩哔哩	一类聚集区	2022.7.21—2022.7.30	浙江、上海、江西、福建、广东	2499.64	3.80	<0.01
	二类聚集区	2022.7.21—2022.7.30	黑龙江、吉林、辽宁、内蒙古、北京、天津、河北、山东	2005.68	3.32	<0.01
	三类聚集区	2022.7.20—2022.7.22	河南、湖北、重庆、陕西、湖南	1291.97	4.30	<0.01

五 讨论分析

1. 多平台时空网络结构分析

社交网络舆情多平台的传播在时空环境中的映射并不随机，不同平台的舆情信息在时空网络中有规律地传播和扩散，舆情在多平台中的时空网络结构呈现平台异质性和平台间的关联性。通过对社交网络舆情多平台时空网络结构的分析，能够挖掘舆情发展过程中不同用户的信息活动变化及用户行为在时空地理格局中的潜在关联。首先，社交网络舆情多平台时空网络结构平台异质性。同一话题下，不同平台时空网络聚集程度不同，哔哩哔哩具有最强的网络聚集性，抖音网络聚集性最差。其次，不同平台中发挥结构洞功能、收敛舆情信息的桥梁城市不同，桥梁城市的分布一方面受到平台用户群体所处的地理位置影响，另一方面受到平台用户身份的影响。由本章第一节分析结果可知，在舆情传播过程中积极参与舆情讨论的用户往往是官方媒体和自媒体等用户，映射在空间格局中表现为一些城市中有大量中介用户积极参与网络舆情话题的讨论，这些城市作为受灾地区和边缘城市之间沟通的桥梁，能够扩大社交网络舆情的传播范围[①]。桥梁城市对于社交网络舆情的演进具有较强的链接效能，利用此类桥梁城市可以快速发挥突发事件危机沟通环节中的城市网域链接功能和城市矩阵化协同的舆情引导效能。

社交网络舆情多平台时空网络结构的平台间关联性体现在，不同平台的时空网络中均存在舆情信息收敛城市和舆情信息接收城市，舆情信息可经过收敛城市通过城市之间的吸引力和频繁交互扩散到信息接收城市。不同平台中存在共同的舆情信息收敛城市，以北京、河南、广州为例，此类地区掌握着舆情的核心信息资源。多个平台的舆情信息在同一地区汇聚，使其成为舆情发酵和信息分发的关键地区，同时该地区也成为相关机构舆情监管和引导的重要对象。社交网络舆情多平台整体在时空格局中的扩散程度和网络紧密程度在整个舆情周期演化中较为平稳，空间的交互伴随着区域用户的信息需求而产生，交互的人数伴随着舆情演化可能会逐渐变少，但不同平台舆论场的交互网络始终是紧密的，都呈现小世界网络的分区域聚集特征，也进一步说明社交网络舆情多平台是由多个局部舆情讨论空间组成的，具有区域分块聚集性。

2. 多平台时空社团分析

社交网络舆情多平台时空社团的发现进一步验证社交网络舆情在不同平台间的异质性和关联性。在多平台的异质性层面，尽管不同平台都围绕特定城市形成了发散式交互的空间社团格局，即都存在频繁互动的意见领袖城市和边缘城市，但不同平台意见领袖城市受到平台特征和平台用户地理位置的调节。在不同平台中起舆情引导、

---

① Zhu B, Zheng X, Liu H, et al. Analysis of Spatiotemporal Characteristics of Big Data on Social Media Sentiment with COVID-19 Epidemic Topics [J]. Chaos, Solitons & Fractals, 2020, 140: 110123.

观点引领的城市不同，进而产生平台舆情监管的差异化重点关注对象。不同平台的空间社团组成不同，社团分布的结果本质上取决于不同平台掌握的舆情信息资源的差别及平台用户地理位置的差异。哔哩哔哩平台用户观点丰富，更容易围绕舆情话题展开衍生讨论，产生局部地区之间密切交互的空间社团分组，这类平台成为网络舆情监管的重点关注对象。

在社交网络舆情多平台时空社团的平台间关联性层面，首先，不同平台中的多个时空社团都存在意见领袖城市，而不同平台的意见领袖城市存在交叉，意见领袖城市往往包含多个舆情话题中的意见领袖用户，相同的意见领袖用户在不同平台依靠其粉丝基础和影响力对普通用户产生影响，进而形成以意见领袖城市为中心的辐射扩散格局。其次，社交网络舆情多平台整体的空间社团数量变化呈现爆发期居多、蔓延期和衰退期减少的格局。由本章第二节分析结果可知，爆发期的话题讨论维度丰富，围绕话题的主题社区较多且出现了关键用户在多个平台矩阵化发布救助信息、科普知识等的现象，促进信息的多平台传播并提升了传播效能，导致爆发期空间社团的数量最多。而随着舆情事件的演进，后期话题空间中的信息内容出现明显的衰减效应，并出现由舆情主题数量骤减导致的空间社团融合现象，且空间社团融合结果也体现出不同平台的差异性和平台内城市交互的偏好，如衰退期哔哩哔哩空间社团数量依然较多，因受到平台内容分发机制和内容类型影响，哔哩哔哩平台的舆情传播具有更强的持续性和拓展性。

3. 多平台时空聚集分析

对多平台社交网络舆情负面情感聚集的时空异常探测分析发现，针对自然灾害类舆情事件，负面情感十分容易在多平台传播过程中出现时空聚集效应[①]，多平台负面情感聚集格局呈现平台间异质性和

---

① 张楠楠，邓三鸿，王昊，姚思瀚. 公共卫生事件舆情的地区差异及其情感测度——以新冠肺炎疫情为例 [J]. 情报科学，2022，40（9）：123-129.

平台间关联性。在平台间异质性方面，不同平台负面情感聚集的时间节点不同，微博聚集时间节点集中，哔哩哔哩和抖音聚集时间节点分散，聚集时间节点的区别本质上受到不同平台功能和内容分发方式的影响。抖音和哔哩哔哩平台主要发布以视频为主的舆情信息，相较微博的博文传播模式更容易产生多个衍生舆情爆点，导致负面情感聚集的时间分散且时间延长。不同平台负面情感空间聚集点不同，其中微博和哔哩哔哩空间聚集点相同，抖音不同。空间聚集点一方面受到舆情事件起源地影响，另一方面受到平台用户地理位置和用户信息交互偏好的影响。多平台负面情感的时空聚集点的差异，进一步验证舆情多平台传播的内在多样性和复杂性。

在平台间关联性方面，舆情多平台的时空聚集格局受到同一时间和空间尺度下多平台负面情感的影响。在时间层面，每个平台的负面情感聚集主要发生在爆发期①，这一时间节点下负面情感在平台间相互作用和联动发酵，随时间推移用户情感越来越趋向积极。在灾害的初始阶段，民众对于灾害事件信息掌握得不全面，更多关注求助人群、灾害场景描述等信息，同时伴随大量恐惧和未知的情感，随着应急救援行动的展开，灾害事件态势逐渐明朗，用户情感逐渐走向积极②。在空间层面，首先，围绕核心受灾地区，负面情感在不同平台均出现聚集现象，以受灾地区为中心呈现圆形辐射式聚集态势。不同平台的负面情感在同一空间聚集，进一步加深该地区用户对于负面舆论的认同感。其次，受到自然灾害话题的影响，与未受灾用户相比，受灾地区的用户负面情感聚集的程度更加高，其他城市也受到负面情感的传染③，反映出情感传递在空间中的"涟漪效应"，即越接

---

①　赵晨阳，张鹏，王娟，夏一雪．共生视角下网络舆情中公众情感的演化及趋势预测［J］．情报理论与实践，2022，45（7）：148-157．

②　李纲，陈思菁，毛进，谷岩松．自然灾害事件微博热点话题的时空对比分析［J］．数据分析与知识发现，2019，3（11）：1-15．

③　徐元，毛进，李纲．面向突发事件应急管理的社交媒体多模态信息分析研究［J］．情报学报，2021，40（11）：1150-1163．

近灾害事件的中心区域，人们对灾难事件的负面情绪越高；而离灾害事件较远的西北部地区，负面情感数量较少且密度低，基本不存在负面情感聚集的现象①。

---

① 周建，刘炎宝，刘佳佳. 情感分析研究的知识结构及热点前沿探析 ［J］. 情报学报，2020，39（01）：111-124.

第三篇

对策篇

第六章

大数据驱动的社交网络
舆情生态性评价

第一节　社交网络舆情生态性评价指标体系构建

本节基于信息生态视角，遵循目的性、系统性、全面性和可操作性原则，从信息环境、信息人、信息和信息技术四个维度构建社交网络舆情生态性评价指标体系，见表6-1。

一　信息环境维度

信息环境维度下的一级指标包括网络社群互动（B_1）和网络社群服务（B_2）。其中，网络社群互动是不同主体之间进行信息互动的主要形式，下设的二级指标包括网络社群信息交流（B_{11}）和网络社群信息推送（B_{12}）。网络社群是社交网络中的群体单位，而网络社群信息交流，可以满足网络社群中用户的信息需求，并提高其信息素养[①]。网络社群信息推送反映了网络社群的基础环境，利用舆情用户之间的社群属性，选择性地对网络社群进行信息推送，不仅可以避免推

[①] 张长亮，李竟彤，郭宇. 网络社群用户信息共享模式研究［J］. 现代情报，2020，40（4）：59-70.

送阻塞或推送风暴，而且可以提升舆情用户对推送内容的信任度[①]。

网络社群服务是进行信息交流与共享的基础保障，下设的二级指标包括网络社群线上线下融合（B_{21}）、网络社群成员归属感（B_{22}）和网络社群监管与治理（B_{23}）。社交网络舆情信息的交流与共享不仅仅依赖高效率的信息交流和高质量的信息推送，线上和线下活动的配合同样有利于满足网络社群中用户对于信息的需求。网络社群可看作利益倾向性趋同的个体用户在虚拟空间聚集、互动的场所，归属感是维系网络社群中用户持续互动的重要纽带，是加强用户间互动、参与、交流和情感投入的重要因素[②]。建立和完善网络社群监管与治理机制可以净化网络环境，从而实现网络社群的健康可持续发展，其中包括政策法律的制定以及社群环境的治理[③]。

表 6-1　社交网络舆情生态性评价指标体系

维度	一级指标	二级指标
信息环境	网络社群互动（B_1）	网络社群信息交流（B_{11}）
		网络社群信息推送（B_{12}）
	网络社群服务（B_2）	网络社群线上线下融合（B_{21}）
		网络社群成员归属感（B_{22}）
		网络社群监管与治理（B_{23}）
信息人	舆情用户信息素养（B_3）	舆情用户信息表达能力（B_{31}）
		舆情用户信息沟通能力（B_{32}）
		舆情用户信息理解能力（B_{33}）
	舆情用户参与动机（B_4）	职责权利（B_{41}）
		自我提升（B_{42}）
		互惠主义（B_{43}）
		利他主义（B_{44}）

① 张柳，王晰巍，黄博，等．基于 LDA 模型的新冠肺炎疫情微博用户主题聚类图谱及主题传播路径研究［J］．情报学报，2021，40（3）：234-244.

② 崔雨晴．网络社群参与对个体社区归属感影响的实证研究［J］．东南传播，2017，（4）：44-47.

③ 张宝生，张庆普．重大突发公共事件中网络虚拟社群负面情绪传染规律及治理研究［J］．情报杂志，2020，39（9）：121-128.

续表

维度	一级指标	二级指标
信息人	社群内用户关系（B_5）	感知信任（B_{51}）
		沟通频率（B_{52}）
		同侪关系（B_{53}）
		触达关系（B_{54}）
信息	社交网络舆情信息（B_6）	信息数量（B_{61}）
		信息质量（B_{62}）
		情感指数（B_{63}）
信息技术	社交网络舆情技术（B_7）	主体审核技术（B_{71}）
		信息监测技术（B_{72}）
		微博平台技术（B_{73}）
	社交网络信息处理技术（B_8）	信息文本挖掘技术（B_{81}）
		信息文本分析技术（B_{82}）

二　信息人维度

信息人维度下的一级指标包括舆情用户信息素养（B_3）、舆情用户参与动机（B_4）和社群内用户关系（B_5）。信息素养代表了舆情用户对信息社会的适应能力，是社交网络中舆情用户所应具备的基本素质，下设的二级指标包括舆情用户信息表达能力（B_{31}）、舆情用户信息沟通能力（B_{32}）和舆情用户信息理解能力（B_{33}）。信息素养是一种信息能力，舆情用户具备较强的信息表达能力有利于信息的表达与传递；良好的沟通能力对于信息的传播具有积极的作用；而理解能力可以增强舆情用户接收信息的能力，并在一定程度上帮助舆情用户有效甄别虚假信息①。

只有舆情用户存在参与动机，才会有网络参与行为的具体实

---

① 黄如花，黄雨婷．面向重大突发公共卫生事件的虚假信息甄别——从新型冠状病毒肺炎疫情防控谈公众信息素养教育的重要性［J］．图书情报知识，2020，（2）：9-12.

施①。因此，研究每个类型的舆情用户的参与动机是实施舆情差异化引导的关键，下设的二级指标包括职责权利（B_{41}）、自我提升（B_{42}）、互惠主义（B_{43}）和利他主义（B_{44}）。职责权利是官方媒体以及政府机构发布真实信息、引导正确舆情走向的主要动机②。自我提升是自媒体发展的关键。互惠主义可增加舆情用户参与舆情传播的积极性，良好的互惠氛围更能推动舆情的健康发展③。利他主义是个体内在社会责任感和使命感的体现。在突发事件舆情中，利他主义体现为主动向他人输送有价值的信息，如了解事件进展的舆情用户主动将信息传递给其他用户，帮助用户解答相关疑问，即利他主义为意见领袖的主要参与动机④。

社群内用户关系对于信息传播的广度有着直接的作用，下设的二级指标包括感知信任（B_{51}）、沟通频率（B_{52}）、同侪关系（B_{53}）和触达关系（B_{54}）。感知信任反映用户间的相互信任程度，是舆情信息广泛和持续传播的关键影响因素，也是舆情用户获取和分享信息的重要前提。舆情用户间的信任度越高，越有利于信息的高效传播⑤。沟通频率是单位时间内社群用户间进行信息交流的次数，用户的频繁沟通，可以更快地满足用户对信息的需求⑥。相同类型的舆情用户倾向于聚集在一起，彼此依赖性较强，信息传播效率更高，即形

① 李洁，韩啸. 公民自愿、技术接受与网络参与：基于结构方程模型的实证研究［J］. 情报杂志，2019，38（2）：201-207.
② 朱晓峰，盛天祺，张卫. 重大突发公共卫生事件冲击下的政府数据开放共生模式研究：界定、演进与重构［J］. 情报资料工作，2021，42（1）：77-87.
③ 宋振超. 基于结构方程的知识型微信社群用户参与动机和参与行为关联性分析［J］. 情报学报，2018，37（5）：73-77.
④ 张星，魏淑芬，王莉，等. 危机事件中的微博意见领袖影响因素实证研究［J］. 情报学报，2015，34（1）：66-75.
⑤ 张长亮，李竞彤，郭宗. 网络社群用户信息共享模式研究［J］. 现代情报，2020，40（4）：59-70.
⑥ 李明，曹海军. 信息生态视域下突发事件网络舆情生发机理研究——基于40起突发事件的清晰集定性比较分析［J］. 情报科学，2020，38（3）：156-161+168.

成同侪关系，舆情用户的意见表达受同侪作用而趋同①。另外，不同领域或不同类型的意见领袖对于舆情用户的触达效果是不一样的，每类意见领袖都有自己的受众②。

三　信息维度

信息维度下的一级指标包括社交网络舆情信息（B_6）。社交网络舆情信息是指社交网络舆情用户通过社交网络平台发布和分析信息的数据，客观反映了舆情事件的发展状态。下设的二级指标包括信息数量（B_{61}）、信息质量（B_{62}）和情感指数（B_{63}）。信息数量包括舆情热点事件的转发量、评论量和点赞量，可反映舆情用户的参与度与关注度③。高质量的信息应具备时效性、准确性以及丰富性等特点，即能够及时满足舆情用户的信息需求④。一般而言，舆情用户拥有与生俱来的"基本情感"和后天学习到的"复杂情感"，同时也有积极情感和消极情感之分。情感指数可以反映舆情信息中积极情感的占比，对于信息的多元化管理起到积极的作用⑤。

四　信息技术维度

信息技术维度下的一级指标包括社交网络舆情技术（B_7）和社交网络信息处理技术（B_8）。社交网络舆情技术主要是指通过技术手段实现对社交网络中信息的审核和监测，以及支持舆情信息在舆情

①　宋振超．基于结构方程的知识型微信社群用户参与动机和参与行为关联性分析［J］．情报学报，2018，37（5）：73-77.
②　陈然，莫茜．网络意见领袖的来源、类型及其特征［J］．新闻爱好者，2011，（24）：6-7.
③　王林，朱文静，潘陈益，等．基于p指数的微博传播力评价方法及效果探究——以我国34省、直辖市旅游政务官方微博为例［J］．情报科学，2018，36（4）：38-44.
④　王晰巍，赵丹，魏骏巍，等．数字图书馆网站搜索引擎优化指标及实证研究——基于信息生态视角的分析［J］．情报理论与实践，2015，38（11）：46-51.
⑤　王晰巍，邢云菲，韦雅楠，等．大数据驱动的社交网络舆情用户情感主题分类模型构建研究——以"移民"主题为例［J］．信息资源管理学报，2020，10（1）：29-38+48.

用户间的传播。下设的二级指标包括主体审核技术（B_{71}）、信息监测技术（B_{72}）和微博平台技术（B_{73}）。主体审核技术是指通过图像识别、字符匹配等大数据技术对舆情用户账号的实名注册信息以及信息合法性进行审核①。信息监测技术是指对舆情用户发布到社交网络平台的内容进行监测和管理的技术系统②。微博平台技术是指为提高平台用户的使用体验而综合运用的各项互联网技术③。

　　社交网络信息处理技术主要是指运用技术手段对舆情信息进行挖掘、整理、综合、分析、判断，从而获取对客观舆情信息规律的认识，下设的二级指标包括信息文本挖掘技术（B_{81}）和信息文本分析技术（B_{82}）。信息文本挖掘技术主要是指为挖掘舆情信息、划分网络社群、确定舆情用户类型等所使用的大数据技术、舆情分析技术等④。信息文本分析技术主要是指对舆情事件发展脉络、人物情感倾向等进行分析所运用的自然语言处理等技术。

第二节　社交网络舆情生态性评价方法

　　模糊综合评价法是一种基于模糊数学的隶属度理论，是一种将定性评价转化为定量评价的方法，能够较好地解决难以量化的模糊问题⑤。由于生态性评价指标中存在无法量化的问题，与其他方法相比，模糊综合评价法更加适用于社交网络舆情生态性评价。具体

---

① 王铎，王晰巍，贾若男，等．大数据驱动的社交网络舆情生态性评价及实证研究[J]．情报资料工作，2020，41（2）：57-64.
② Wu H, Zuopeng Z, Wenzhuo L. Information Technology Solutions, Challenges, and Suggestions for Tackling the COVID-19 Pandemic [J]. International Journal of Information Management, 2020.
③ 万晓榆，杨腾，袁野，等．微博信息情绪类型对用户分享意愿的影响研究 [J]．情报科学，2019，37（8）：97-101.
④ 王晰巍，张柳，黄博，等．基于区块链的网络谣言甄别模型及仿真研究 [J]．情报学报，2021，40（2）：194-203.
⑤ 王微，王晰巍，贾若男，等．信息生态视角下微信公众号生态性评价指标及实证研究[J]．情报科学，2019，37（6）：157-162.

步骤如下。

一　确定评价对象的因素集

决定社交网络舆情生态性的因素集 U 是由三个层次的因素构成的。第一层次的因素集为 $U = \{C_1, C_2, C_3, C_4\}$（即信息环境、信息人、信息和信息技术），同时，第二层次的因素 B_i 又直接构成了第一层的因子 C_i，即 $C_1 = \{B_1, B_2\}$，$C_2 = \{B_3, B_4, B_5\}$，$C_3 = \{B_6\}$，$C_4 = \{B_7, B_8\}$，并按照演绎推理的方式，依次类推到第三层次。

二　确定评价对象的评语集

评语集指的是不同层次因素评价结果的客观描述。本节研究过程中将模型中各个因素的评语分为 5 个等级，即 V 中的元素有 5 个，表示为 $V = \{V_1, V_2, V_3, V_4, V_5\} = \{$非常差，较差，一般，较好，非常好$\}$，其对应的分值 $F = \{1, 2, 3, 4, 5\}$。

三　确定评价因素的权重向量以及构建单因素模糊评价矩阵

本节采用层次分析法计算相应权重向量 A；并进一步针对每一个因素做出特定的等级评判，得到模糊关系矩阵 $\mathbf{R}$。

$$\mathbf{R} = \begin{bmatrix} r_{11} & r_{12} & \cdots & r_{1n} \\ r_{21} & r_{22} & \cdots & r_{2n} \\ \vdots & \vdots & \ddots & \vdots \\ r_{m1} & r_{m2} & \cdots & r_{11} \end{bmatrix} \tag{6-1}$$

四　多指标模糊综合评价运算

选取模糊合成算子，将权重向量 A 与模糊关系矩阵 $\mathbf{R}$ 相乘得到各评价对象的模糊综合评价结果向量 B。即 $B = A\mathbf{R}$。

第三节　社交网络舆情生态性实证分析

一　样本选择

1. 社交网络平台的选择

微博是基于用户关系搭建的社交网络平台，用户可以将多个智慧终端接入到微博，以文字、图片、视频等多媒体形式进行多种多样的信息消费。本节选择微博作为分析的社交网络平台。

2. 社交网络平台话题和时间段的选择

面对突发事件的刺激，人们会主动或被动地接收信息，形成独特的突发事件网络舆情环境。而信息容易在互联网的传播过程中失真，使社交网络平台成为谣言传播与扩散的土壤，造成焦虑和恐慌，引发信息次生灾难，影响社交网络信息生态环境和现实社会的和谐健康发展。

本节选取微博突发事件"埃航空难"话题的爆发期为研究对象。选择该话题的原因，是该舆情信息作为热点话题，引起了广泛的舆论关注。根据百度指数以及"埃航空难"的重要时间节点新闻，"埃航空难"话题在 3 月 10 日—3 月 14 日热度迅速到达顶峰，数据量充足且方便采集，故本节运用所构建的社交网络舆情生态性评价指标体系对"埃航空难"话题的爆发期进行实证分析。

二　评价过程

本节采取层次分析法确定权重：①首先邀请 9 位领域专家和用户，在互不干扰的情况下，根据实际情况、结合研究经验，对生态性评价中的指标进行分层次的重要性对比，采用数值标度法对指标进行权重赋值，最后得到判断矩阵；②运用 Excel 软件求出各指标权重，得到权重向量；③计算平均随机一致性指标 RI，进行一致性检验，以保障实验结果的统计有效性，最终权重汇总如表 6-2 所示；

④本节主要通过领域专家和用户感知打分的方式获取数据；⑤最后将收集所得的数据按照由低到高的层次与权重进行模糊运算得到最终评价结果。

表6-2 评价指标体系权重汇总

维度	权重	一级指标	权重	二级指标	权重	综合权重
信息环境	0.16	网络社群互动（B_1）	0.67	网络社群信息交流（B_{11}）	0.17	0.017
				网络社群信息推送（B_{12}）	0.83	0.087
		网络社群服务（B_2）	0.33	网络社群线上线下融合（B_{21}）	0.17	0.009
				网络社群成员归属感（B_{22}）	0.44	0.023
				网络社群监管与治理（B_{23}）	0.39	0.020
信息人	0.27	舆情用户信息素养（B_3）	0.14	舆情用户信息表达能力（B_{31}）	0.19	0.007
				舆情用户信息沟通能力（B_{32}）	0.11	0.003
				舆情用户信息理解能力（B_{33}）	0.70	0.026
		舆情用户参与动机（B_4）	0.63	职责权利（B_{41}）	0.51	0.086
				自我提升（B_{42}）	0.27	0.045
				互惠主义（B_{43}）	0.10	0.018
				利他主义（B_{44}）	0.12	0.021
		社群内用户关系（B_5）	0.23	感知信任（B_{51}）	0.49	0.032
				沟通频率（B_{52}）	0.07	0.004
				同侪关系（B_{53}）	0.15	0.0096
				触达关系（B_{54}）	0.29	0.019
信息	0.48	社交网络舆情信息（B_6）	1	信息数量（B_{61}）	0.13	0.061
				信息质量（B_{62}）	0.46	0.22
				情感指数（B_{63}）	0.41	0.20
信息技术	0.09	社交网络舆情技术（B_7）	0.25	主体审核技术（B_{71}）	0.60	0.013
				信息监测技术（B_{72}）	0.23	0.006
				微博平台技术（B_{73}）	0.17	0.003
		社交网络信息处理技术（B_8）	0.75	信息文本挖掘技术（B_{81}）	0.20	0.013
				信息文本分析技术（B_{82}）	0.80	0.053

1. 采用专家打分的方法量化指标值

将专家打分转化为隶属度矩阵。定性指标的量化方法如下：分别对社交网络舆情生态性评价指标进行单因素评价，将专家的等级评价等比例量化为数值指标。例如对于评价指标"网络社群信息交流"，有12.5%的专家认为非常差，没有专家认为较差，37.5%的专家认为一般，37.5%的专家认为较好，12.5%的专家认为非常好，由此评价等级可以得出"网络社群信息交流"的单因素评价结果，其隶属度向量 $r_{11} = (0.125 \quad 0 \quad 0.375 \quad 0.375 \quad 0.125)$。以此类推，可以得出 B_i 类指标的模糊关系矩阵为：

$$\mathbf{R}_1 = \begin{bmatrix} r_{11} \\ r_{12} \end{bmatrix} = \begin{bmatrix} 0.125 & 0 & 0.375 & 0.375 & 0.125 \\ 0 & 0.25 & 0.25 & 0.125 & 0.375 \end{bmatrix} \qquad (6-2)$$

$$\mathbf{R}_2 = \begin{bmatrix} r_{21} \\ r_{22} \\ r_{23} \end{bmatrix} = \begin{bmatrix} 0.25 & 0 & 0 & 0.5 & 0.25 \\ 0 & 0.125 & 0.125 & 0.375 & 0.375 \\ 0.125 & 0.25 & 0.25 & 0.375 & 0 \end{bmatrix} \qquad (6-3)$$

$$\mathbf{R}_3 = \begin{bmatrix} r_{31} \\ r_{32} \\ r_{33} \end{bmatrix} = \begin{bmatrix} 0.125 & 0.625 & 0.25 & 0 & 0 \\ 0 & 0.5 & 0.125 & 0.125 & 0.25 \\ 0.375 & 0.125 & 0.125 & 0.125 & 0.25 \end{bmatrix} \qquad (6-4)$$

$$\mathbf{R}_4 = \begin{bmatrix} r_{41} \\ r_{42} \\ r_{43} \\ r_{44} \end{bmatrix} = \begin{bmatrix} 0.375 & 0.375 & 0 & 0.25 & 0 \\ 0.5 & 0 & 0.125 & 0.375 & 0 \\ 0 & 0.25 & 0.25 & 0.25 & 0.25 \\ 0.125 & 0.25 & 0 & 0.375 & 0.25 \end{bmatrix} \qquad (6-5)$$

$$\mathbf{R}_5 = \begin{bmatrix} r_{51} \\ r_{52} \\ r_{53} \\ r_{54} \end{bmatrix} = \begin{bmatrix} 0.625 & 0.125 & 0 & 0 & 0.125 \\ 0.25 & 0 & 0.125 & 0.375 & 0.25 \\ 0 & 0.375 & 0.125 & 0.125 & 0.375 \\ 0 & 0 & 0.25 & 0.5 & 0.25 \end{bmatrix} \qquad (6-6)$$

$$\mathbf{R}_6 = \begin{bmatrix} r_{61} \\ r_{62} \\ r_{63} \end{bmatrix} = \begin{bmatrix} 0.5 & 0.25 & 0 & 0.125 & 0.125 \\ 0.5 & 0 & 0 & 0.25 & 0.25 \\ 0 & 0.125 & 0.375 & 0.25 & 0.25 \end{bmatrix} \qquad (6-7)$$

$$\mathbf{R}_7 = \begin{bmatrix} r_{71} \\ r_{72} \\ r_{73} \end{bmatrix} = \begin{bmatrix} 0 & 0.125 & 0.375 & 0.375 & 0.125 \\ 0.5 & 0 & 0 & 0.25 & 0.25 \\ 0 & 0.125 & 0.375 & 0.25 & 0.25 \end{bmatrix} \qquad (6-8)$$

$$\mathbf{R}_8 = \begin{bmatrix} r_{81} \\ r_{82} \end{bmatrix} = \begin{bmatrix} 0 & 0.125 & 0.375 & 0.25 & 0.25 \\ 0.375 & 0.125 & 0.25 & 0.125 & 0.25 \end{bmatrix} \tag{6-9}$$

2. 计算综合评价得分

用各类二级指标 B_{ij} 的权重向量 W_i 乘其模糊关系矩阵 $\mathbf{R}_i$，得到 B_i 类指标的综合评价得分 S_i，综合各个维度指标的评价结果，得到模糊评价矩阵 $\mathbf{S}_B$：

$$\mathbf{S}_B = \begin{bmatrix} 0.0022 & 0.0218 & 0.0284 & 0.0174 & 0.0349 \\ 0.0047 & 0.0080 & 0.0080 & 0.0207 & 0.0109 \\ 0.0107 & 0.0097 & 0.0055 & 0.0037 & 0.0074 \\ 0.0577 & 0.0419 & 0.0100 & 0.0507 & 0.0095 \\ 0.0212 & 0.0076 & 0.0064 & 0.0123 & 0.0134 \\ 0.1410 & 0.0403 & 0.0754 & 0.1131 & 0.1131 \\ 0.0030 & 0.0020 & 0.0060 & 0.0072 & 0.0039 \\ 0.0198 & 0.0083 & 0.0182 & 0.0099 & 0.0165 \end{bmatrix} \tag{6-10}$$

在得到模糊评价矩阵 $\mathbf{S}_B$ 后，用评价指标的权重向量 W 乘模糊评价矩阵 $\mathbf{S}_B$，得到最终的评分向量 S。

$$S = W \cdot \mathbf{S}_B$$
$$= (0.67 \ 0.33 \ 0.14 \ 0.63 \ 0.23 \ 1 \ 0.25 \ 0.75) \mathbf{S}_B$$
$$= (0.2024 \ 0.0938 \ 0.1207 \ 0.1762 \ 0.1636) \tag{6-11}$$

3. 计算综合评价等级

定义评价元素量化向量 $V = (1\ 2\ 3\ 4\ 5)$，代表（差，非常差，一般，较好，非常好）对应的评价元素的量化得分。利用评价元素量化向量 V 与评分向量 S，计算得到最终的加权平均得分为 2.27 $\in$（2，3］，所以判定微博中突发事件"埃航空难"话题的爆发期的生态性评价等级为"较差"。

从生态性评价的结果来看，在微博平台的信息生态系统内，各个构成要素未能充分发挥应当起到的作用。同时应该注意到，在各个隶属度中，专家对信息人维度的评价结果普遍较差。信息人维度中舆情用户的信息素养偏低，大多数用户欠缺通过转发评论准确表达情感诉求的能力，部分用户对信息的理解能力不强。舆情用户之间呈现典型的小世界效应，欠缺主动沟通的能力。对于舆情监管部门来说，应该及时准确地掌握舆情用户参与舆情的动机，厘清不同社群之间舆情用户的内在联系。

从四个维度的权重来看，信息的权重最高，为 0.48。因此，在以信息生态视角研究社交网络舆情时，着力点应放在信息这一维度上。针对社交网络舆情空间中的信息，舆情监管部门应该主要着眼于对信息数量的实时监测以及信息质量的严格把控，并利用技术手段挖掘信息人通过信息所表达的情感。权重第二高的是信息人（0.27），在信息生态系统中，信息人是整个信息生态中最活跃的因素。舆情监管部门要重视信息人对信息生态系统的影响，调动信息人的主观能动性，共同维护信息生态系统的稳定。

三　一级指标权重分析

1. 信息环境维度

在信息环境维度下的一级指标中，权重最高的是网络社群互动（0.67）。由于社交网络具备相当强的社群属性，信息生态系统中也暗含了社群的概念，社群内部的频繁交流以及社群之间的良性互动，有助于保障社群的活跃度，也是信息生态系统得以正常运转的基础。

信息环境维度下的网络社群服务的权重（0.33）低于网络社群互动。网络社群服务直接决定了社群用户的使用体验，也关系到网络社群的存续，对社交网络信息生态系统的影响较大。社交网络平台要提高对网络社群的运营支持，提供相应的技术手段帮助网络社群的群主（意见领袖）管理社群，对社群共同关注的问题提供相应的解决方案。

2. 信息人维度

在信息人维度下的一级指标中，舆情用户参与动机的权重

（0.63）最高。这说明舆情监管部门要对舆情用户参与舆情的动机有清晰的掌控，合理分析舆情用户想要表达的主张以及情感诉求；及时披露真实有效的信息，保障公民的知情权；在保障公民享有充分的言论自由的同时加强对危害公共信息安全的行为的监管，及时定位不实言论。

社群内用户关系（0.23）以及舆情用户信息素养（0.14）的权重均低于舆情用户参与动机。如今的社交网络平台凭借其独特的设计架构和较为完善的信息推送机制，已经在相当程度上保障了社交网络舆情用户之间能够维系稳定的联系，所以社群内用户关系的权重相对较低。而舆情用户信息素养的权重最低，这有两个方面的原因。一方面，舆情用户的信息素养受多方面因素影响，包括舆情用户的受教育程度、从业背景，甚至是参与舆情时的情绪等偶然性因素。社交网络平台和监管部门的动作无法对其产生决定性的影响。另一方面，提升舆情用户的信息素养需要一个长期的过程，属于提升国民素质的一个方面，需要社会各方共同努力。在构建信息生态系统时，社交网络平台和舆情监管部门更侧重于将精力投之于短期内能够获得更高收益的地方。所以，舆情用户信息素养的权重最低。

3. 信息维度

信息维度下只有 1 个一级指标，故社交网络舆情信息的权重为1。社交网络是以舆情信息为内容基础的，舆情信息的重要程度不言而喻。缺少了舆情信息的社交网络舆情信息生态系统如同无源之水，无本之木。作为民众获取舆情、分享舆情的主要窗口，舆情监管部门要督促社交网络平台持续不断地提升其生产充足、优质的舆情信息的能力。

4. 信息技术维度

信息技术维度下的一级指标中，社交网络信息处理技术的权重（0.75）最高。这说明社交网络舆情信息生态系统中，信息处理技术尤为关键。社交网络平台拥有大量的活跃用户，这些活跃用户每天都生产出海量的信息。传统的信息处理技术已经不适应大数据背景下的舆情监管需求，需要结合人工智能技术，促进技术升级，以适应信息生态系统的进化方向。

社交网络舆情技术的权重（0.25）低于社交网络信息处理技术。社交网络舆情技术主要指为社交网络平台在主体审核、信息监测以及平台方面提供的技术支持。这里的主体审核在实现方式上依赖规则字典，信息监测指的是在流量上提供实时的数据监测，平台方面的技术支持主要体现为社交网络平台为满足社交网络舆情用户的各项功能需求所进行的技术层面的创新。技术层面的支持是信息生态系统的实现基础，也为信息生态系统的良性运转提供了保障。

第四节　社交网络舆情生态治理模型构建与分析

一　舆情生态治理模型构建

1. 舆情生态治理模型构建原则

（1）系统性

舆情生态治理模型的构建遵循系统性原则，将社交网络舆情视作一个生态系统，以系统整体为目标，以系统中各个组成要素的协同发展为目的，从信息生态系统整体的角度出发，将舆情事件主题图谱的分析内容和结果与模型指标联系起来，进行舆情生态治理模型的构建与分析。

（2）可操作性

舆情生态治理模型的构建遵循可操作性原则，包括模型指标要素数量的精简性、模型指标要素的可度量性以及模型指标要素参数的易获取性。模型指标要素数量的精简性是指在保证模型科学与客观的前提下，最大限度地对模型指标要素的数量进行归纳，以提升模型的使用效率。模型指标要素的可度量性是指尽量减少主观性指标要素的选择，避免主观性偏差对模型效果带来的影响。模型指标要素参数的易获取性是模型能够最终应用于实践的重要保障。

2. 舆情生态治理模型的基本要素

在信息生态系统中，信息人是核心，信息是前提，信息环境是基础，信息技术是支撑和保障[①]。信息技术是支持舆情信息的收集、产生、发布、传递、接收、处理与存储等过程的技术、工具、终端和平台的总称[②]，对应社交网络舆情载体这一要素。在信息技术作为载体支撑的舆情生态系统中，舆情用户（信息人）、舆情信息（信息）以及舆情时空（信息环境）三个基本要素之间相互联系、相互作用，共同促进舆情生态系统的稳定运行。因而，在理论层面，本节重点关注的是在信息技术的稳定支撑下，以信息人、信息和信息环境为基本要素的舆情生态治理模型的构建。实践层面，本节的实证研究主要围绕微博这一主流社交网络平台中的热点舆情事件展开，其中涉及的平台与信息传递、接收、处理等技术是相同的。根据有关研究，在网络舆情生态领域，不同社交网络平台间在信息类型、信息交互模式等方面存在较大差异[③]。所以对于本节的研究对象来说，事件及其不同发展阶段的子事件所涉及的舆情载体（信息技术）这一要素是相对固定且近似稳定不变的，其对舆情事件及其组成要素的影响和作用的差异也是可以忽略不计的。并且，除平台外其他用于收集、发布、传递和接收舆情信息的各种技术由于缺乏相关权威、统一的量化标准，是难以进行量化的，而单纯依靠主观判断进行信息技术要素的量化则会对模型的科学性和客观性造成影响。

综上所述，本节认为舆情生态治理模型的构建需要从信息人、信息和信息环境这三个信息生态要素入手。在舆情生态治理模型的基本要素选择中，依据图谱分析以及学界其他相关研究的成果，将模型

---

① 窦悦．信息生态视角下"3×3"应急情报体系构建研究［J］．图书情报工作，2020，64（15）：82-89.

② 赵丹．基于信息生态理论的移动环境下微博舆情传播研究［D］．吉林大学，2017.

③ 孙正平．意识形态安全视域下舆论环境治理探析［J］．中国广播电视学刊，2021（10）：16-19+32.

的基本要素确定为舆情用户、舆情信息和舆情时空三个维度。

3. 舆情生态治理模型

依据信息生态系统的研究成果，本节构建了舆情生态治理模型（如图 6-1 所示），通过明确舆情态势以及不同指标要素对舆情态势的作用程度，来为舆情生态治理提供支撑。其中，舆情态势为模型的核心也是目标要素。信息人因子对应舆情用户基本要素，通过 3 个二级指标要素来表征，即用户情感极化程度①、用户种群进化程度以及用户种群进化强度②。信息因子对应舆情信息基本要素，下含 6 个二级指标要素，即关键种群和普通种群的信息进化程度③、信息异化程度④和信息继承程度。信息环境因子对应舆情时空基本要素，包含 4 个二级指标要素，即时空扩散程度⑤、时空聚集程度、时空扩散强度和时空触达程度⑥。

（1）舆情态势

舆情的产生是公众在社交网络空间中对某一突发热点事件进行观点、态度、情绪和立场表达的结果。舆情态势是衡量舆情事件的一个重要指标，既能体现用户参与舆情信息交互的程度，又能从一定程度上反映舆情事件带来的影响⑦。因此，可以通过舆情态势来对舆情生态系统的状态进行表征。本节将社交网络舆情态势作为目标要素，

---

① 刘继，武梦娇．基于贝叶斯网络的网络舆情态势评估分析——以“新冠肺炎疫情”事件为例［J］．情报杂志，2021，40（3）：187-192+103.

② 陈培友，侯甜甜．基于 ANP—灰色模糊的社交网络舆情风险预警研究——以“重庆公交坠江事件”为例［J］．情报科学，2019，37（5）：115-120.

③ 杨小溪，郑珊珊，晋兆雨，熊思玥．基于信息生态理论的网络舆情预警评价指标体系研究［J］．情报理论与实践，2021，44（3）：143-148.

④ 李洋，李思佳，叶琼元，王娟．面向突发事件网络舆情的社会情绪唤醒综合评价与疏导策略研究［J］．情报资料工作，2020，41（6）：17-25.

⑤ 安璐，陈苗苗，李纲．社交媒体环境下突发事件严重性评估和预警机制研究［J］．图书情报工作，2021，65（5）：98-109.

⑥ 林玲，陈福集，谢加良，李凤．考虑风险偏好的网络舆情预警模型——基于直觉模糊和 Choquet 积分［J］．情报杂志，2021，40（10）：52-58.

⑦ Liu X，Lu J，Wang H. When Health Information Meets Social Media：Exploring Virality on Sina Weibo［J］．Health Communication，2017，32（10）：1252-1260.

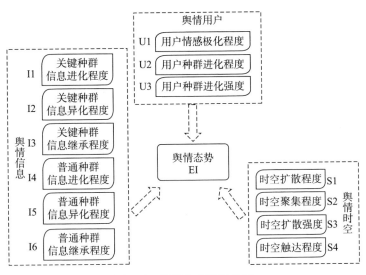

图 6-1　舆情生态治理模型

通过社交网络舆情事件中各个指标要素的表现对舆情态势进行研判，并通过实证数据来确定各个指标要素的权重以及舆情态势值，以进一步讨论分析这些指标要素在舆情生态治理中的作用。

（2）舆情用户

用户情感极化程度（U1）是指单位时间内某种类型情感的用户在总的用户中所占的比重。用户的情感分为负面、中性和正面三种类型，于是，在用户情感极化程度的量化中，先分别计算三种类型情感用户的占比，当某种类型的情感用户占比超过另外两种类型情感用户占比之和时，将其视作情感极化，并将该比例作为用户情感极化程度值，否则对应极化程度值为 0。用户种群进化程度（U2）是指单位时间内出现的用户种群数占最终出现的用户种群总数的比重。种群进化程度能够反映在事件发展的过程中，用户种群的产生、变化和消亡。用户种群进化强度（U3）是指单位时间内关键用户种群数量与出现的用户种群总数之比。关键用户种群对其他用户和用户种群具有领导、中介等作用，关键种群的出现、消失或者数量变化，都会给种群和种群间的关系和结构带来影响，进而作用于舆情生态系统。

（3）舆情信息

由于舆情生态系统是一种由舆情用户、信息、时空组成的具有一定自我调节能力的人工系统，其具有系统性、多样性、协同性、局部性等属性[①]。在舆情生态系统中存在着一些具有特定信息行为能力的"关键物种"，他们的信息行为会对其他舆情用户或种群的信息活动产生一定的影响，并在不断的信息交互中实现生态系统的运转和演进。因而，在分析舆情信息这一基本要素时，将舆情信息分为两种，即关键种群（I1、I2、I3）的舆情信息和普通种群（I4、I5、I6）的舆情信息，并分别统计舆情生态系统中两种舆情信息的进化、异化和继承程度。

信息进化程度是指单位时间内在舆情信息的扩散和传播过程中所形成的话题数与最终形成的话题总数的比值。信息进化程度能够体现在舆情事件的发展过程中，话题的形成和消亡等变化。信息异化程度是指单位时间内在舆情扩散和传播过程中所产生的其他主题的衍生话题数与最终形成的话题总数的比值。信息异化程度能够在一定程度上代表某一时期舆情生态系统中的信息多样性。在舆情信息的传播过程中，t 时刻的网络状态会受到 $t-1$ 时刻网络状态的影响，因而舆情事件所形成的话题存在接续性和继承性，即下一阶段的话题由上一阶段的话题分裂或合并而来。因此，信息继承程度是指在当前单位时间内的话题中，由上一单位时间内的话题分裂或合并而来的话题数占比。信息继承程度是舆情生态系统中信息链上信息传递性和流动性的体现。

（4）舆情时空

时空扩散程度（S1）是指单位时间内舆情所扩散到的城市数量与舆情最终扩散到的城市总数量的比值，能够动态体现舆情的扩散程度与范围。时空聚集程度（S2）是舆情在空间上呈现聚集分布的总体强度，其统计数值由全局空间自相关分析结果全局莫兰指数表征。时空扩散强度（S3）衡量的是关键热点城市在舆情扩散过程中的占比情况，即舆情时空聚集格局和时空网络中的空间热点城市和关键信息桥梁城市的数量与舆情扩散到的城市总数量的比值。时空触达程度（S4）通过时空网络的平均聚类系数进行表征，代表网络中节点间的联系，当网络中的节点间联系较为紧密时，网络的凝聚力也就较强，同时信息在网络节点间的触达程度也就越高，越有利于信息的扩散和传播。

4. 熵权法

熵权法是根据 Shannon 信息论中的信息熵这一概念提出的用来确定指标要素权重的方法[①]。信息熵借鉴了热力学中熵的概念，用于描述平均而言事件信息量的大小。熵权法可以在排除主观偏好的情况下对各个参数的权重进行计算和评估，当某个指标要素的样本数据值离散程度较大时，则该指标要素的熵值较小，说明该指标要素能够提供较多有用的信息，则会被赋予较大的权重[②]。熵权法作为一种客观赋权法，基于各个指标要素的数值，定量计算各指标要素对应的熵值，进而得到各指标要素对应的熵权，其更多地依赖数据的自有特征[③]。熵权法确定指标要素熵权的计算步骤如下。

（1）数据归一化处理

正向指标要素的归一化公式为：

$$x(i,j) = \frac{x^*(i,j) \ x_{\min}(j)}{x_{\max}(j) - x_{\min}(j)} \tag{6-12}$$

---

① 刘思峰，蔡华，杨英杰，曹颖. 灰色关联分析模型研究进展［J］. 系统工程理论与实践，2013，33（8）：2041-2046.

② 何振宇，董祥祥，朱庆华. 多维度视角下百度百科词条评价指标构建［J］. 图书情报工作，2019，63（12）：114-120.

③ 王旭，李泓烨，刘琳，翟润润，赵蓉英. 融合 Altmetrics 指标的话语引导力特征分析与评价——以中国英文学术期刊为例［J］. 情报科学，2021，39（11）：133-141+186.

负向指标要素的归一化公式为

$$x(i,j) = \frac{x_{\max}(j) - x^*(i,j)}{x_{\max}(j) - x_{\min}(j)} \tag{6-13}$$

其中，$x_{\max}(j)$ 对应第 j 个指标要素的最大值，$x_{\min}(j)$ 对应第 j 个指标要素的最小值，i 为第 i 个数据样本。

（2）熵值计算

$$H_j = -k \sum_{i=1}^{N} f_{ij} \ln f_{ij} \tag{6-14}$$

$$f_{ij} = \frac{\mathbf{g}_{ij}}{\sum_{i=1}^{N} \mathbf{g}_{ij}} \tag{6-15}$$

$$k = \frac{1}{\ln N} \tag{6-16}$$

其中，H_j 为指标要素 j 的熵值，在此假定当 $f_{ij} = 0$ 时，$f_{ij} \ln f_{ij} = 0$；$\mathbf{g}_{ij}$ 为指标要素的归一化矩阵；k 为玻尔兹曼常数；N 为样本的个数。

（3）熵权计算

$$W_j' = \frac{1 - H_j}{M - \sum_{j=1}^{M} H_j} \tag{6-17}$$

其中，M 为指标要素的总个数，W_j' 的取值区间为 $[0，1]$，并且 $\sum_{j=1}^{M} W_j' = 1$。

二 实证分析

1. 数据选取与预处理

社交网络平台具有自由交互属性，逐渐成为网络舆情风险和危机爆发的重要源头之一[①]。微博是目前使频率较高的社交网络平台，具有博文信息的一键复制和快速转发等功能，并且由于用户群体数

---

① 袁红，李佳. 行动者网络理论视域下社会热点事件网络舆情治理策略研究 [J]. 情报资料工作，2021，42（6）：31-44.

量庞大、信息传播机制相对自由、用户使用成本较低以及操作简单快捷等优势，微博中的舆情信息具有较大的共享范围，舆情事件发生时能够将相关信息快速共享、传播给公众，加快了网络舆情的传播速度并拓宽了传播范围。基于此，本节选择微博作为舆情数据来源平台进行数据的获取。事件的选择上，依旧选择微博热点舆情事件"日本核废水排海"。在样本的细粒度划分上，根据事件和各个子事件持续的时长，以天为单位将整个事件划分为 109 个样本，针对本节所构建的舆情生态治理模型中的指标要素，进行对应数据的统计和计算。最后通过熵权法确定各指标要素的权重和对应的舆情态势值。

2. 数据处理

根据各二级指标要素的含义和量化要求，对数据分析和图谱构建结果进行了数据统计，提取相关指标要素的数值，最终获得 109 条样本数据。由于数据中包含 0，会对熵权的计算产生影响，故在进行熵权计算前对数据进行"平移"处理，确保数据均大于 0。

3. 数据结果

在得到样本数据的基础上，使用 MATLAB R2019a 进行熵权的计算，并根据得到的指标要素权重和样本数据，进行舆情态势的确定。首先，对样本数据进行归一化处理，其次，将归一化后的数据与对应的权重加权求和得到该样本的舆情态势值。为了更好地展示数据，将最终得到的舆情态势值扩大 100 倍，其区间范围转化为 [0, 100]。

图 6-2 为"日本核废水排海"事件的舆情态势曲线图。从子事件和事件的舆情态势走向来看，曲线走势符合现实情况下的舆情发展规律。根据舆情生命周期相关的研究，社交网络舆情呈现动态演化特征，从舆情产生到舆情结束具有一定的规律性、周期性和连续性，具有明显的"大起大落"的特点。当某个具有较强刺激性和敏感性的突发事件引起公众的关注时，舆情便会"井喷式"爆发。然后随着网络中的公众意见、情绪等达到一定的阈值后，舆情关注度开始下

降，舆情态势进入平缓期。在此阶段后，公众对舆情事件的关注度越来越少，态度和情绪也趋于平和，舆情进入回落和弱化状态，并且最终消解平息。此外，整体事件的舆情态势走向与各个子事件的走势基本吻合。

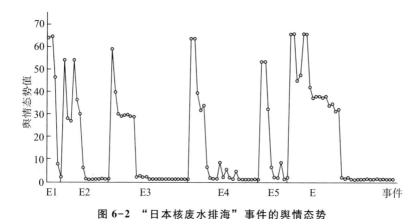

图 6-2 "日本核废水排海"事件的舆情态势

通过熵权法得到的各个指标要素的权重见表 6-3。总体上，对舆情态势影响最大的是关键种群信息异化程度，其次是时空聚集程度、时空扩散强度和时空触达程度，而对舆情态势影响较小的依次是用户情感极化程度、用户种群进化程度和时空扩散程度。

表 6-3 各指标要素权重及排名

基本要素	二级指标要素	权重
舆情用户 （信息人）	用户情感极化程度	0.0073
	用户种群进化程度	0.0316
	用户种群进化强度	0.0677
舆情信息 （信息）	关键种群信息进化程度	0.0579
	关键种群信息异化程度	0.2128
	关键种群信息继承程度	0.0626
	普通种群信息进化程度	0.0579
	普通种群信息异化程度	0.0739
	普通种群信息继承程度	0.0627

续表

基本要素	二级指标要素	权重
舆情时空 （信息环境）	时空扩散程度	0.0447
	时空聚集程度	0.1268
	时空扩散强度	0.1002
	时空触达程度	0.094

从各个基本要素维度看，在舆情用户基本要素下的 3 个二级指标要素中，用户种群进化强度权重最高，其次是用户种群进化程度和用户情感极化程度。舆情信息基本要素的 6 个二级指标要素中，权重较高的依次是关键种群信息异化程度、普通种群信息异化程度和普通种群信息继承程度，而关键种群信息继承程度和信息进化程度、普通种群信息进化程度权重相对较低。舆情时空基本要素下的 4 个二级指标要素中，时空聚集程度权重最高，其次是时空扩散强度、时空触达程度和时空扩散程度。

三 讨论分析

1. 舆情态势分析

从舆情态势的曲线来看，网络舆情具有一定规律性和周期性。在初期，某一突发话题成为舆情事件的触点，事态迅速升级，舆情"井喷式"爆发。这一时期各类舆情主体积极加入舆论场并且发挥不同作用，形成错综复杂的非线性交互影响。这一时期的舆情态势控制与舆情生态治理的关键在于对政府、媒体和意见领袖用户节点的充分利用，如通过政府和媒体的政策议程设置、媒体议程设置等对事件带来的巨大舆情冲击进行正面的引导与控制，避免舆情态势的持续升级以及舆情生态系统的失衡。

随着公众的意见和情绪达到一定阈值，舆情态势开始出现回落，舆情态势进入了平缓期。其间舆情态势虽有波动但水平较低，只要没有其他话题的刺激，便能够逐渐进入消解期。因此在这一时期，要注意避免由信息不对称、事件复杂性、衍生舆情话题以及公众"注意力反弹"带来的舆情态势变异。政府及主流媒体应通过及时与公众互动、发布信息、回应公众等措施，达到稳定舆情态势的目的，并进一步获得舆情引导的主动权，促进舆情态势的弱化，加速其进入消解期的进程。当进入消解期，舆情态势逐渐进入弱化和平息状态，舆情生态系统重新归于平衡。在这一时期，可适当通过转移公众注意力、人为阻止舆情信息传播等手段，使舆情事件淡出公众视线，最终促成舆情的消退。

2. 舆情用户要素治理分析

社交网络舆情是一个由关键种群、普通种群等要素共同构成的复杂生态系统。关键种群多包含着政府、媒体和意见领袖等用户节点，这些节点由于本身具有的权威性、广泛的粉丝基础以及在某个领域的强大影响力，一直都是舆情传播的中坚力量，既是网络舆情信息源，又能够对网络舆情的传播与走向进行有力地介入和干预，在舆情生态系统中扮演信息生产者、组织者、传播者与分解者等多重角色，对系统中的其他种群具有一定的领导和影响作用。与此同时，关键种群也是舆情生态系统中的"桥梁"，许多不存在联系的用户种群也通过关键种群产生了间接的联系。相反地，普通用户种群通常由网民组成，这类节点虽然经常在社交网络中发布和传播信息，但由于个人影响力十分有限，在舆情事件中多作为信息受众存在。因此，在舆情事件发生与发展的过程中，关键种群的出现能够对舆情态势起到重要的作用，此类群体应该是进行舆情生态治理需要关注和依靠的重点。

用户种群进化程度和用户情感极化程度的权重虽然较低，但也对舆情态势具有一定程度的影响，因而也是舆情生态治理中不可忽视的因素。结合样本数据和舆情态势曲线可知，当舆情态势处于较高的水平时，用户种群进化程度也较高。随着事件进入平缓期甚至消解期，用户种群进化程度逐渐变小甚至降为0，即随着事件的发生发展，用户种群也在不断地进化和消亡，对于用户种群进化的干预和调控，是进行舆情生态治理的切入点。

就用户情感极化程度而言，用户情感极化程度越高，对舆情态势的影响越大。对于用户情感极化应该辩证地看待，用户情感极化对舆情态势的发展具有两面性。一方面，正面和中性情感极化在一定程度上能够促进公众对于突发事件的交流与讨论，从而有利于事件的解决和社会的发展与进步。另一方面，当负面情感极化占比较高时，会产生极端情感，并且容易在舆情事件中衍生出网络暴力等不良的社会影响，对于构建和谐的舆论环境带来较大的风险和压力。

3. 舆情信息要素治理分析

信息异化程度和继承程度体现了舆情生态系统中的信息多样性和继承性。网络舆情具有衍生效应，网络舆情的发酵和演化，可能会给网络舆情事件带来"二次影响"①。但是，当舆情信息的继承性较高时，舆情的发展态势较为稳定。关键种群在舆情生态系统中具有重要的作用和独特的地位，因而其信息异化程度会对整个舆情事件产生最为显著的影响。同时，舆情生态系统的运转单靠某一类群体的参与是很难维持的，除关键种群之外还有许多普通用户组成的种群，这类种群由于用户数量庞大，是网络舆情事件的主要参与者和行为者，该类群体产生的信息构成了网络舆情生态中的主要信息流，当该类群体的信息异化和继承程度较高时，自然会对网络舆情态势产生显著的影响。因而在舆情生态治理的过程中，除了关注和利用关键用户的影响力去引导、疏通公众的信息流和意见流之外，更需要关注普通用户的信息焦点，避免次生舆情带来的负面影响。

关键种群和普通种群的信息进化程度的权重较其他要素而言偏低，原因可能在于，在舆情事件发生和发展过程中，出现的话题数量并不是决定舆情态势的主要因素，舆情的走势更多地受到话题内容的影响。即当单位时间内出现的话题内容并不能引起更多的公众关

---

① 田世海、张家毓、孙美琪．基于改进 SIR 的网络舆情信息生态群落衍生研究［J］．情报科学，2020，38（1）：3-9+16.

注时，即便话题的数量多，也不能对舆情事件的发展产生推动作用。因此，在舆情生态治理的过程中，要更加注重舆情信息的内容治理。另外，值得注意的是，关键种群信息继承程度的权重排名并不靠前的原因可能在于，关键用户种群的话题种类较少，并且其更加注重对事件的客观陈述和报道，因而信息继承程度的变化幅度也较小，所以对于舆情态势的影响没有其他要素显著。

4. 舆情时空要素治理分析

时空聚集程度是所有舆情时空指标要素中权重最高的二级指标要素，根据指标要素的定义，时空聚集程度代表了舆情在空间上呈现聚集分布的总体强度。在社交网络中，舆情事件一旦爆发，便会借助网络信息传播模式的多形式、多载体、多途径和立体化传播等优势，呈现出多观点、多层次、多焦点的辐射传播态势。当事件的时空传播呈现时空聚集效应时，容易形成以关键热点城市为核心的立体化舆情扩散格局，同时邻近空间的舆情群体聚集和联动共振也更容易被触发，从而促进舆情传播实现几何数级的裂变，使得舆情态势快速升级。因此，在舆情生态治理中，要重点关注呈现聚集状态的城市及其所形成的城市集群，并充分发挥其聚集效应，实现以点带面、以面带全。

除了时空聚集程度，时空扩散强度和时空触达程度对舆情态势均具有较大的影响，且权重差异较小。其中，时空扩散强度强调的是关键热点城市在舆情扩散中的作用，而时空触达程度强调的是事件时空网络中城市节点间的联系，能够在一定程度上反映信息在网络中的传播效率。随着社交网络和移动通信技术的发展，不同时空的网民能够在网络时空中实现信息的交互，并推动舆情事件的发展和演变。关键热点城市所包含的呈现显著聚集状态的城市以及事件时空网络中的关键信息桥梁城市，在舆情信息的传播中均起到重要的作用，能够推动舆情事件在时空网络中的传播和演化，同时也在时空网络中起到了连接不同城市节点、扩大舆情信息传播范围的作用。时空扩散程度是所有舆情时空要素中权重最低的二级指标要素，说明与其他要素相比，时空扩散程度对舆情态势的影响相对较小。对于舆情的传播来说，与该城市在舆情中的作用相比，城市数量对舆情事件的影响更小。因而在舆情生态治理中，关键热点城市应该成为关注的重点，并且通过这些城市的领导和桥梁作用，拓宽舆情引导信息的流通渠道。

第七章
大数据驱动的社交网络
舆情风险识别

第一节　社交网络舆情多平台风险识别模型构建意义

互联网时代一切处于"万物皆媒"的社会图景中，网络已经成为公众认识世界、发表观点及表达思想的重要空间和载体。随着互联网产业的蓬勃发展，网络平台的迭代更新进一步促进了信息在多个平台的流动。全媒体时代背景下网络信息交错演化[1]，呈现矩阵化、辐射式传播格局，社交媒体舆论场愈加复杂，为舆情监测带来困难[2][3]。多平台的网络舆情具有爆炸式传播、矩阵式联动、高速传染扩散及溢出式衍生效应[4]。舆论内容时常超出合法边界，容易造成社会网络空间中多平台的网民观点对立、负面情绪聚集及虚假信息传播，进一步激化社会矛盾，带来一系列重大社会风险，严重危害经济发展和社会稳定。对社交网络舆情多平台演化进程中的舆情风险进

---

① 李晓星. 我国全媒体时代网络舆情的应对策略 [J]. 传播力研究, 2019, 3 (36): 273+282.

② 姜景, 王文韬. 面向突发公共事件舆情的政务抖音研究——兼与政务微博的比较 [J]. 情报杂志, 2020, 39 (1): 100-106+114.

③ 邓喆, 孟庆国, 黄子懿, 康卓栋, 刘相君. "和声共振": 政务微博在重大疫情防控中的舆论引导协同研究 [J]. 情报科学, 2020, 38 (8): 79-87.

④ 兰月新, 张丽巍, 王华伟, 赵丽娟, 段海鹏. 面向风险监测的网络舆情异常感知与实证研究 [J]. 现代情报, 2022, 42 (3): 102-108.

行快速识别已经成为社交网络舆情治理的关键问题。

网络舆情的风险监测及识别是在总体国家安全观下维护我国网络空间安全及意识形态安全的客观需要。党的二十大报告中提出要完善国家风险监测预警体系，构建全域联动、立体高效的国家安全防护体系，维护意识形态安全，加强全媒体传播体系建设，推动形成良好网络生态[①]。"十四五"规划和 2035 年远景目标纲要提出要"完善突发公共卫生事件监测预警处置机制"[②]。以上战略布局及目标要求为网络舆情风险识别指明了建设方向，但技术手段的迭代更新、舆情多平台的耦合及不法分子的隐藏伪装为社交网络全域风险监测带来了新的挑战。因此，利用有效的数据分析方法和手段实现精准风险识别已成为社交网络舆情风险监测研究的重点。

社交网络舆情多平台整体作为一个生态单元，是复杂多变的网络信息生态系统中的一个子系统，其发展和演变受到多个平台的舆情用户、舆情信息和舆情时空环境等要素的共同作用及耦合影响。因此，在理论层面，本章从信息生态系统的整体性视角出发进行社交网络舆情多平台风险识别模型的构建和研究，将多平台的网络舆情反映为一个信息生态系统，从系统性的视角深入挖掘导致舆情多平台风险发生的要素及风险要素之间的关系和作用路径。多平台风险识别模型将风险要素进行联动分析，对于深入挖掘舆情多平台风险发生的驱动机制具有理论意义。在实践层面，将主题图谱的分析结果进行融合及具体应用，通过收集多个舆情案例数据，对提出的风险识别模型进行训练以保证模型的有效性，并对舆情多平台风险进行识别。根据识别结果帮助舆情引导及监管机构更好地分配应急力量及制定响应对策，为未来社交网络舆情多平台风险的监测和防范提供依据，

① 习近平. 高举中国特色社会主义伟大旗帜 为全面建设社会主义现代化国家而团结奋斗——在中国共产党第二十次全国代表大会上的报告 [EB/OL]. [2022-12-01]. http://www. gov. cn/xinwen/2022-10/25/content_5721685. htm.
② 中华人民共和国国民经济和社会发展第十四个五年规划和 2035 年远景目标纲要 [EB/OL]. [2022-12-01]. https://www. gov. cn/xinwen/2021-03/13/content_5592681. htm.

对我国国家安全防护体系中风险监测预警体系的建设具有重大现实意义。

第二节　社交网络舆情多平台风险识别模型构建依据

信息生态理论认为信息生态系统是由信息人、信息、信息环境、信息技术共同组成的相互协调及耦合发展的整体，系统中各要素相互影响、相互促进。发生在社交媒体多平台中的网络舆情是一个在信息技术支撑下的包含舆情用户（信息人）、舆情信息（信息）、舆情时空（信息环境）要素的舆情生态系统，具有系统性特征。舆情用户是舆情的参与者和行动者，在舆情演变过程中扮演不同的角色，同一角色的用户聚集形成用户种群发挥角色功效。舆情信息是舆情用户关于舆情话题发表的一切信息资源的总和，包括用户观点、立场及情感，围绕共同观点及立场的用户角色种群通过频繁的信息交互形成信息群落。舆情时空是舆情演进的具体时间和场域，为信息群落的进化和消亡提供环境，同时也在信息群落的进化中发生改变。信息技术是支撑整个舆情生态系统正常运行的技术保障要素，包括使社交网络舆情正常演进需要的全部技术。以上要素共同构成了社交网络舆情生态系统，各要素之间相互作用、协调发展以促进舆情生态系统的正常运转。

基于此，本章根据信息生态理论，结合大量舆情风险研究成果，确定在信息人、信息、信息环境及信息技术四个维度层面导致社交网络舆情多平台风险发生的要素，并基于要素构建社交网络舆情多平台风险识别模型，采用解释结构模型确定要素之间的路径和因果关系，并使用贝叶斯网络对社交网络舆情多平台整体存在的风险进行识别。本章将以"河南7·20暴雨"话题为例对舆情多平台风险的识别结果进行讨论，确定在各指标作用下社交网络多平台风险发生的因果路径。

第三节　社交网络舆情多平台风险识别模型构建

一　模型的基本要素

基于信息生态系统视角，遵循系统构建的目的性、系统性、全面性和可操作性原则，以舆情多平台风险为最终的目标变量构建社交网络舆情多平台风险识别模型[①]。在信息生态系统中，信息人是核心，信息是前提，信息环境是基础，信息技术是支撑和保障，四大要素相互联系、相互作用，共同促进舆情生态系统稳定运行[②]。因而本节从信息人、信息、信息环境及信息技术四大要素出发，以多平台用户、多平台信息、多平台环境及多平台技术作为导致社交网络舆情多平台风险发生的基本要素，分别结合多平台用户角色图谱、群落信息图谱及时空特征图谱的分析结论，并结合社交网络舆情风险评价研究的文献，全面细致地挖掘各基本要素包含的具体二级风险要素。用 u_i 表示基本要素的第 i 个子指标，四大类基本风险要素及包含的具体二级要素如表7-1所示。

表7-1　社交网络舆情多平台风险要素

编号	维度	风险要素	要素解释
u_1	多平台用户	用户类型	多平台包含的用户类型，如普通网民、意见领袖、网络媒体、官方媒体
u_2		用户角色	多平台用户在舆情话题中承担的不同角色
u_3		用户级别	多平台用户的级别
u_4		用户数据素养	多平台用户对数据、信息的处理能力
u_5		用户风险感知	多平台用户对舆情事件风险的感知程度

---

① 张海涛，孙学帅，张丽，张连峰，钱丹丹. 商务网站信息生态系统构建与运行机制 [J]. 情报理论与实践，2012, 35（8）：1-6.

② 窦悦. 信息生态视角下"3×3"应急情报体系构建研究 [J]. 图书情报工作，2020, 64（15）：82-89.

编号	维度	风险要素	要素解释
u_6	多平台信息	信息发布结构	多平台信息的结构类型，包括文本、图片、视频等
u_7		信息话题内容	舆情话题事件内容
u_8		信息情感负面程度	多平台信息整体的情感负面程度
u_9		信息真实性	多平台信息的真实程度
u_{10}		信息危害性	多平台信息对社会的危害程度
u_{11}	多平台环境	舆情突发程度	舆情突然爆发的程度
u_{12}		舆情持续时长	舆情爆发后持续的整个周期
u_{13}		舆情时空热度	舆情爆发时时空环境下的百度指数
u_{14}		官方机构干预程度	舆情爆发后官方机构进行多平台发文干预的次数
u_{15}		社交平台响应对策	舆情爆发后多平台响应的次数
u_{16}		平台监管体系的全面性	多平台舆情监管体系的全面程度
u_{17}	多平台技术	主体审核技术	多平台用户主体审核技术
u_{18}		信息安全技术	多平台信息安全防御技术
u_{19}		空间监测技术	基于地理信息系统的多平台舆情监测技术
u_{20}		基础设施建设技术	多平台整体的平台搭建、数据存储、地址访问等基础设施建设技术

1. 多平台用户

基于信息人生态因子并结合多平台用户角色图谱构建的分析结果可知，多平台用户是社交网络舆情多平台的主体要素。在舆情话题中多平台用户特征如类型、角色、级别及个人特质等对多平台舆情整体风险是否发生均产生影响。用户类型（u_1）包括普通网民、意见领袖、网络媒体和官方媒体[1][2]。舆情用户在舆情话题的演进中根据其对于舆情话题的贡献在舆情多平台演进中承担不同角色（u_2），例如，"河南 7·20 暴雨"话题中包含信息记录者、救助发布者[3]等角

---

① 杨柳，徐宇昭，邓春林. 高校网络舆情风险评估及预警研究［J/OL］. 情报科学：1-9［2022-03-30］. http://kns.cnki.net/kcms/detail/22.1264.G2.20220314.1059.030.html.

② 田世海，孙美琪，张家毓. 基于贝叶斯网络的自媒体舆情反转预测［J］. 情报理论与实践，2019，42（2）：127-133.

③ 陈苗苗，安璐. 突发传染病情境下社会化问答平台用户角色形成及转变——以知乎平台为例［J］. 图书情报工作，2022，66（12）：68-81.

色，但不同舆情话题用户角色不同，因此采用角色种类的丰富程度来分析其对风险是否产生影响。用户级别（u_3）表明舆情用户使用社交媒体参与舆情讨论的意愿，级别越高的用户参与舆情讨论越积极[1]。同时，多平台中舆情用户的个人特质同样是导致舆情风险发生的关键要素。以自然灾害舆情为例，用户的数据素养（u_4）决定灾害救援及救助信息传播的效率[2]，用户自身对于风险的感知程度（u_5）严重影响灾害事件下网络空间的秩序及网民的情绪[3][4]。

2. 多平台信息

基于信息生态因子并结合多平台群落信息图谱分析结果可知，多平台信息是社交网络舆情多平台的本体要素。社交网络舆情多平台演进拥有的舆情信息资源具有平台异质性，平台内传播的舆情内容以及多平台交织形成的网民立场及情感表达对多平台舆情风险是否发生具有决定性影响。首先由平台类型决定不同平台发布不同结构的舆情信息（u_6），内容包括文本、图片、视频等[5][6]，通过信息内容表达结构方式的不同对舆情风险造成影响；不同类别的舆情案例（u_7）与网民切身利益相关性程度不同，对风险发生结果作用不同[7][8]；不同平台围

① 曾子明，张瑜，李婷婷. 多特征融合的突发公共卫生事件潜在谣言传播者识别 [J]. 图书情报工作，2022，66（13）：80-90.
② 胡峰. 从情报风险到风险情报：循证视阈下公共卫生应急情报风险湍流感知 [J/OL]. 情报科学：1-16 [2022-03-30]. http://kns.cnki.net/kcms/detail/22.1264.G2. 20220309.1625.010.html.
③ 李明德，朱妍. 复杂舆论场景中信息内容传播风险研究 [J]. 情报杂志，2021，40（12）：112-119.
④ 叶琼元，夏一雪，窦云莲，王娟，兰月新. 面向突发公共卫生事件的网络舆情风险演化机理研究 [J]. 情报杂志，2020，39（10）：100-106.
⑤ 王晰巍，邱程程，贾若男. 突发公共卫生事件网络谣言辟谣效果影响因素研究——以新冠疫情期间网络谣言为例 [J]. 图书情报工作，2021，65（19）：26-35.
⑥ 罗文华，马晓晗. 基于贝叶斯网络的多级次网络舆情预警实证研究 [J]. 情报科学，2021，39（7）：68-74.
⑦ 陈震，王静茹. 基于贝叶斯网络的网络舆情事件分析 [J]. 情报科学，2020，38（4）：51-56+69.
⑧ 张鑫，田雪灿，刘鑫雅. 反复性视角下网络舆情风险评估指标体系研究 [J]. 图书与情报，2020，196（6）：123-135.

绕舆情话题呈现不同的情感表达，交织耦合下形成多平台整体的情感表达（u_8），进一步成为潜在的舆情多平台发酵风险点[1][2]。同时，在舆情传播过程中多平台会衍生大量关于舆情话题的虚假和不实信息，阻碍应急救援的展开并扰乱网络空间秩序，因此舆情多平台信息的真实性（u_9）[3] 和危害性（u_{10}）[4] 同样是影响舆情多平台风险发生的关键。

3. 多平台环境

基于信息环境生态因子并结合多平台时空特征图谱分析结果发现，从内部信息环境视角出发，多平台时空是社交网络舆情多平台在与信息环境进行信息资源交换过程中展现的环境特征，表现为舆情发酵的舆情周期和扩散的空间格局，侧面映射网络舆情风险发生的可能性。从时间演化层面分析，舆情话题的突发程度（u_{11}）是指舆情多平台爆发后到百度指数达到峰值所需的时间，时间越短代表舆情话题突发性越强，舆情发生风险的可能性越大[5]。舆情持续时长（u_{12}）是指舆情多平台爆发到舆情每一个平台消亡整体的时长[6]。舆情时空热度（u_{13}）是指该话题在舆情周期及地理位置中的整体的百度指数情况，展现话题在时空环境下的搜索热度[7]。同时针对不同舆

① 邓建高，吴灵铭，齐佳音，徐绪堪，刘亦航. 基于信息关联的负面网络舆情风险分级与预测研究［J］. 情报科学，2022，40（1）：38-43.

② Lifang L I, Zhiqiang W, Zhang Q, et al. Effect of Anger, Anxiety, and Sadness on the Propagation Scale of Social Media Posts after Natural Disasters［J］. Information Processing & Management, 2020, 57（6）：102313.

③ Yang J, Tian Y. "Others are More Vulnerable to Fake News than I Am"：Third-Person Effect of COVID-19 Fake News on Social Media Users［J］. Computers in Human Behavior, 2021, 125：106950.

④ Li L, Sampson R, Ding S H H, et al. TASR：Adversarial Learning of Topic-Agnostic Stylometric Representations for Informed Crisis Response through Social Media［J］. Information Processing & Management, 2022, 59（2）：102857.

⑤ 马宁，刘怡君，廉莹. 突发事件舆情风险研究文献综述［J］. 情报杂志，2019，38（6）：88-94.

⑥ 刘继，武梦娇. 基于贝叶斯网络的网络舆情态势评估分析——以"新冠肺炎疫情"事件为例［J］. 情报杂志，2021，40（3）：187-192+103.

⑦ 张思龙，王兰成，娄国哲. 基于情报感知的网络舆情研判与预警系统研究［J］. 情报理论与实践，2020，43（12）：149-155.

情话题，网络舆情多平台风险是否发生，受到外部信息环境中经济、社会、法律、政治等环境的影响。因此补充外部信息环境因素，认为官方机构干预程度（u_{14}）[1]、社交平台响应对策（u_{15}）[2] 及平台监管体系的全面性（u_{16}）[3] 都会影响社交网络舆情多平台整体舆情风险的产生。

4. 多平台技术

多平台技术是从信息技术生态因子出发，并结合图谱分析结果确定导致社交网络舆情多平台发生风险的技术要素。分析发现，舆情技术主要通过主体审核技术（u_{17}）、信息安全技术（u_{18}）、空间监测技术（u_{19}）及基础设施建设技术（u_{20}）四个维度为多平台中舆情用户的信息交互、情感表达、时空聚集等提供技术支撑。主体审核技术是指多平台针对用户的身份审核、角色识别和影响力分析的技术，决定各大平台对于藏匿在普通用户或网络媒体中的不法或极端分子的识别能力[4]；信息安全技术指多平台提供的信息传播域网保护、意识形态安全把控等保护信息质量且使信息不可篡改的技术[5]；空间监测技术是指基于时空大数据对舆情多平台发展周期及扩散的空间格局进行监测分析的技术，其决定了识别不同时空格局下多平台整体存在舆情风险聚集点的精度[6][7]。基础设施建设技术是为多个社交媒体

① 冯兰萍，钱春琳，庞庆华，程铁军. 基于三方博弈模型的突发事件网络舆情政府干预时机分析 [J]. 情报理论与实践，2021，44（10）：142-150.
② 杨静，朱莉萨，朱镇远，黄微. 基于贝叶斯网络的网络舆情案例匹配模型 [J]. 现代情报，2019，39（10）：94-101.
③ 庄文英，许英姿，任俊玲，王兴芬. 突发事件舆情演化与治理研究——基于拓展多意见竞争演化模型 [J]. 情报杂志，2021，40（12）：127-134+185.
④ 兰月新，张丽魏，上华伟，赵丽娟，段海鹏. 面向风险监测的网络舆情异常感知与实证研究 [J]. 现代情报，2022，42（3）：102-108.
⑤ 张思龙，王兰成，娄国哲. 基于情报感知的网络舆情研判与预警系统研究 [J]. 情报理论与实践，2020，43（12）：149-155.
⑥ 徐迪. 基于时空大数据的重大疫情类突发事件网络舆情研判体系研究 [J]. 现代情报，2020，40（4）：23-30+81.
⑦ Feng Y, Zhou W. Work from Home during the COVID-19 Pandemic：An Observational Study Based on a Large Geo-tagged COVID-19 Twitter Dataset（UsaGeoCov19）[J]. Information Processing & Management，2022，59（2）：102820.

平台提供平台搭建、数据存储、地址访问等支撑用户信息交互及平台使用的技术①。

二 解释结构模型

本节基于解释结构模型（Interpretative Structural Modeling，ISM）识别社交网络舆情多平台风险要素之间的关系及因果路径。解释结构模型是一种广泛使用的系统科学方法，它源于结构建模。ISM 首先把要分析的系统，通过梳理拆分成各种要素，然后分析要素以及要素之间的直接二元关系；并把这种关系分析结果的概念模型映射成有向图，通过布尔逻辑运算揭示系统的整体结构，并在不损失系统整体功能的前提下，以最简层次化有向拓扑图呈现要素之间的关系路径。ISM 以层级拓扑图的方式展示结果及系统要素间的因果层次和阶梯结构，比用表格、文字、数学公式等方式描述系统关系的方法更具有优势。

三 贝叶斯网络

本节采用贝叶斯网络构建贝叶斯网络风险识别模型对舆情多平台整体的风险进行识别。贝叶斯网络（Bayesian Network，BN）又称信度网络，是贝叶斯方法的扩展，是实现不确定知识的表达和知识间关系推理的有效模型之一，可以对各种要素之间的不确定性和复杂关系进行建模②，适用于对社交网络舆情要素之间路径的判断。贝叶斯网络是有向无环图，主要包括网络拓扑和条件概率表两个部分。网络拓扑是贝叶斯模型的定性描述，网络拓扑中的每个节点代表一个随机变量。节点通过有向弧连接，形成变量之间的依赖关系。条件概

① 张柳，王晰巍，李玥琪，黄博. 信息生态视角下微博舆情生态性评价指标及实证研究［J］. 情报理论与实践，2022，45（3）：35-41.

② Chen X，Yuan Y，Orgun M A. Using Bayesian Networks with Hidden Variables for Identifying Trustworthy Users in Social Networks［J］. Journal of Information Science，2020，46（5）：600-615.

率表示变量之间的关系，子节点与其父节点之间的关系表示为有向边并捕获为条件概率表①。根节点即目标变量节点的概率为先验概率，其他节点（根节点除外）基于其父节点的条件概率形成条件概率表，用于表示子节点与父节点变量之间的关系和交互强度，描述模型的量化信息，先验概率和条件概率表是 BN 计算的基础。

与聚类分析、决策树和神经网络等其他机器学习方法相比，贝叶斯网络的样本量或数据集即使很小，也具有良好的预测准确性。同时可以处理系统中结构或参数的知识和不确定性之间的关系，能够从过往数据中学习结构以及系统的参数。因此，贝叶斯网络风险识别模型可以结合由 ISM 得到的因素间的因果关系，识别整体的社交网络舆情多平台中的舆情风险。

四　社交网络舆情多平台风险识别模型

经过上述步骤构建基于 ISM-BN 的社交网络舆情多平台风险识别模型，如图 7-1 所示。模型实现了对社交网络舆情多平台中的舆情风险要素发现、风险要素之间的关系分析及风险识别，保障风险识别过程的精准及客观。模型主要分为三大模块，在风险要素发现模块，采用知识图谱对社交网络多平台的舆情进行多维度主题图谱构建并深入挖掘舆情规律后发现导致多平台风险发生的要素；在风险要素之间的关系分析模块，通过解释结构模型对风险要素之间的因果关系及层级结构进行分析，确定风险要素之间的驱动关系；在风险识别模块，建立贝叶斯网络风险识别模型用于舆情多平台风险结果的判断。与以往风险监测模型相比，导致舆情多平台风险发生的要素的选取基于主题图谱构建结果的讨论分析，使其更具有客观性及全面性，同时采用 ISM 和 BN 对风险识别模型进行构建，确定风险要素之间耦合和相互作用的路径，从信息系统的视角确定社交网络舆情多平台

---

① Zhang Y，Weng W G. A Bayesian Network Model for Seismic Risk Analysis［J］. Risk Analysis，2021，41（10）：1809-1822.

风险中信息人、信息、信息环境及信息技术耦合对风险发生的作用，进一步提升了舆情多平台风险识别模型的准确率及精度。

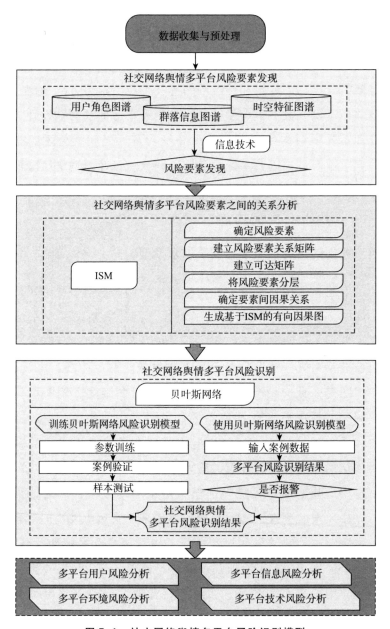

图 7-1　社交网络舆情多平台风险识别模型

第四节　社交网络舆情多平台风险识别实证分析

一　数据收集与预处理

本节选择同时在微博、抖音及哔哩哔哩三大平台产生舆论讨论的舆情案例作为数据来源，通过网络爬虫代码、手工抓取及专家评价三种方式进行多个舆情案例的数据爬取和收集。采用手工抓取的方式对无法用爬虫获得的社交网络舆情案例数据，如百度指数、事件持续时长等进行爬取。从社交网络舆情的特征出发，参考知微事见平台及百度指数的舆情搜索指数，共选取了具有强代表性的 40 个舆情案例作为样本数据用于后续风险识别模型的训练[①]，舆情案例风险要素数据的收集方法及量化方式如表 7-2 所示。

表 7-2　社交网络舆情多平台风险要素数据的收集方法及量化方式

要素	类别（类别代码）	数据收集方法及量化方式
舆情多平台风险	低（1）、中（2）、高（3）	利用知微事见平台数据及专家评价方式收集
用户类型	普通网民（u）、意见领袖（ol）、网络媒体（um）、官方媒体（a）	依据社交媒体平台官方认证方式，统计多个平台中整体出现的除普通网民之外数量最多的用户类型
用户角色	种类单一（1）、种类中等（2）、种类丰富（3）	依据舆情话题数据及专家评价收集
用户级别	低（1）、中（2）、高（3）	依据多平台用户认证数据予以确定
用户数据素养	低（1）、中（2）、高（3）	依据社交媒体年度报告及舆情话题结合专家评价收集
用户风险感知	低（1）、中（2）、高（3）	依据专家评价收集
信息发布结构	文本（t）、图片（p）、视频（v）	发布结构以文字为主为"文字类"；既有文字又有图片定义为"图片类"；发布结构以视频为主定义为"视频类"

---

①　知微事见.河南遭遇特大暴雨［EB/OL］.［2022-12-24］. https://ef.zhiweidata.com/event/8265e34c64b90e6510054700/trend.

社交网络舆情主题图谱构建及调控策略 ◇◇

续表

要素	类别（类别代码）	数据收集方法及量化方式
信息话题内容	自然灾害（d）、公共卫生（h）、社会安全（s）、环境危害（en）、核电和紧急情况（e）	依据专家评价收集
信息情感负面程度	负面（3）、中性（2）、正面（1）	依据"清博舆情"舆情分析平台提供的情感分析结果确定
信息真实性	低（1）、中（2）、高（3）	根据微博辟谣平台数据确定及专家评价收集
信息危害性	低（1）、中（2）、高（3）	依据专家评价收集
舆情突发程度	高（s）、低（w）	统计案例从发生到百度指数达最高点的用时数据，将统计的结果按升序排列，以5：5的比例将突发程度划分为高、低两类
舆情持续时长	短（s）、中（m）、长（l）、非常长（sl）	将案例的整体持续时间划分为短、中、长、非常长4类。其中，持续时间小于半个月记为"短"，半个月至三个月记为"中"，三个月至六个月（不含）为"长"，六个月及以上记为"非常长"
舆情时空热度	低（1）、中（2）、高（3）	根据案例百度指数峰值数据进行确定，按照3：4：3的比例将时空热度分为"高""中""低"三类
官方机构干预程度	低（1）、中（2）、高（3）	统计舆情爆发后官方机构进行多平台发文干预的次数，将统计的结果按升序排列，按照3：4：3的比例将干预程度分为"高""中""低"三类
社交平台响应对策	低（1）、中（2）、高（3）	统计舆情爆发后社交媒体平台进行响应的次数，将统计的结果按升序排列，按照3：4：3的比例将参与度分为"高""中""低"三类
平台监管体系的全面性	低（1）、中（2）、高（3）	依据专家评价收集
主体审核技术	低（1）、中（2）、高（3）	依据专家评价收集
信息安全技术	低（1）、中（2）、高（3）	依据专家评价收集
空间监测技术	低（1）、中（2）、高（3）	依据专家评价收集
基础设施建设技术	低（1）、中（2）、高（3）	依据专家评价收集

二　数据处理

1. 风险要素关系分析

本节在确定导致社交网络舆情多平台风险发生的具体要素之后，经过 6 位专家对要素之间相互关联的判断获得要素间的映射路径[①]，通过建立邻接矩阵、可达矩阵及将可达矩阵分级三个步骤得到社交网络舆情多平台风险要素的层次结构及有向路径。根据可达矩阵的不同层次，利用节点和弧形成子指标的有向因果图。有向因果图旨在描述子指标的水平相互依存关系以及子指标在两个相邻层次之间的垂直影响。ISM 得到的有向因果图，显示了所有子指标的可视连接以及它们之间的互连，即确定了风险要素之间的层次结构和要素之间的因果关系，可以更客观地为下一步构建风险识别模型提供路径基础。

2. 舆情多平台风险识别模型训练及使用

基于 ISM 得到的有向因果图，进一步构建贝叶斯网络风险识别模型进行社交网络舆情多平台风险的识别。首先，通过输入大量舆情案例相关数据进行参数训练，确定贝叶斯网络的条件概率表及先验概率；其次，通过样本集及测试集的交叉验证过程，确定构建的风险识别模型的有效性；最后，使用贝叶斯网络风险识别模型进行风险识别，通过输入待预测案例的相关数据得到风险识别结果。对多平台整体的舆情风险进行识别，对存在高风险的舆情话题进行发现，从而实现完整的社交网络舆情多平台风险识别过程。

三　数据结果

1. 风险要素间的关系分析结果

经过专家评分得到的社交网络舆情多平台的风险要素关系矩阵[②]

[①]　娄策群，牟奇蕾．基于解释结构模型的信息生态制度环境影响因素研究 ［J］．情报科学，2021，39（6）：19-26.

[②]　Huang W，Zhang Y，Kou X，et al. Railway Dangerous Goods Transportation System Risk Analysis：An Interpretive Structural Modeling and Bayesian Network Combining Approach ［J］．Reliability Engineering & System Safety，2020，204：107220.

如表7-3所示。根据关系矩阵表计算可达矩阵,并将可达矩阵划分为不同层级,最后得到社交网络舆情多平台风险要素之间的因果路径及层级关系,并构建风险要素之间的有向路径拓扑图,图7-2展示了基于ISM的舆情多平台风险要素分层结果。导致社交网络舆情多平台发生风险的要素中,根据其对舆情风险发生的直接或者间接驱动关系可划分为4个层级(L1~L4)。L1层级即最直接要素层级,包含用户角色(u_2)、用户风险感知(u_5)、舆情突发程度(u_{11})、舆情持续时长(u_{12})、舆情时空热度(u_{13})、官方机构干预程度(u_{14})及社交平台响应对策(u_{15})。这些要素对于舆情风险发生的驱动关系是共同作用的。L1层级中的要素作为社交网络舆情多平台风险是否发生的根节点,受L2、L3、L4层级要素的影响,直接作用于多平台舆情风险是否发生的结果。

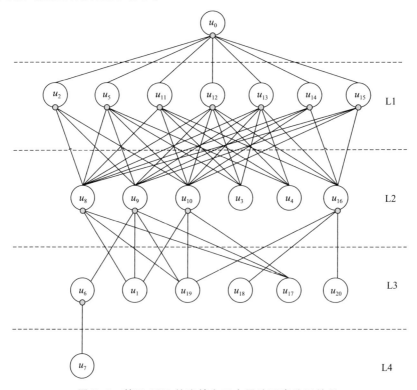

图7-2 基于ISM的舆情多平台风险要素分层结果

表 7-3　社交网络舆情多平台风险要素关系矩阵表

	u_1	u_2	u_3	u_4	u_5	u_6	u_7	u_8	u_9	u_{10}	u_{11}	u_{12}	u_{13}	u_{14}	u_{15}	u_{16}	u_{17}	u_{18}	u_{19}	u_{20}
u_1	0	0	0	0	1	0	0	0	1	1	0	0	0	0	1	0	0	0	0	0
u_2	0	0	0	0	0	0	0	0	0	1	0	0	1	0	0	0	0	0	0	0
u_3	0	0	0	0	0	0	0	0	0	0	0	0	1	0	0	0	0	0	0	0
u_4	0	0	0	0	0	0	0	0	0	0	1	0	0	0	0	0	0	0	0	0
u_5	0	0	0	0	0	0	0	0	0	0	0	1	0	0	0	0	0	0	0	0
u_6	0	1	0	0	1	0	0	0	1	0	0	0	0	0	0	0	0	0	0	0
u_7	0	0	0	0	0	0	0	0	0	0	1	1	0	0	0	0	0	0	0	0
u_8	0	0	0	0	0	0	0	0	0	0	1	0	0	0	0	0	0	0	0	0
u_9	0	1	0	0	0	0	0	0	0	0	0	0	0	0	0	0	0	0	0	0
u_{10}	0	1	0	0	0	1	0	1	0	0	0	0	0	0	0	0	0	0	0	0
u_{11}	0	1	0	0	0	0	0	0	0	1	0	0	0	0	0	0	0	0	0	0
u_{12}	0	0	0	0	0	0	1	0	1	0	0	0	1	0	0	0	0	0	0	0
u_{13}	0	0	0	0	1	0	0	0	0	0	0	0	0	1	0	0	0	0	0	0
u_{14}	0	0	0	0	0	0	0	0	0	0	0	0	1	0	0	0	0	0	0	0
u_{15}	0	0	0	1	1	0	0	0	0	0	0	0	1	0	0	0	0	0	0	0
u_{16}	0	0	0	0	0	0	0	0	0	0	0	1	1	1	0	0	0	0	0	0
u_{17}	0	0	0	1	1	0	0	0	0	0	0	0	1	0	0	1	0	0	0	0
u_{18}	0	0	0	0	0	0	0	0	0	0	0	0	1	0	0	1	0	0	0	0
u_{19}	0	0	0	1	1	0	0	0	0	0	0	1	0	0	0	1	0	0	0	0
u_{20}	0	0	0	0	0	0	0	0	0	0	0	0	1	0	0	1	0	0	0	0

L2 层级和 L3 层级为中间要素层级，对多平台风险发生的结果具有调节作用。L1 层级各要素的状态受到 L2 层级要素的直接调控。例如，用户角色（u_2）受信息情感负面程度（u_8）、信息真实性（u_9）、信息危害性（u_{10}）要素的直接影响；用户风险感知（u_5）受信息情感负面程度（u_8）、信息真实性（u_9）、信息危害性（u_{10}）、用户级别（u_3）及用户数据素养（u_4）的直接影响，以及舆情时空热度（u_{13}）受到 L2 层级全部要素的调控等。

L2 层级部分要素的状态受到 L3 层级要素的直接调控。如信息情感负面程度（u_8）受到用户类型（u_1）、空间监测技术（u_{19}）及主体审核技术（u_{17}）的直接影响；平台监管体系的全面性（u_{16}）受到空间监测技术（u_{19}）、信息安全技术（u_{18}）及基础设施建设技术（u_{20}）的直接影响。

L4 层级为最根本要素层级，仅包含信息话题内容（u_7）一个要素，即影响社交网络舆情多平台风险发生的最根本要素为舆情信息话题内容本身，L4 层级直接调节 L3 层级的要素状态，并通过 L3 层级及 L2 层级对 L1 层级要素进行间接调节。

2. 贝叶斯网络风险识别模型构建及风险识别结果

基于 ISM 分析得到的因果路径及层级结果构建贝叶斯网络风险识别模型。ISM 分析得到的有向拓扑结构较为复杂，其中一些子指标之间存在循环连接，通过去除网络中的冗余连接并删除圆弧连接，删减后得到最终的贝叶斯网络风险识别模型如图 7-3 所示。

得到贝叶斯网络风险识别模型后，需要输入社交网络舆情案例数据供贝叶斯网络风险识别模型进行学习得到条件概率表及先验概率。研究采纳 40 条舆情案例数据供贝叶斯网络风险识别模型进行学习。为客观识别并细化多平台风险的级别，将预警结果划分为低风险、中风险及高风险三个等级[①]。同时为解决小规模数据集训练不充

---

① Liu J, Liu L, Tu Y, et al. Multi-Stage Internet Public Opinion Risk Grading Analysis of Public Health Emergencies: An Empirical Study on Microblog in COVID-19 [J]. Information Processing & Management, 2022, 59 (1): 102796.

分、模型出现过拟合的问题①②，研究采用交叉验证法进行训练及测
试，将案例数据划分为 35 条训练数据和 5 条测试数据，进行 8 次交
叉验证。第一次验证选取事件 1~5 作为测试集，其他样本作为训练
集；第二次验证选取事件 6~10 作为测试集，其他样本作为训练集，
以此类推进行仿真验证。

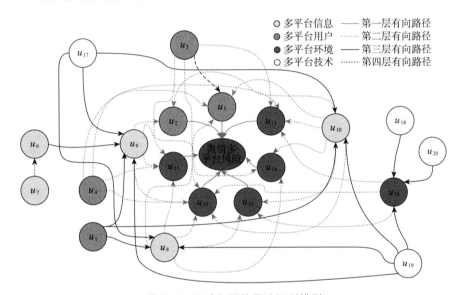

图 7-3 贝叶斯网络风险识别模型

研究使用 Genie 软件的 K2 算法作为推理算法得到条件概率表。
由于篇幅原因，仅列出部分验证结果如表 7-4 所示。在 8 次交叉验证
中，有 2 次的判定结果和实际结果不一致，其中低风险、中风险、高
风险概率较为接近，均约为 33%，这导致了结果错误。这样的误差
可以通过进一步细化风险分类等级来提高模型准确率。总体上构建
的风险识别模型的准确率为 95%，与未采纳 ISM 方法构建的风

① 刘继，武梦娇. 基于贝叶斯网络的网络舆情态势评估分析——以"新冠肺炎疫情"事
件为例 [J]. 情报杂志，2021，40（3）：187-192+103.
② 宋英华，刘含笑，蒋新宇，杨丽娇. 基于知识元与贝叶斯网络的食品安全事故情景推
演研究 [J]. 情报学报，2018，37（7）：712-720.

险预警模型的准确率相比有所提升①②。采用"河南7·20暴雨"话题的数据进行实例验证，结果如表7-5所示，"河南7·20暴雨"话题整体存在舆情高风险，验证结果与预期评价结果一致，证明构建的贝叶斯网络风险识别模型对于社交网络舆情多平台风险的识别是可靠的。

表7-4 部分仿真交叉验证对比数据

案例编号	平台案例具体数据	测试结果	实际结果
1	[u, 3, 3, 2, 3, t, h, 3, 2, 3, s, l, 3, 2, 3, 2, 3, 2, 1, 2]	Low（17%），Medium（17%），High（67%）	高风险
2	[a, 1, 3, 2, 3, t, h, 2, 1, 3, s, s, 3, 3, 3, 2, 3, 2, 1, 2]	Low（17%），Medium（67%），High（17%）	中风险
…	…	…	…
19	[um, 1, 1, 1, 3, v, s, 2, 3, 2, w, s, 1, 1, 3, 1, 3, 2, 3, 1]	Low（17%），Medium（67%），High（17%）	中风险
20	[a, 2, 1, 1, 3, v, h, 2, 2, 3, s, sl, 3, 3, 3, 3, 2, 3, 2, 1]	Low（17%），Medium（67%），High（17%）	中风险
21	[um, 3, 2, 2, 3, v, s, 3, 1, 2, w, l, 3, 3, 3, 1, 3, 2, 3, 1]	Low（7%），Medium（7%），High（87%）	高风险
…	…	…	…
36	[um, 1, 2, 3, 3, v, s, 2, 3, 1, s, s, 1, 1, 1, 1, 2, 3, 1, 3]	Low（67%），Medium（17%），High（17%）	低风险
37	[um, 1, 2, 3, 3, v, e, 3, 3, 2, s, s, 1, 1, 1, 1, 2, 3, 1, 3]	Low（67%），Medium（17%），High（17%）	低风险
…	…	…	…

① 罗文华，马晓晗．基于贝叶斯网络的多级次网络舆情预警实证研究［J］．情报科学，2021，39（7）：68-74．
② 陈震，王静茹．基于贝叶斯网络的网络舆情事件分析［J］．情报科学，2020，38（4）：51-56+69．

表 7-5　"河南 7·20 暴雨"案例数据及风险识别结果

话题名称	类别	数据
河南 7·20 暴雨	案例具体数据	[a,3,2,3,3,v,d,3,2,3,s,m,3,3,1,1,1,3,2,3]
	案例风险识别	Low（17%），Medium（17%），High（67%）
	案例真实情况	高风险

第五节　社交网络舆情多平台风险识别讨论分析

一　社交网络舆情多平台风险分析

针对"河南 7·20 暴雨"话题进行舆情多平台风险识别，结果发现，舆情话题整体风险发生与否受多个平台舆情演化结果的共同作用。舆情传播在多平台呈裂变式、复杂化、耦合性演变，舆情风险是否发生受到多个平台中的风险要素在该平台中具体演化情况的调节，同时也受到风险要素之间的相互作用的调节，这更加凸显舆情多平台风险的系统性特质。舆情风险是社交网络舆情生态系统中要素彼此作用的结果。在不同的社交媒体平台中，参与舆情话题讨论的用户个人素养不同、舆情用户围绕舆情信息表达的信息内容形式、衍生主题焦点、情感表达立场也不同，但舆情信息资源多平台的传播耦合、情感立场多平台的扩散交织以及多平台的舆情在同一时空格局中的关联影响，形成了社交网络舆情多平台整体的舆情演化态势。"河南 7·20 暴雨"话题的多平台社交网络舆情整体存在高风险，下文进一步从多平台用户风险、多平台信息风险、多平台环境风险及多平台技术风险四个层面进行具体说明。

二　多平台用户风险分析

用户角色及用户风险感知直接决定舆情多平台风险的发生。社交网络舆情多平台的传播和发酵是用户角色种群间及平台间协同的结果，用户角色的种类和功能伴随舆情话题需求产生，在角色协同中进行重大事件应急管理和舆情疏导，可以有效防范舆情风险。舆情多平台传播过程中存在核心用户角色，其通过角色特征包括利用意见领袖的节点影响力及权威性，引导话题走向，对网络舆情传播进行介入和干预；桥梁节点将观点不同或角色不同的用户连接起来，促进核心角色用户观点或关键救助信息的传播，实现角色种群内部和种群间的互动和协作。同时，用户风险感知直接影响舆情多平台风险，网民感知到风险的增加会加剧舆情传播的不稳定性，容易刺激用户发布极端言论或采取示威游行等偏激线下行为，进一步造成危机事件舆情的线上线下混合发酵。

用户类型、用户级别、用户数据素养作为中间层风险要素调节舆情多平台风险的发生。用户类型决定用户角色及用户在舆情多平台传播中的具体功能，意见领袖、网络媒体及官方媒体的多平台积极参与对于充分发挥其角色优势、促成平台联动起到关键作用。级别较高的用户的积极参与会增强话题内容的讨论深度及小社区中观点的碰撞，防范信息茧房和极端观点对普通网民的影响。各平台用户的数据素养不同，影响用户在舆情进程中的思考视角及观点立场。因此，从多平台用户视角分析舆情多平台风险防范的关键在于利用核心用户的特征优势，借助其节点影响力及观点传播力促进网络舆情多平台演进中的良性沟通和主流观点的传播，同时也要关注参与舆情的多平台用户的个人特征，全面提升各平台用户的数据素养，培养其有效辨识虚假信息及科学感知舆情风险的思维能力。

三 多平台信息风险分析

首先，舆情多平台风险的发生受到最底层要素——信息话题内容的重要影响。自然灾害事件、公共卫生事件等与网民利益密切相关的舆情话题往往具有争议性，容易引发矛盾[①]并引发舆论，舆情发酵

---

① 吴江，赵颖慧，高嘉慧. 医疗舆情事件的微博意见领袖识别与分析研究［J］. 数据分析与知识发现，2019，3（4）：53-62.

的潜在风险大。其次，舆情多平台风险的发生受到信息发布结构、信息情感负面程度、信息真实性及危害性的调节。在抖音和哔哩哔哩平台，舆情视频信息内容的传播规律呈现爆点多元、时序离散、情境丰富等特征，相较于微博更容易引发网民共情①。尤其是灾害情境、重大损失等极易引发网民负面情感、悲伤情绪的传染和扩散，甚至带来网络暴力等，使平台中的舆情反复发酵，同时容易引发其他平台对于舆情的二次讨论。网民负面情感的聚集和情感的极化容易引发舆情风险，但同时情感的极化也会增加公众对于舆情话题的讨论和交流，有利于矛盾事件的加速解决。因此，利用情感极化的力量引导积极舆情在多平台的传播和扩散是防范舆情风险的关键。

舆情爆发后，往往有不法分子利用舆论热度、舆情信息内容及网民情感走向在多平台捏造话题相关谣言、散播虚假信息，从而造成网络空间混乱，并进一步影响现实社会，形成由"信息多平台传播→舆论耦合发酵→情感交织极化→危害现实社会"的连锁效应。哔哩哔哩平台对舆情信息的拓展性和衍生性要强于微博和抖音，容易造成用户对不实信息的过度关注和极端辩论，进一步推动不实信息在抖音和微博平台的扩散，增加舆情风险发生的可能性。因此，从舆情多平台信息风险的视角出发分析舆情多平台风险防范的关键在于，加强对舆情传播过程中各平台不实信息、极端言论的监测，以及对各平台信息进行有效保护，通过动态的多平台监测、机构治理和技术甄别对不实舆情信息及网络谣言尽早限流，对客观陈述和主流报道实施多平台矩阵化广播，防范虚假信息在多平台的进一步扩散和蔓延，积极维护网络空间秩序。

四　多平台环境风险分析

社交网络舆情多平台风险的发生直接受到多平台环境要素的影

---

① 姜景，王文韬. 面向突发公共事件舆情的政务抖音研究——兼与政务微博的比较［J］. 情报杂志，2020，39（1）：100-106+114.

响，其中具体包含内部环境时空要素及外部环境干预要素。河南暴雨属于自然灾害事件，话题具有极强的突发性，在较短时间内引发大量网民关注，整体上经过有效的政府干预、平台响应和灾后救援等应急措施的开展，在时空特征层面未出现长期持续的舆情聚集和衍生舆情现象。但突发公共卫生事件及社会问题相关舆情话题本身具有突发性强、持续发酵、溢出蔓延、时空热度持续高涨的特性，容易造成舆情风险。社交网络舆情一旦爆发，舆情信息借助各平台进行多类型、多途径、立体化的耦合传播，极易引发舆情多平台中时间和空间的聚集效应，形成以重要时间节点、空间地点为核心的舆情扩散格局，引发多平台整体的舆情聚集和观点共振，造成舆情风险。

在舆情多平台时空特征影响的基础上，外部环境中官方机构的干预、平台监管体系的建设进一步遏制了舆情多平台风险的发生。针对舆情多平台整体的支持和引导，外界政策往往具有矩阵化和协同化特征，起到舆情风险调控的和声共振效应，但平台对外界政治、经济等方面的支持程度及响应能力存在区别。根据舆情生态系统的自然规律，舆情从爆发到消亡的用时是漫长的，这一过程中甚至会有负面舆情和衍生舆情传播和发酵的可能。因此，从多平台环境风险的维度出发进行多平台舆情风险防范的重点在于借助平台时空动态监测和外界政策干预，实现对重要时间节点和关键城市舆情的监管和引导。

五　多平台技术风险分析

信息技术作为中间层要素调节社交网络舆情多平台风险的发生。舆情信息借助平台在舆情用户和舆情环境间流动，根本上受到信息技术的调节。目前以微博、抖音和哔哩哔哩为代表的社交媒体多平台的基础设施建设是较为完善和合理的，能有效在舆情信息爆发和扩散过程中提供良好的信息交互速度和信号访问强度。但舆情多平台风险的发生同时受其他技术要素的影响。舆情用户在舆情传播中根据其角色承担不同的信息传播功能，这为不法分子在不同平台进行身份伪装进而发布虚假信息和极端观点提供了空间，为舆情演化带来风险。提升多平台主体审核技术来识别不法分子的真面目，可以防范舆情风险的发生。

　　不同平台舆情内容分发机制的区别导致其掌握不同的舆情信息资源，因此对各平台持有的舆情信息资源进行防篡改保护以及对虚假信息进行识别以保障舆情信息多平台传播的安全性，也是防范舆情风险的关键。对于核心群落的舆论观点和客观事实信息需要完善保护和不可篡改技术，这样有助于抢回网络空间中不实信息和消极观点占用的社会网络资源，实现和虚假信息的有效对抗。空间监测技术同样是社交网络舆情多平台风险防范的关键，目前多平台空间监测技术不足、监测精度不细容易衍生舆情风险，而融合时空地理数据对舆情态势进行关联分析可以动态识别时空视域下用户在多平台的行动轨迹、信息走势，从而对舆情演化做出精准预测和判断，提升识别舆情发酵敏感点的精度和效率。以微博、抖音、哔哩哔哩为代表的社交媒体平台在空间监测环节已全面展示舆情信息发布的 IP 地址标签，但仍需要完善时空数据监测算法，以对"线上-线下"双向舆情多平台风险进行全面研判。

第八章
大数据驱动的社交网络
谣言甄别与仿真

第一节 社交网络谣言甄别模型构建意义

《2019 年全球数字报告》显示，全球有超过 43.9 亿人在使用互联网。其中，全球社交媒体用户数量持续快速增长，在 2019 年初已增长到近 35 亿，在过去 12 个月中新增用户 2.88 亿，全球渗透率高达 45%，并且 32.6 亿用户通过移动设备来使用社交媒体平台[①]。随着 Web2.0 的出现，社交网络已经成为互联网信息传播的重要媒介。社交网络源自网络社交，是为大众提供娱乐休闲生活服务，并支持用户进行信息分享和交流的网络平台[②]。社交媒体是一种自由宽松的网络空间，这也导致网络谣言屡禁不止，严重危害社会以及网络秩序的稳定。因此，网络谣言的甄别和治理成为当前舆情管理部门及学者们关注的新问题。

近几年国内外学者展开了网络谣言方面的研究。外文文献中，

---

① The Global State of Digital in October 2019 ［EB/OL］. ［2019-11-05］. http://wareso-cial. cn/blog/2019/10/25/the-global-state-of-digital-in-october-2019/.

② 郑建国，朱君璇，曹如中. 基于情境的社交网络信息传播链路预测研究 ［J］. 情报理论与实践，2018，41（6）：98-103.

Liu 和 Xu[①] 通过观察社交媒体环境中用户的特征及谣言在社交媒体中的传播模式来区分谣言与非谣言；Arkaitz Zubiaga 等[②]使用自然语言处理和数据挖掘技术，提出一个由谣言检测、跟踪、分类等功能组成的谣言分类系统，并对遏制谣言提出建议；Rehana Moin 等[③]设计了基于 Facebook 话题评论数据的谣言检测模型，并通过实验分析对比机器学习在识别谣言监测方面的优越性。中文文献中，洪小娟等[④]以2013 年食品安全微博谣言为实证研究对象，运用社会网络分析方法研究了微博谣言的网络结构特征；邓胜利和付少雄[⑤]从用户信任视角构建了网络谣言预测模型，并分析了用户信任对网络谣言生产与传播的影响；兰月新等[⑥]构建了网络谣言传播主体演化模型，运用定性分析的方法分析了突发事件网络谣言传播机理。从国内外学者的研究来看，现有研究主要分为以下两类：一类是利用社交网络的图结构，以复杂网络分析为理论基础，研究网络谣言的传播模式；另一类是利用自然语言处理的相关技术，以用户的评论信息作为数据基础，实现基于内容的谣言识别。然而，目前尚未有研究尝试运用区块链技术实现社交网络结构的重构，并基于评论信息进行谣言的甄别。

本章研究试图解决以下三个方面的问题。①如何基于区块链技术对社交网络结构进行重构？②如何运用区块链技术对网络谣言的

① Liu Y, Xu S, Tourassi G. Detecting Rumors through Modeling Information Propagation Networks in a Social Media Environment [C] // International Conference on Social Computing. 2015.

② Zubiaga A, Aker A, Bontcheva K, et al. Detection and Resolution of Rumours in Social Media: A Survey [J]. ACM Computing Surveys, 2017, 51 (2): 32-68.

③ Moin R, Rehman Z, Mahmood K, et al. Framework for Rumors Detection in Social Media [J]. International Journal of Advanced Computer Science and Applications, 2018, 9 (5): 439-444.

④ 洪小娟，姜楠，夏进进. 基于社会网络分析的网络谣言研究——以食品安全微博谣言为例 [J]. 情报杂志，2014，(8): 161-167.

⑤ 邓胜利，付少雄. 网络谣言特征分析与预测模型设计：基于用户信任视角 [J]. 情报科学，2017，(11): 8-12.

⑥ 兰月新，夏一雪，刘冰月. 面向突发事件的网络谣言传播主体建模与仿真研究 [J]. 情报科学，2018，36 (5): 119-125.

发布者进行追溯？③怎样基于评论信息对网络谣言进行甄别？因此，本章基于区块链构建社交网络谣言甄别模型，以新浪微博中"塑料大米"作为研究对象进行仿真研究，验证模型的有效性与优越性。理论贡献在于运用区块链技术重构社交网络结构，基于评论信息进行网络谣言的甄别，并提供一种去中心化的可信任机制。在实践中，这种基于区块链的谣言验证方式，提供了一种基于工作量证明机制的谣言甄别方法，使得网络对谣言有一定的自动过滤能力。

第二节　社交网络谣言甄别模型构建依据

一　网络舆情和网络谣言

网络舆情以网络为载体，是众多网络用户情感、态度、意见和观点的集合①。在网络舆情环境中，许多内容生产者尤其是部分缺乏深度思考的自媒体会通过娱乐化、断章取义、夸大歪曲等方式制造网络谣言，以此获得更高的阅读量、转发率和点赞量。网络谣言通常是指通过网络传播介质（如微博、微信等）进行传播的没有事实根据且带有一定的攻击性和目的性的话语②。借助互联网平台，网络谣言的传播不受时间、地点和空间的限制③。人们会以不同的方式对谣言做出反应，通常认为个人层面的不确定性和轻信度是网络谣言传播的决定因素④。因此，网络谣言与新闻的区别在于谣言本身是未经证实

①　王宁，赵胜洋，单晓红．基于灰色系统理论的网络舆情预测与分级方法研究［J］．情报理论与实践，2019，42（2）：120-126.

②　Jia J，Wu W. A Rumor Transmission Model with Incubation in Social Networks［EB/OL］．［2018-11-21］．https：//www. researchgate. net/publication/320128930_A_rumor_transmission_model_with_incubation_in_social_networks.

③　Ma R. Spread of SARS and War-Related Rumors through New Media in China［J］．Communication Quarterly，2008，56（4）：376-391.

④　Bordia P. Studying Verbal Interaction on the Internet：The Case of Rumor Transmission Research［J］．Behavior Research Methods，Instruments，& Computers，1996，28（2）：149-151.

的，同时谣言往往是人们感兴趣的或与自身利益相关的热点问题①。网络谣言传播具有突发性并且传播速度极快②，如果不能对网络谣言进行及时的甄别、管理和控制，将对正常的社会秩序造成不良影响，并可能引起不必要的恐慌和混乱，甚至引发社会动荡③。因此，对网络谣言进行追踪溯源和及时甄别，可以减少不必要的负面舆情的发生。

二　区块链在网络谣言识别中的应用

区块链最初起源于比特币，是比特币的底层技术。其本质是一个去中心化的数据库④。区块链技术不依赖第三方，通过自身分布式节点，结合共识机制、密码学、时间戳等技术来进行网络数据的存储、验证、传递和交流，具有点对点传输、去中心化、开放可追溯和安全不可篡改等特点⑤。区块链技术被认为是互联网发明以来最具颠覆性的技术创新，它依靠密码学和数学，巧妙地运用分布式算法，在无法建立信任关系的互联网上，无须借助任何第三方即可使参与者达成共识⑥。其采用全民参与和全民记账的方式，共同维护一个十分可靠的巨大账本，即一个大的分布式数据库，以较低的成本解决了信任与价值的可靠传递难题⑦。基于区块链的共识机制可建立信任网络，以

①　Bordia P，Difonzo N. Problem Solving in Social Interactions on the Internet：Rumor as Social Cognition ［J］. Social Psychology Quarterly，2004，67（1）：33-49.

②　Nekovee M，Moreno Y，Bianconi G，et al. Theory of Rumour Spreading in Complex Social Networks ［J］. Physica A Statistical Mechanics & Its Applications，2008，374（1）：457-470.

③　Goh H L，Chua A Y K，Shi H，et al. An Analysis of Rumor and Counter Rumor Messages in Social Media ［C］// International Conference on Asian Digital Libraries. Springer，Cham，2017.

④　Extance Andy. The future of cryptocurrencies：Bitcoin and Beyond ［J］. Nature，2015，526（7571）：21-3.

⑤　https：//en. wikipedia. org /wiki /Blockchain.

⑥　Puthal D，Malik N，Mohanty S P，et al. The Blockchain as a Decentralized Security Framework ［Future Directions］［J］. IEEE Consumer Electronics Magazine，2018，7（2）：18-21.

⑦　朱建明，付永贵. 基于区块链的供应链动态多中心协同认证模型 ［J］. 网络与信息安全学报，2016，2（1）：27-33.

阻止网络谣言的进一步传播[①]；区块链的去中心化数据系统，可代替原有的第三方托管策略，从而提升原始信息的安全等级，在信息源头上遏制恶意的谣言攻击[②]。有学者对以区块链为架构基础的 Steemit、Matters 平台应对网络谣言的功能设置和运行机制进行了分析[③]，这些研究较少有较成熟的理论模型。

三　基于区块链的社交网络谣言甄别模型的提出

区块链重新定义了网络中信息的存储和传播方式，从而保证了网络中的数据不被非对称加密算法篡改和伪造，使得网络用户对区块链数据信息的认识达成一致。从现有区块链的研究和发展现状来看，区块链技术不仅仅适用于经济金融领域，更宜应用在信息加密、知识产权等方面。而且，区块链技术可以从技术层面对网络舆情的传播内容、传播方式、网络安全和隐私安全等进行优化与创新。在应对虚假新闻等网络谣言方面，区块链技术的可追溯性使得其非常适合用来追溯谣言的源头。而通过设计基于评论内容的工作量证明机制，可以有效地构建甄别模型，从而进一步增强识别网络谣言的能力。传统的非基于区块链的网络谣言甄别模型中，较多使用机器学习对信息真实性进行识别[④]，而本章旨在利用区块链技术重构社交网络结构，以保证信息在社交网络中传播的可追溯性。在此基础上，本章利用评论信息进行谣言甄别，提供一种去中心化的可信任机制。根据节点间的语义相似度动态调节节点接入区块链的难度，并利用区块链

①　Chen Y, Li Q, Wang H. Towards Trusted Social Networks with Blockchain Technology [EB/OL]. [2020-04-08]. https://www.researchgate.net/publication/322355011_Towards_Trusted_Social_Networks_with_Blockchain_Technology.

②　Fu D, Fang L. Blockchain-Based Trusted Computing in Social Network [C] // IEEE International Conference on Computer & Communications. IEEE, 2017.

③　林浩瀚. 基于区块链技术的网络谣言治理研究 [D]. 内蒙古大学, 2019.

④　Yahui L, Xiaolong J, Huawei S. Towards Early Identification of Online Rumors Based on Long Short-Term Memory Networks [J]. Information Processing and Management, 2019, 56: 1457-1467.

中的工作量证明机制，使得社交网络对网络谣言具有一定的自动过滤能力。

第三节　社交网络谣言甄别模型构建

一　基于区块链的社交网络谣言甄别模型的前提假设

1. 前提假设

基于对区块与区块链的设定，本节提出 3 个基于区块链的社交网络谣言甄别模型的前提假设。①网络舆情的源节点必须为权威机构所发布的真实信息，时间戳最早。若某节点的时间戳早于源节点，则直接判定为谣言[①]。②存在某相似度计算算法，衡量新舆情与源节点处舆情的相似度[②]。③有足够多请求接入区块链的节点，且不同节点的计算能力相同[③]。

社交网络中的舆情传播大致分为两种，一种为直接转发，一种为评论转发。有学者将区块链的不可篡改、可追溯机制应用于社交媒体中转发谣言的研究，而并未对社交网络中的评论信息进行甄别[④]。因此，本节将针对这两类传播途径，详细阐述区块链如何通过节点时间戳，递归地追溯信息源节点，进而有效地甄别谣言信息。

2. 直接转发的网络谣言甄别

若网络谣言的传播途径为直接转发，则网络谣言的甄别过程较为简单。由于区块链的不同区块中包含了源节点时间戳，对于早于源

---

① Aste T, Tasca P, Matteo T D. Blockchain Technologies: The Foreseeable Impact on Society and Industry [J]. Computer, 2017, 50 (9): 18-28.

② 陈二静，姜恩波. 文本相似度计算方法研究综述 [J]. 数据分析与知识发现，2017，(6): 1-11.

③ Yanni G, Steven F, Sriram V. HashCore: Proof-of-Work Functions for General Purpose Processors [C] // 2019 IEEE 39th International Conference on Distributed Computing Systems (ICDCS). IEEE, 2019.

④ Paul S, Joy J I, Sarker S, et al. Fake News Detection in Social Media using Blockchain [EB/OL]. [2020-04-09]. https://www.aconf.org/conf_170416.html.

节点时间戳的区块可直接判定为谣言，并禁止接入区块链（仿真实验过程中将区块的挖矿难度调至最大即可）。此外，区块链的结构特性也保障了对传播路径的有效验证。由于每一个区块都有 previous_hash，因而其存储了父节点的信息，进行谣言甄别时可以一直遍历到头节点。如果头节点并非源节点，则需要参照评论转发的网络谣言甄别方法进行甄别。

3. 评论转发的网络谣言甄别

若网络谣言的传播途径为评论转发，则甄别过程相对复杂。评论转发的方式经常被网络谣言传播者利用。通常网络谣言传播者转发某一权威机构的信息，再别有用心地断章取义，从而造成网络谣言的传播。因为这类网络谣言是转发自权威机构的评论信息，甄别此类谣言相对复杂，但区块链的存储结构对这类网络谣言可以做到有效的预防和甄别。

需要判定该评论信息与源节点处信息的相似程度，可通过相似度计算函数进行比较。一般认为，文本相似度可表示为 0 到 1 之间的实数，该实数可通过计算语义距离获得。相似度同语义距离成反比关系，相似度越高则语义距离越近；反之，相似度越低则语义距离越远[1]。相似度可表示为公式（8-1）。其中，$\text{Dis}(S_A, S_B)$ 表示文本 S_A、S_B 之间的非负语义距离，α 为调节因子，为保证语义距离为 0 时的计算意义，本节 α 的取值为 10^{-6}。

$$\text{Sim}(S_A, S_B) = \frac{\alpha}{\text{Dis}(S_A, S_B) + \alpha} \qquad (8-1)$$

本节基于词袋模型的隐性狄利克雷分布（Latent Dirichlet Allocation，LDA）方法计算文本相似度[2]。词袋模型的基本思想是不考虑词

① 谷重阳，徐浩煜，周晗，等. 基于词汇语义信息的文本相似度计算 [J]. 计算机应用研究，2018, 35（2）：391-395.

② 熊大平，王健，林鸿飞. 一种基于 LDA 的社区问答问句相似度计算方法 [J]. 中文信息学报，2012, 26（5）：40-46.

语在文档中的出现顺序，仅将文档表示成词语的组合，这种假设非常适用于上下文信息不充分的社交网络评论信息。LDA 主题模型为一个三层的贝叶斯概率模型，包含文档、主题和词三层结构。采用其计算评论信息相似度的基本思想是，对评论信息进行主题建模，并在主题对应的词语分布中抽取词语，得到评论信息的主题分布，再依据这个分布计算 JS 散度，对相似度进行度量。具体如公式（8-2）、（8-3）所示。其中，$P(x)$、$Q(x)$表示了不同评论信息的主题分布。通过这样的距离函数，可以计算节点与源节点的相似程度。如果相似程度较高，则降低该区块的挖矿难度；反之，如果相似程度较低，则增加区块链整体的挖矿难度。通常情况下，若某一节点为谣言传播者，其信息与源节点的相似度较低，则网络谣言传播者一般会持续地散布谣言。

$$JS(P \parallel Q) = \frac{1}{2}KL(P(x) \parallel \frac{P(x)+Q(x)}{2}) + \frac{1}{2}KL(Q(x) \parallel \frac{P(x)+Q(x)}{2}) \quad (8-2)$$

$$KL(P \parallel Q) = \sum P(x) \log \frac{P(x)}{Q(x)} \quad (8-3)$$

在区块链模型的设定下，该条区块链的挖矿难度会不断提升，由于一条区块链的挖矿难度直接决定了该区块接入主区块链的可能性，在有足够多节点请求接入区块链的前提下，散布谣言的节点由于挖矿难度的不断提升，是很难接入区块链的。区块链挖矿算法的存在，加强了对这类节点的甄别。

二　基于区块链的社交网络谣言甄别模型

一个稳健的网络谣言甄别模型，自身需要具备谣言过滤算法，以保证能够进行谣言的自净。本节构建了基于区块链的社交网络谣言甄别模型，如图 8-1 所示。

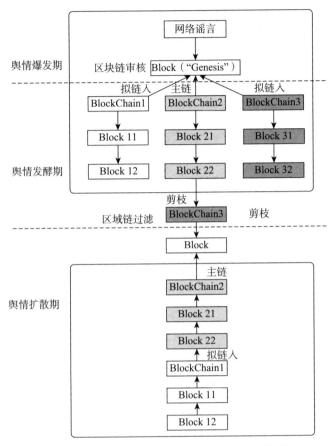

图 8-1 基于区块链的社交网络谣言甄别模型

三 网络谣言甄别过程

1. 舆情爆发期及区块链审核

舆情爆发期即舆情萌芽阶段，此时的舆情话题本身就有可能是谣言。此阶段，舆情话题信息需要经过权威机构发布后才能认证为真实信息。此时，可以通过区块链技术进行舆情审核，即先构建区块链源节点 Block（"Genesis"），这个节点代表权威机构。初始舆情话题经过权威机构审核后发布舆情信息。若初始舆情话题被认证为谣言，则需要辟谣。

舆情话题通过区块链的审核，可帮助权威机构掌握舆情的真实性，并预估舆情传播有可能带来的社会影响，并及时发布辟谣信息，从而保障公民的知情权。这一阶段，区块链源节点（"Genesis"）处存储的信息为整个区块链中的唯一比对信息。相似度计算函数就是用来比较该节点处所存储的信息与不同区块中信息的相似程度，用以在舆情的发酵期动态调节下游区块链的挖矿难度。源节点的时间戳是区块链中最早的时间戳，若舆情话题信息发布节点的时间戳早于该时间戳，则直接判定为网络谣言。

2. 舆情发酵期及次级区块链剪枝

在舆情的发酵期可能会形成次级区块链。此阶段，每条次级区块链的头节点代表了较早参与舆情传播的网络用户，在不考虑源节点的情况下，其时间戳最早。依照本节的假设，若其时间戳早于源节点的时间戳，则直接判定为谣言。同时，每条次级区块链依照舆情的转发关系链接而成，为降低分析的复杂性本节只考虑直接转发这种情况。若是评论转发，相当于以该节点为次级区块链的源节点，从而该节点衍生成为主区块链，因而可依照区块链的递归结构进行模型的构建。由于区块链的安全性，转发过程中的信息是不可篡改的，这保证了转发信息的真实性。

此阶段可通过区块链实现谣言的过滤，依照相似度算法和挖矿算法，从各条次级区块链尾端的节点开始，沿前向指针遍历区块链，累积挖矿难度，最终将挖矿难度的累积值存储到该条次级区块链的头节点处。挖矿难度越高的区块链头节点，其接入区块链源节点的可能性也就越低。由于挖矿算法的随机性，在给定相似度算法有效的前提下，经过足够长的时间，由谣言信息组成的次级区块链将被有效地剪枝，从而无法接入主区块链。

3. 舆情扩散期

舆情经过过滤后，随即进入扩散期，广播操作相当于一种共识机制，从区块链数据结构的角度而言，相当于进行区块链剪枝。经历广播操作后，区块链中的每一个节点，都将存储整个区块链的舆情信息，从而构建整个网络舆情的共识机制。区块链在经历足够长时间的过滤后，能够有效地过滤掉网络谣言，使得广播后的舆情网络具备高度的真实性。从舆情传播的角度而言，此时的舆情网络对于谣言有着较强的抵御力。

第四节　社交网络谣言甄别仿真分析

一　数据来源

在网络谣言代表性信息源的选择上，本节选择公众关注的微博热点网络谣言食品安全类的话题作为信息源采集对象，建立话题空间。根据《食品谣言治理报告》发布的食品药品类谣言敏感程度，选取"十大食药谣言榜单"中"塑料大米"这一网络谣言话题①。之所以选择这一谣言话题，是因为这一话题是广大网民非常关注的食品安全问题，具有广泛的受众。而且，"塑料大米"这一话题，涉及较多的专业知识，对缺少相关知识背景的网民有一定的误导性，容易造成信息不对称。截至2018年3月，微博"塑料大米"话题阅读量为3326.7万，讨论数共计3.9万。在该话题空间下，"央视新闻"关于该话题的转发量共计3545条，评论数为2776条；"人民日报"关于该话题的转发量为2759条，评论数为1091条。

二　仿真实验

采用谣言信息和真实信息这两类数据来验证本章所构建的基于区块链的社交网络谣言甄别模型的有效性，在仿真实验中迭代次数代表舆情的传播过程。在本实验中，假定迭代次数为0～10000（不含）次时，为基于区块链的社交网络谣言甄别模型的舆情爆发期，

---

① 《食品谣言治理报告》发布食品药品类谣言敏感程度［EB/OL］．［2017-7-13］．http://www.cqn.com.cn/zgzlb/content/2017-07/13/content_4563191.htm.

10000 次到 100000（不含）次时为发酵期，100000 次及以上时为舆情扩散期。

本节将"塑料大米"话题空间下 2018 年 5 月 21 日的用户评论信息作为节点信息，共计 4598 条评论信息。将"新华视点"转发的农业部部长韩长赋发表的"中国大米是安全的，塑料大米绝无此事"作为源节点信息，采用 LDA 主题模型衡量评论信息与源节点信息的相似度，设定阈值为 0.8，大于阈值的定义为谣言信息节点，共计 1617 个，小于等于阈值的定义为真实信息节点，共计 2981 个。

根据上文提到的算法，将真实信息与谣言信息分别作为两类不同的区块，通过挖矿算法，以真实信息节点、谣言信息节点作为类别划分，统计这两类节点在不同的舆情传播时期接入区块链的总数，以及平均挖矿次数。

假定模型中存在合适的相似度计算函数，能够较为合理地度量真实信息与谣言信息的相似程度。依照社交网络谣言甄别模型的设定，若某节点传播的是谣言，其与源节点所传播的真实信息的相似度就会很低，其挖矿难度会增加。因为这类谣言节点需要经过更多次的迭代才能命中随机数，也就意味着其"挖矿"时间的延长。这导致此类节点挖矿的次数要明显多于传播真实信息的节点。随着整个区块链模型的不断迭代，谣言节点的挖矿难度不断累加，仅仅依靠单一节点的计算能力已经无法完成挖矿，这就使得谣言节点失去了接入区块链的能力。与此同时，传播真实信息的节点，随着迭代次数的增加，其挖矿难度会逐渐降低，加之谣言节点挖矿难度的提升，真实节点接入区块链的概率会大大提升。在足够长的时间内，区块链中的谣言节点的数量会远远少于真实节点的数量，从而实现基于区块链的网络谣言过滤。

三　仿真结果

图 8-2 表明了基于区块链的社交网络谣言甄别模型中不同节点

的哈希次数。其中横轴表示迭代次数，单位为千次，纵轴表示哈希次数，代表节点接入区块链的难度，单位为万次。从图 8-2 可以看出，在舆情爆发期的初期（迭代次数为 0~5000 次），由于真实信息节点与谣言信息节点接入区块链的概率呈现出一定的随机性，谣言信息节点与真实信息节点的平均挖矿次数接近。但随着迭代次数的增加，真实信息节点的挖矿难度不断降低，而谣言信息节点的挖矿难度不断上升。这导致在舆情发酵期，谣言信息节点的平均挖矿次数明显高于真实信息节点，谣言信息节点越来越难接入区块链。当网络舆情进入扩散期，谣言信息节点的挖矿次数已经远远高于真实信息节点，在网络中节点数足够多的情况下，谣言信息节点已经几乎不可能接入区块链。在实际应用中，此时可以整合区块链上的绝大多数节点信息，发布舆情。

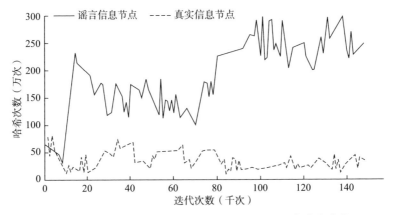

图 8-2　基于区块链的社交网络谣言甄别模型仿真迭代次数

第五节　社交网络谣言甄别讨论分析

一　基于区块链的社交网络谣言甄别模型保证舆情信息传播的安全性及可追溯性

某些网络谣言是通过对源信息的篡改而传播的，而基于区块链的社交网络谣言甄别模型从设计上杜绝了这种可能性。由于每一个节点的哈希值计算都依赖于前一个节点的哈希值，若要改变区块链中的某条信息，则相当于暴力破解 SHA-256 算法。由于哈希值计算的不可逆性，区块链一旦生成，想通过篡改中间传播过程而散播谣言几乎是无法实现的[①]。区块链中的每一个区块，或直接转发自源节点，或是所存储的信息与源节点的信息高度相似，从而保证舆情传播过程中信息的真实性。

此外，由于区块保留了时间戳，因而可以递归地对舆情信息的传播追溯到父节点。在舆情信息传播过程中由于时间戳的存在，网络谣言的伪造将变得极为困难。同时，时间戳也是哈希函数的输入值，节点的哈希值计算也依赖于时间戳，这就进一步增强了网络信息传播的安全性。基于区块链的社交网络谣言甄别模型，既可以依靠时间戳来递归地甄别某一节点的信息来源，又因为引入了时间戳而增强了节点数据的不可篡改性。

二 基于区块链的社交网络谣言甄别模型对网络谣言进行净化并保证舆情信息的完整性

以往对网络谣言甄别模型的研究中，相关模型主要依赖于深度学习等监督模型进行分类从而达到甄别谣言的目的，但这些模型往往需要大量的标注样本，而无论是人工标注，还是类似深度学习对模型的训练，都需要大量的时间。从舆情传播的角度而言，这不利于有关部门在第一时间对相关舆情进行管控及引导。

本章所构建的基于区块链的社交网络谣言甄别模型，仅需要在舆情爆发期通过权威机构来构建区块链源节点进行区块链审核，并通过相似度计算函数及随机算法来有效地进行模型构建，就能有效地阻止谣言在网络上的进一步传播。这种方式使得该模型相较于其

---

① Lee B, Lee J H. Blockchain-Based Secure Firmware Update for Embedded Devices in an Internet of Things Environment [M]. Kluwer Academic Publishers, 2017.

他模型，具备一定的网络谣言自净能力，并且通过剔除虚假的谣言发布节点，保证网络舆情在传播过程中具有更高的信息真实性。

同时，区块链具有分布式的存储特点，可以让每个区块节点有效地记录整个网络的舆情信息，这使得舆情信息的完整性得到最大限度的保存。网络舆情信息的存储不再依赖于一个传统的中心性数据库，而是分布式地存储于区块链的每一个节点，这极大地增强了网络舆情信息存储模式的整体稳健性。

三 基于区块链的社交网络谣言甄别模型需要改进的环节

本章所构建的基于区块链的社交网络谣言甄别模型，所选用的相似度计算函数是一个相对粗糙的方法。首先，这种相似度的计算仅计算了字符串的编辑距离，导致一些具有原创性的节点与源节点的相似度被压得很低。这会造成整个网络节点的趋同，从舆情信息传播的多样性角度出发，这会对一些见解独到的非网络谣言的舆情信息造成较大的传播限制。其次，基于区块链构建的社交网络谣言甄别模型并没有考虑信息存储的上限。区块链的分布式记账存储信息的能力，使得每个节点更新的信息会让所有节点都进行存储，这就使得存储的信息量越来越大，无疑增加了区块链的空间利用成本。从实践角度来看，基于区块链的社交网络谣言甄别模型需要较为强大的物理设备作为支持。最后，由于挖矿难度的不断累积，哈希值的计算也是一个非常耗时的任务。由于只有一部分节点能够接入区块链，虽然这有效地过滤掉谣言信息节点，但对那些参与挖矿计算而又没能接入区块链的节点而言，无疑造成了较大的资源浪费。

第九章
大数据驱动的社交网络
舆情引导策略

第一节　社交网络舆情群体引导策略

一　社交网络舆情社群的引导策略

社交网络中的网络社群，一般指在社交网络中由某一话题组成的虚拟空间内全部成员的集合，具有不同于现实当中社群的特征。网络社群内的用户形成一定强度的传播关系，形成了传递影响力，增强了社群内的沟通频率和信任程度。在有效划分网络社群的情况下，对网络社群进行针对性引导可降低舆情管控成本。本部分从前序研究成果出发，从完善社交网络舆情话题推送机制和提升网络社群服务两个方面分别进行阐述。

1. 完善社交网络舆情话题推送机制

伴随着社交网络的普及，社交网络已经成为舆情用户获取信息的主要平台和渠道。进入信息爆炸时代后，信息过载问题日益严重，社交网络倾向于使用推荐算法判断信息来源的相关度，在算法层面帮助舆情用户过滤掉不相关的信息来源。所谓"千人千面"的呈现方式也是社交网络与传统媒体的主要区别。但是，社交网络舆情话题的推送机制从舆情引导的角度而言是不科学的，特别是针对网络社群的推送。社群内的信息推送长期是同质的，这将导致网络社群得不到有效的分化。同时，同质的话题推送容易使网络社群内的成员持续接收到片面的信息，使用户无法掌握舆情发展的全貌。

应以新的话题内容去引导用户，通过让用户获得更全面、准确的信息，从而实现用内容影响用户。话题推送是社交网络所特有的机制，监管部门要利用好这一直接的用户触达方式。利用真实、准确、及时的话题内容帮助网络社群进行话题更新。在话题选择方面，应该构建更为智能的推送机制，利用大数据、深度学习等信息技术对舆情信息进行有效去重，并对舆情用户接收到的推送话题进行控制。总体而言，一方面要妥善构建全局推送机制，保障权威信息第一时间触达。另一方面，要以话题推送实现不同社群之间的信息交互，保障不同社群之间的信息对称性，避免不良衍生话题的产生。

2. 提升网络社群服务

网络群体是以一定的关系为纽带的集合，网络社群成员之间保持着较为频繁的互动关系。相较于现实中的社群，网络社群成员之间的黏性较高，这也为网络社群的形成与延续提供了条件。与现实中的社群关系类似，网络社群中也存在一定的群体意识。所谓群体意识，指的是群体中的个人对群体的认同感，在网络社群中，群体意识指的是网络社群成员在长期的社群活动中对组织或组织内个人形成的心理依存关系。成员会倾向于关注群体的存续及发展，甚至形成与群体荣辱与共的心理。特别是社交网络中的热点话题，很容易唤醒网络社群中成员的短期群体意识，从而引发大规模的舆论风暴，产生深远的社会影响。

为应对网络社群可能存在的潜在危机，首先，监管部门要重视网络社群服务的提升，需要延长信息传播的半径，避免将信息传播的"最后一公里"转化为传统的"人际关系"渠道。其次，监管部门要挖掘潜在的网络社群，将网络社群作为管控的基本对象，针对不同的网络社群，制定多元化的引导策略。注重促进不同网络社群之间的信息交流，消除网络社群之间的信息壁垒，构建多元化的信息来源渠道，防止因信息不对称造成的偏激片面言论。再次，监管部门要善于利用线上线下融合的方法。由于衍生话题多源于对原生话题的二次加工，并且这种加工往往是主观的，所以一部分原生话题往往只存在于线下，线上所形成的舆论与事实存在出入，甚至相互背离。监管部门要善于及时在线上披露真实的线下进展。与此同时，也要将线上的舆论压力有效地传导到线下。最后，监管部门要加强对网络社群的监管与治理，对舆情信息做好监测。一方面，人工智能技术的发展为舆情监测提供了新的可行手段，监管部门可通过智能爬取网络数据、收集关键词等，做好舆情的监测工作。另一方面，监管部门要深入网络社群内部，了解舆情用户的意见、需求，对可能出现的极端化舆论及时治理，营造良好的网络空间环境。

二　社交网络舆情用户的引导策略

社交网络中的舆情用户，一般指在社交网络上参与舆情话题空间建立，或参与舆情话题分享、讨论的用户的集合。不同类型的舆情用户在舆情中担任的角色也不同，有些角色很关键，有些则比较边缘化。但无论担任怎样的角色，其对舆情事件的发展都起着不容忽视的作用。探究舆情用户的信息素养、参与动机以及社群内的用户关系，针对不同的舆情用户制定有效的引导措施，是舆情管控的主要着力点。本部分从前序研究成果出发，从完善用户类型化管理、发挥主流媒体作用和建立意见领袖的沟通机制三个方面提出社交网络舆情用户的引导策略。

1. 完善用户类型化管理

针对社交网络这一互联网时代新兴起的舆论阵地，舆情监管部门的首要任务是保障社交网络成为社情民意表达的渠道。要做到这一点，必须规范自身的管理机制。舆情监管部门首先要明确自身最主要的监管对象是社交网络中的舆情用户。而为了对监管对象进行有效的管理，需要对社交网络中的用户进行区分，遵循分而治之的管理思路，对不同类型的用户或群体制定不同的管理策略。值得注意的是，在工作中，应当杜绝以用户身份、粉丝数量或社群类型等为依据的"一刀切"的管理方式，因为这将极大地降低舆情用户对社交网络的好感，也会极大地损害政府的公信力。

随着大数据和人工智能技术的发展，社交网络的用户区分，应该以某一话题空间下的舆情用户言论为依据。这种以舆情用户言论为依据的划分方式实现了对信息人身份的有效甄别，从而使得"用户类型"成为社交网络某一话题空间下的舆情用户类型化特征，而非传统意义上的身份认证。这种划分方式使得监管部门可以有针对性地对舆情用户言论进行管理，而非对某一目标群体进行直接干预。

2. 发挥主流媒体作用

社交网络为自媒体的发展提供了土壤，相较于主流媒体，自媒体生产的内容更多元。但应当注意到，自媒体良莠不齐，若得不到有效的监管，极易滋生谣言。

就媒体行业而言，主流媒体应当更为积极主动地参与舆情引导，提升自身的职责意识，并逐步打破传统的呆板、单一的形象。主流媒体要在一定程度上根据社交网络平台的语言特征，运用普通用户喜欢的语言风格来发布信息。要多与社交网络上的普通用户进行话题互动，设置专门的社交网络账户运营岗位，保障互动频次，不断增强信息表达能力和信息沟通能力。同时，主流媒体还应当主动承担起对自媒体的规范效应。要善于发现舆情并主动向权威机构核实，保障自身发布内容的准确性、客观性和及时性，正确地引导社会话题和网络舆论。

3. 建立意见领袖的沟通机制

社交网络平台中的意见领袖往往具有隐蔽性强、粉丝量大、影响力大的特点。他们对网络社群的影响力极高，是社交网络的舆论中心，掌握着社交网络的绝对话语权。

相较于普通网民，意见领袖往往对社会事件有着更为深刻和独到的见解。并且，意见领袖的利益往往与流量直接绑定，其参与社会事件讨论的积极性也更高。与官媒相比，其言论更直接、更大胆，也更自由、更"接地气"，更容易得到普通网民的普遍认同。相较于主流媒体，意见领袖在网络社群内具有更好的触达关系，在舆情传播方面扮演着至关重要的角色。如果意见领袖能够及时洞察舆情用户的关注点，并积极参与其中，能起到更为有效的舆论疏导作用。

应有效地定位意见领袖。对于社交网络平台而言，应该构建更为智能的算法，以便有效定位这些意见领袖。仅仅依靠粉丝量、微博数等静态指标，往往不足以有效识别某一社群内的潜在意见领袖。而对于舆情监管部门而言，应配合主流的社交网络平台，建立并完善与意见领袖之间的沟通机制。在遇到突发事件时，要及时向意见领袖输出准确的信息，通过意见领袖的发声来形成更为有效的声场。同时，政府部门也要有计划地培养自己的意见领袖，例如，让有公信力的政府官员、领域内专家学者注册社交网络账号，并积极在社交网络上发声。以这些意见领袖的权威言论逐步引导舆论，最终达到净化网络环境、保障社交网络舆情健康发展的积极目的。

三　社交网络舆情情感的引导策略

社交网络舆情用户的情感表达，往往具有更直接、更自由的特点。而对舆情用户的评论文本进行有效的情感分类，有助于把握社交网络舆情用户的情感倾向，是一系列舆情疏导的重要前提。本部分从前序研究成果出发，从重视舆情情感引导和完善舆情情感预警机制两个方面提出社交网络舆情情感的引导策略。

1. 重视舆情情感引导

舆情用户关系会因为参与舆情动机的不同而发生改变，同时，随着舆情事件的发展，舆情用户的心理会呈现出复杂性和多样性。而群体中的情感传染和法不责众的心理极易使群体心理和行为极端化，进而导致舆情危机，严重危害网络意识形态安全，影响社会和谐稳定。情感倾向是舆情用户对于舆情事件的心理折射，如何引导舆情用户情感走向已经成为社交网络舆情引导中的一个重要方面。

在舆情事件的引导实践中，要始终重视对社交网络舆情用户的情感引导。其一，要善于运用技术手段，对舆情用户情感进行有效的判定。舆情监管部门可设定情感指数阈值，某一社群内的舆情用户情感指数超过阈值时，应及时地进行情感疏导。其二，舆情监管部门可以采用社交网络的推送机制，及时推送权威机构关于事件的最新报道，或者主流媒体的官方回应。其三，舆情监管部门还可以充分利用意见领袖的影响力，正向引导舆情用户的情感走向。

2. 完善舆情情感预警机制

社交网络舆情引导不仅要运用在舆情爆发之时，还应在舆情危机爆发前进行有效的预防，因此预警机制的有效建立是进行社交网络舆情引导的必要环节。由于一般的社交网络平台都有评论数、转发数等客观指标，在实践中，可以根据这些指标，设定增量预警机制。假如某一话题空间单位时间内的评论数增量超过某一限定值，就会触发预警机制，提醒相关部门进行进一步核实和分析，并对社交网络舆情用户发布的信息内容进行追踪。

同时，预警机制应基于严密的舆情监测系统和警报控制系统。舆情监管部门要增设针对信息质量指标的监管预警机制，防止某些社群或某个舆情用户长期发布不良的信息内容。应该注意到，社交网络中存在着一定数量的不受监管的松散社群，这些社群可能会成为非法组织的聚集地。同时，社交网络中也存在恶意散布谣言的账户。在监管过程中，要建立举报机制，发动大多数舆情用户，对这些用户或社群进行揭发，相关监管部门要敦促平台方及时进行处理。此外，要利用智能算法对长期出现的敏感言论和可疑行为进行智能检测，实现对信息质量的智能监管。

第二节　社交网络舆情事件引导策略

一　社交网络舆情载体治理策略

社交网络舆情事件能够发生和发展在很大程度上依靠的是社交网络平台或服务终端提供的舆论场域及内容生成、传播、接收和处理等网络信息技术。因此，社交网络平台不应该仅仅作为社交网络服务的提供者，同时也应是社交网络用户和信息的首要约束者和管理者。

因此，对于社交网络平台或服务终端来说，要充分发挥并不断强化社交网络平台的监测与管控效能，善于借助智能审查技术和手段对舆情中的煽动性言论、不实博文、谣言等不良信息及时进行检测、发现和跟踪。同时，要将"疏"与"堵"有机结合，在封堵不良舆情信息传播渠道的同时，为公众提供公平、及时以及个性化的社交网络信息服务，充分保障公众通过社交网络平台进行平等交流、合理释放情绪以及表达态度立场的权利与自由。此外，有效利用智能算法，进行精准化舆情信息推送，并拓宽正面、积极舆情信息的传播渠道和传播范围。

二　社交网络舆情用户治理策略

社交网络舆情具有明显的群体性特征，群体是舆情传播的主要单元。在舆情事件的发展过程中，用户间社交互动的不断加强将信息特征或需求一致的用户逐渐聚集起来，形成了各种类型的用户种群。因此在对用户种群进行有效合理划分的基础上，根据用户种群的特征进行针对性的治理和引导，能够提高舆情生态治理的效率。本部分在前序研究成果基础上，提出社交网络舆情用户的治理策略，并从不同方面分别进行详细阐述。

1. 促成良性同质圈群

在社交网络中，头部用户和社群的作用日益凸显。高影响力用户种群作为舆情生态的"定海神针"，对舆情进行的干预和引导可能会使事件的走向发生改变，并加快舆情信息的扩散速度和扩大传播范围。同时，在舆情生态治理中，公众获得准确、可靠、及时的信息至关重要，提高用户及其所在种群的传播影响力是一个快速而有效的治理途径，并且其中的关键在于在短时间内迅速地吸引尽可能多的公众。

首先，重点关注那些具有高影响力的头部用户及其所在的用户种群，对于传递正面、客观信息的关键用户及其所在的用户种群，政府和社交网络服务提供商要进行维护与培养，给予其足够的发展空间，并通过其影响力和桥梁作用促进多种群间的交流与合作，进而不断扩大正向、同质圈群的规模与影响力。这些同质圈群也能够在舆情生态中起到同化、过滤和分解负面信息以及第一时间对公众进行积极正向引导的作用。其次，重点关注"跨种群"用户群体，采取联动策略，发挥其群内和群外的影响效应，促成多群体合作，推动良性同质圈群的形成。最后，用户及种群应充分利用社交网络平台的功能，通过转发、提及等方式快速建立起社交联系，以扩大信息的传播和影响范围，同时也缩短信息的生成和传播时间。

2. 关键用户种群组建传播矩阵

关键用户种群在舆情事件中扮演着重要的角色，并拥有绝对的话语权和良好的粉丝基础，在舆情信息的传播中扮演信息生成者、加工者、传播者以及分解者等角色。关键用户种群中所包含的大部分政府、媒体和意见领袖节点拥有较强的信息传播优势，在舆情生态系统中可以发挥不同的作用。政府和一部分主流媒体往往代表某一权威机构或组织发声，其凭借中立的立场、客观的态度以及权威的信息，通常在用户种群中拥有较强的公信力，在影响其他用户种群方面也更有优势。因而，此类用户在舆情生态治理中能够承担正面陈述事件、引领舆论导向的重任。另外，一部分网络自媒体和领域意见领袖以其鲜明的立场、批判的态度和有个性的言论，在舆论场中吸引了大批粉丝，且通常拥有良好的粉丝互动关系。

基于此，在舆情生态治理过程中，这类用户可以将正面的舆情信息扩散到粉丝群体中，并利用良好的互动基础影响更多的用户种群。同时，网络舆情事件在很大程度上是一种群体信息传播活动，对舆情的治理和管控也需要多个信息主体和种群之间的协作。只有当协同合作达到某种程度、能够满足信息同步的需求时，对舆情事件的管理效能和信息流通性才会得到根本性的提高。基于此，在舆情生态治理中，应形成以关键用户种群为中心、其他用户种群为辅助的多层级信息传播矩阵和信息扩散网络，并建立和加强各个用户种群之间的协作与沟通关系，促进不同用户种群形成重叠社群，以进一步促成一种多点触发的信息传播态势，从而扩大舆情治理的影响范围。

3. 种群引导避免负面极化

在社交网络舆情事件发生时，社交网络平台中传播的信息和新闻通常是零碎的，并且往往由于公众需要收集和分析尽可能多的观点和证据才能对事件做出最终的判断，所以当普通用户面临突发的舆情事件时，他们更加倾向于根据自己主观的立场和判断对事件进行评论。随着事件的发展和社交互动的不断加深，个体用户出于不使自己处于被孤立状态的心理需求，情感或立场一致的用户便会聚集在一起，并不断对其所持有的情感和立场进行强化，此时便容易导致不同类型群体极化的形成。

由于群体极化类型的不同，其带来的影响也具有两面性。积极的群体极化能够帮助公众利用社交网络中集群的力量和优势，公平、自由、安全地表达自己的观点和立场。随着同质极化群体中观念或情感的不断强化与同化，个体拥有的信息准确性不断提高，有利于推动事件的有效解决和舆情的逐渐平息。而负面的群体极化可能会导致错误信息或观念的强化，甚至加剧事件带来的不良影响。例如，恶意攻击、仇视心理、次生舆情、煽动性言论、极端主义甚至暴力事件等。鉴于网络舆情事件的群体性特征，种群引导在舆情生态治理和负面群体极化的干预中能够起到关键的作用。一方面要构建合适的种群引导机制，在有效传达信息并促进用户正向交流的同时，避免负面极化用户之间的过度沟通，进而达到平息争论、有效缓解负面极化情绪的目的。另一方面，在种群外部的舆情生态空间内构建良好的价值导向，并借助用户种群的凝聚力，引导群内用户的决策与行为朝着符合团体价值和道德规范的方向调整，避免用户种群陷入负面极化的恶性循环之中。

三　社交网络舆情信息治理策略

在社交网络舆情生态中，具有直接或间接关系的舆情用户种群之间不断进行着舆情信息的交流和互动，在这一过程中形成了以舆情信息为核心的舆情事件信息群落。这种信息群落能够反映舆情事件中用户关注的焦点信息和讨论的热点话题。本部分在前序研究成果基础上，从不同角度提出和阐述对应的社交网络舆情信息治理策略。

1. 重点管控关键舆情话题

在社交网络舆情中，随着舆情事件的发展与演变，舆情信息会在一定的条件和各种因素的作用下发生聚集并逐渐形成舆情话题。随着舆情事件的发展，公众关注和讨论的话题内容趋于多样化，舆情话题会不断地产生、演变和消亡。但是，有些关键舆情话题贯穿舆情事件的整个发展过程，被公众持续性地讨论并不间断地继承和发展。这种关键舆情话题通常代表了舆情事件参与主体的关注焦点和核心信息需求，因此透过关键舆情话题对公众的信息需求进行回应是进行舆情信息治理的基本前提。

对于关键话题的重点管控可以从两个方面入手。首先是构建关键舆情话题动态监测系统。依据社交网络舆情信息的实时性和广泛传播性，改变传统依靠人工统计和针对社交网络静态页面进行舆情热点监测与发现的模式，将各类人工智能、机器学习以及文本挖掘算法和工具融合应用，建立一套能够准确、及时且根据事件发展动态对关键舆情话题进行探测和动态跟踪的监测系统。通过爬虫算法对舆情事件中的信息数据进行实时、动态的爬取和更新，并对其中包含的关键话题进行识别和锁定追踪。其次是建立关键舆情话题的回应与沟通机制。由于这些在舆情事件发展中得以继承和保留的关键舆情话题是公众核心信息需求和关注焦点的体现，如果没有得到官方或媒体的及时回应，舆情信息容易达到"燃烧阈值"，继而产生舆情的爆发点或突变点，打破舆情生态系统原有的平衡，导致舆情态势的持续扩大与升级。在实践中，有关部门需要制定相关预案，并在事件发生时及时通过官方账号，针对关键舆情话题所反映的问题进行具体回应和沟通，并注意沟通策略优化，做到"供需匹配"和"供给高效"。

2. 强化舆情信息内容治理

网络舆情生态治理需要强化内容治理，改变传统舆情中"流量为王"的价值思维，以及"非黑即白"的传统舆情形态，提升舆情内容的质量。对于舆情信息的内容治理可以分为两个主要部分，一是舆情信息内容的生成，二是舆情信息内容的传播。在舆情信息内容生成的治理方面，需要对舆情信息资源进行合理的配置，并将舆情信息资源进行最大限度的整合与利用，系统地提升舆情信息内容的质量和生成效率。一方面，政府官方账号及时进行信息披露，还可使用超链接来补充外部信息资源和证据，使得信息内容更加具体和可追溯，在提高信息内容价值和清晰程度的同时，提升舆情信息内容的权威性和准确性。另一方面，利用媒体的专业性改进舆情信息内容的表达和表现形式，避免舆情信息中的专业词汇、术语以及无关冗余信息等给公众理解舆情信息带来困难；通过合理地使用话题标签和嵌入式媒体来增强舆情信息内容的主题明确性和易理解性，提升公众对信息内容的感知。同时也发挥媒体和意见领袖的认知与反应优势，缩短舆情信息二次加工和发布的时间。

舆情信息内容传播的治理可以从信源和信道两个方面展开。一方面，从信源入手，在获得政府有关部门许可以及法律允许的前提下，社交网络服务提供商可以采用关键词过滤、情感识别等技术，对敏感词条、语句和带有强烈情绪煽动倾向的用户进行识别和屏蔽，从源头上对舆情信息内容进行过滤和管控。另一方面，从信道入手，用户可以合理利用社交网络平台提供的功能，通过设置关键词对评论和转发内容进行选择性显示和屏蔽。对于优质信息内容，则需要通过社交网络服务提供商和通信部门的密切合作，提高网络信息传播速度、改进信息推荐算法、合理划分信息流通优先级等，保障优质舆情信息内容传播渠道的畅通和便捷。

3. 加强舆情信息协同治理

社交网络舆情事件的演化过程涉及多个信息主体以及信息环境之间的相互作用，在舆情生态系统中，这些相互作用的最直接体现就是舆情信息的关联和协同。舆情信息之间存在着各种关联关系，并且这些信息间的关系和协同作用促成了舆情生态系统中信息的不断流转和交互。这也为分析和发现舆情信息的协同治理路径提供了切入点。舆情信息的协同治理即在协同治理理论的指导下，以舆情信息为治理对象，对舆情生态中的各类舆情信息进行共同治理，以达到协调利益、共享资源的效果。

首先是舆情信息关联关系的发现与治理。在社交网络中，网络舆情信息呈现非线性状态，并且通常具有复杂的关联关系，因此，需要通过人工智能、机器学习、深度学习等大数据信息技术工具和算法，对网络舆情信息进行分析和挖掘，以发现舆情信息间的关联类型、明确舆情信息的倾向并基于此归纳和总结舆情信息的演化规律，进而及时采取有针对性的治理措施促进舆情信息间的协同与流转。其次是构建动态舆情信息协同治理体系。舆情信息协同治理不仅涉及多元治理方法、信息协同机制，还涉及多变的治理对象。因为社交网络和舆情事件均具有动态性，其中产生的舆情信息也具有高度的不确定性。因此需要根据治理对象，即舆情信息的变化和发展，不断调整协同治理方式与策略，并在此过程中动态调整和提升各种技术与方法的协同效能，以形成一种有效的舆情信息协同治理体系。

四 社交网络舆情时空治理策略

舆情时空是舆情事件的内部环境，社交网络舆情的发展、融合、交叉与衍生都发生在特定的舆情时空中，并且随着舆情的变化，涉及的时空对象也在不断发生变化。对于社交网络舆情时空的分析能够对舆情事件的整体情况、分布格局和演化规律等进行直观的描绘和揭示。根据舆情时空特征提出和制定相应的治理策略，有利于提升舆情生态治理能力和水平。本部分在前序研究成果的基础上，从不同维度提出社交网络舆情时空治理策略。

1. 动态分析与把握舆情时空规律

动态分析与把握舆情时空规律对于理解舆情事件的时空分布、内在作用机制以及预防和处理同类事件具有重要的现实意义。

首先，构建舆情时空动态分析系统。将大数据技术、地理分析技术、空间行为分析技术等与传统舆情分析技术进行融合，构建能够对舆情用户时空数据进行动态抓取与分析的舆情时空分析系统。在舆情事件发生时，利用大数据技术实时抓取并及时更新舆情时空数据；利用地理分析技术对舆情的产生、传播和扩散区域进行可视化分析，并实现舆情时空演变态势的动态图表化输出和展示；利用空间行为分析技术对舆情用户在特定地理位置的行为进行分析，将舆情用户的行为数据与时空数据进行有效关联，建立舆情时空场域的精准画像，对舆情的区域关注、区域态度以及区域行为等进行分析和探究，把握网络舆情的时空差异，提高舆情生态治理的针对性和效率。其次，进行舆情时空规律的归纳与总结。通过对比不同舆情事件在时空维度上发生和发展的异同，明确多类型舆情时空分布的特征，科学总结舆情时空规律。

2. 关注时空聚集效应下的典型城市群

在舆情事件的发展演变过程中，网络舆情的时空聚集效应明显，网络舆情呈现以典型城市为中心的聚集发展态势且舆情热度聚集区倾向于围绕政治、经济或文化发达的典型城市形成。因此，典型城市群在舆情发展和治理的过程中占有重要地位，是舆情发展和舆情生态治理过程中的关键责任主体。

首先，突出典型城市群，靶向精准发力。对网络舆情中聚集效应显著的城市和城市群进行针对性的分析与监测，以便后续治理的精准发力。其次，加强对典型城市群的舆论引导与培养。典型城市群在网络舆情的传播和发酵等方面具有极大的作用，但这种作用也存在两面性。这就需要对关键城市群的舆论导向进行准确识别、定向培育和积极引导，完善典型城市群的舆论民意观察和分析机制，最大限度地发挥典型城市群在正面舆论引导中的优势。最后，以点带面，最大限度地发挥典型城市群在舆情事件中的"风向标"和"信息桥梁"作用。典型城市群要及时、主动地占领网络舆论的主阵地，把握网络舆情引导的主动权和话语权，对其他城市进行正面的舆论引导，消解其他城市舆情发展中存在的"噪声"和"杂音"，及时排解舆情风险隐患。从以点带面到整体推进，全面提升舆情生态治理的能力与水平。

3. 深化舆情区域治理

对于不同区域来说，其网络舆情发展态势存在显著差异，对应的治理机制与方式也千差万别。因此，应改变从全国层面进行舆情调查的方式，将舆情事件的调查与处理分解到省、市等区域层面上，依据不同区域的舆情规律，制定和实施具有针对性的舆情区域治理策略。

首先，在区域舆情共治的前提下，除了考虑到区域整体性特征，还应充分注意到不同区域之间的差异性，并结合各区域网络舆情的特点和规律，因地制宜地制定舆情生态治理策略。其次，由国家相关部门牵头，省市各级相关部门负责，结合各区域舆情特点建立高效有序的舆情区域治理体系。最后，舆情区域治理的强化并不是简单片面地对舆情生态治理进行区域划分，而是在共同的治理目标下确定适合各地区的具体治理方案，并在各方案间建立深层互动与协同机制，为网络舆情综合治理体系的建立奠定基础。因此，舆情区域治理总体上仍需要建立健全各区域间网络舆情引导与治理的协调联动综合机制，充分发挥区域舆情治理的特色与优势，打造协调有序的舆情生态治理格局。

五　社交网络舆情外部环境治理策略

网络舆情的发生发展离不开外部环境的影响和制约，即经济、社会、法律和政治环境。基于此，本部分分别针对这四种外部环境提出相应的治理策略。

1. 经济环境治理策略

舆情生态治理的开展和实施涉及众多方面，既需要及时研发和更新软件与技术，也需要配备相应的硬件设施，因而网络舆情生态治理需要雄厚的资金和人才保障。在实际推进舆情生态治理的过程中，需要各级财政部门和主管单位适当加大对相关人才培养以及技术研发的投入力度，为舆情治理部门提供相匹配的资金和人才，促进舆情治理技术和策略得到有效的落实，从而提高网络舆情生态治理的效率。

2. 社会环境治理策略

社会环境在无形中影响公众的言行、意识形态和价值取向，进而对公众参与舆情事件的社会行为产生影响，最终作用于舆情事件的发展。在进行舆情生态治理时，要重视社会环境对公众和舆情的影响，通过不断加强社会主义核心价值体系的建设，培育和践行社会主义核心价值观，抵制负向社会价值观念的滋生和蔓延，提高公众对各类舆情信息的甄别力和判断力；强化主流思想在舆论中的主导地位，发挥其在舆论宣传中的核心价值引领作用，树立正确的舆论价值导向，并以正确的价值导向凝心聚力，进而促成和谐、稳定、健康的舆论生态。

3. 法律环境治理策略

互联网不是法外之地，社交网络平台的运营和发展均是在国家法律政策的指导下进行的，良好的法律环境是舆情生态平稳、和谐运行的重要支撑。因此，舆情生态治理离不开健全、严谨的法律体系，舆情生态治理需要法律法规的权威性与强制性保驾护航。同时，在舆情生态治理过程中，大数据和人工智能等技术扩大了舆情治理数据的来源，在对大量用户生成内容进行抓取和分析的过程中，难免会出现数据的过度收集、未经允许的共享以及对公民隐私的侵犯等现象，这些都是舆情生态治理中不容忽视的重要内容。在推进国家各项法治建设工作的过程中，应保持舆情生态治理智能化与用户隐私安全化之间的平衡，建立健全舆情生态治理的行业标准与相关的法律体系。除了利用法律手段保障舆情生态治理的顺利进行，还应对相关的数据收集、分析、存储、利用以及公开等环节进行监管，并以明确的法律条文对舆情数据以及智能算法的伦理、标准、范围、权力边界等进行界定。在实践中不断根据相关产业的发展动向和需求，对法律体系进行进一步的细化和健全，对舆情生态治理的流程、监管要求等进行完善。

4. 政治环境治理策略

稳定良好的政治环境是形成自由公平舆论氛围的重要保障。国家制定的各类新政策、新规定指导各级政府部门和机构对网络舆情治理采取相应的行动，促成健康、清朗、高质量的网络舆情生态环境。目前，党和政府对网络舆情生态建设和舆情治理高度重视，网络舆情治理和舆情生态建设已经处于一定的战略高度。但网络舆情生态的污染根源尚未完全清除，舆情生态治理的形势依旧严峻。政府部门要在现有成果的基础之上，深化对舆情生态治理重要性的认识，提高政治责任意识。政府应积极承担其在网络舆情生态治理中的责任，加强网络意识形态安全建设，同时坚持文化教育软实力和科学技术硬实力双管齐下，积极丰富舆情生态治理的方式与渠道，不断提高政治主体在网络舆情生态治理中的公信力、领导力和权威性，保障网络舆情生态的良性运行。

第三节　社交网络舆情多平台引导策略

随着移动互联网技术及社交媒体应用的迭代更新，社交网络舆情向社交网络舆情多平台进行转化，舆情发酵场所进一步扩大，舆情风险发生的可能性加大。进一步建设舆情多平台风险监测识别体系、健全网络舆情风险防范化解机制是维护我国经济社会稳定发展的现实需求，也是防范重大安全风险行动的重要组成。

本部分基于前序章节的研究成果，基于信息生态理论总体性地提出社交网络舆情多平台风险防范体系，主要从信息人（多平台用户）、信息（多平台信息）、信息环境（多平台时空）和信息技术四大视角出发，分别提出社交网络舆情多平台用户风险防范策略、社交网络舆情多平台信息风险防范策略、社交网络舆情多平台环境风险防范策略和社交网络舆情多平台技术风险防范策略。

一　社交网络舆情多平台用户风险防范策略

从用户角色功能出发对舆情进行针对性的引导及风险防范可以从舆情的发起者视角提升舆情引导和风险防范效率。本部分基于前序研究结果，提出社交网络舆情多平台用户风险防范策略如下。

1. 鼓励主体多平台同步参与

在社交网络舆情多平台的信息传播和观点沟通中，主体类型是用户参与舆情话题的重要特征之一。针对舆情多平台传播的共性，包括意见领袖、官方媒体及网络媒体在内的多类型主体往往在不同平台中均承担核心的用户角色，负责救助信息公布、灾害事故记录、辟谣信息公开等。其发布的信息内容具有权威性及影响力，容易对社交网络中的其他用户产生影响。针对舆情多平台传播的异质性，不同平台在不同的舆情发展阶段，发声、参与舆论传播的头部用户、意见领袖和网络媒体的具体用户和参与数量不同。因此，在社交网络舆情多平台的风险防范中，关注主体类型，并鼓励多类型主体积极参与多平台同步的舆情讨论，增加主流观点发声用户的数量，对舆情传播及扩散程度进行干预是必要的。同时，进一步推进不同类型主体跨平台身份统一认证行动有助于增强网民对权威用户的认同感。

一方面，重点关注且高效识别在不同平台及不同舆情发展阶段中具有话语权及影响力的多类型用户主体。对于传播主流观点且具有良好粉丝圈群的头部用户、媒体博主采取奖励型维护策略，鼓励其多平台同步发声，自觉发布重要信息、主流观点及纪实信息，成为主流观点的话语扬声器。另一方面，要进一步促进意见领袖、主流媒体实行跨平台身份认证统一，同时对跨平台信息交互行为提供政策鼓励和支持，进一步促进跨平台话语共同体的构建。引导媒体平台在开放、共享的信息交互环境中实现良性的用户流量竞争，同时借助多平台的话语传播优势，对网民的不满及愤懑情绪进行疏导，实现良好的舆情引导效果，防范舆情风险。

2. 促成角色多平台协同矩阵

在社交网络舆情多平台的传播和演进过程中，网民在不同平台中承担不同的用户角色，用户角色种群通过种群之间的交流和平台间角色种群的协同推动舆情演进。首先，多平台中角色种群间的交互模式存在区别，部分平台的内容分发机制刺激角色种群内部的强交互行为，而部分平台更加鼓励角色种群间的对话和讨论。其次，针对多平台角色种群的信息活动的共性，同一角色种群在不同平台中具有相同的信息需求及角色功能，在多平台的舆情对话中具有舆情参与行为的侧重。因此，利用角色种群的角色功能，积极促进不同平台中群体的对话交流，同时促进角色的多平台协同，实现关键信息发布的协同，最大化焦点信息的传播效率，对于舆情多平台风险防范具有重要意义。

一方面，关注用户角色种群功能，发挥角色种群在多平台中的舆论引导及控制功能。鼓励角色种群中的积极参与者、救助发布者和协调组织者凭借其客观的立场、中立的态度、权威的信息以及极高的公信力，正面陈述客观事实、发布应急信息内容，形成多平台中特定角色种群观点的共振。另一方面，深入促成角色种群协同矩阵，通过角色种群的筛选过程，选取特定角色种群作为核心用户，构建平台内和跨平台的角色种群间的交叉联系，推动主流观点发声共同体的形成。在矩阵互补、联动传播的格局下，提升关键信息的多平台流通性和信息曝光率，最大化信息传播和信息扩散范围。促进生成重叠的主流观点社区，通过多点触达的格局提高不同社区网民对主流观点及关键信息的认同感。

3. 提升多平台用户数据素养

社交网络舆情多平台的传播本质上是不同平台中社情民意的反映及网民针对社会问题的信息需求的表达。不同平台中用户的表达受到该平台用户的数据素养的调节，体现在用户参与舆情活动借助的平台类别、对舆情观点的敏感性及思考视角等多个方面。社区讨论及社交关系类平台用户往往具有更高的数据素养，能有效获取、客观处理和分析舆情信息，对平台传播的信息能进行批判性思考，对舆情折射的社会问题也能深入思考。因此，提升多平台用户数据素养是防范舆情风险的关键。

一方面，媒体平台可以加强数据素养宣传，通过增设网络道德教育、批判性思维提升、舆论信息价值评判、公民信息道德责任担当等专题栏目，增强用户对于网络信息的感知力、辨别力和洞察力，帮助用户养成批判性思维。另一方面，政府机构及网络社区应出台并不断完善网络使用规范，引导用户规范、合理、文明使用网络。

4. 多平台沟通钝化风险感知

社交网络舆情多平台中的传播广度和发酵程度受到用户对舆情

风险感知程度的调节。面对焦点社会事件，用户往往呈现情绪高涨、压力剧增、焦虑放大状态，同时结合自身感知的风险程度并依据个人知识储备与经验阅历决定是否传播舆论内容或发布舆论观点。数据素养和风险感知能力共同来源于公众的背景知识及信息处理能力。风险感知能力一方面可以帮助用户辨别信息真伪，另一方面容易误导平台用户对于舆情发展态势的判断从而影响其舆情参与行动。因此网络舆情多平台中政府与网民有效的危机沟通是必要的，有利于保证真实信息的尽早公开，防范网民情绪失控风险。

一方面，危机事件一经发生，政府部门应及时进行研判，针对灾害事件公布灾害等级、开展应急救援行动；针对社会矛盾事件展开事实调查且通过尽早公开信息以消除公众疑虑，削弱负面舆情的传播影响力及波及范围。另一方面，提升多平台的危机沟通效能，进一步提升风险防范效率。由关注危机沟通策略向关注全媒体矩阵下的危机沟通效能转化，注重在危机沟通中媒体的议程设置及意见领袖、核心观点所构建的叙事框架的使用。在提升网民关注度和传播影响力基础上，相关机构从多个平台、多维视角及客观叙事情绪出发对事件进行剖析和呈现，并设置多种议题、话题来间接引导网民对舆情事件的感知重点，形成理性对话沟通格局，降低舆情升级风险。

二　社交网络舆情多平台信息风险防范策略

在社交网络舆情多平台中，用户角色种群之间通过直接或间接的舆情信息交互形成较为独立的舆情信息链，局部形成以共同舆情信息为核心的信息群落。舆情多平台信息群落的信息内容是多平台群落的根本特征，展现了社交网络舆情的演进与舆情走势中各平台群落的群体智慧和关注的焦点。因此，提出社交网络舆情多平台信息风险防范策略能从主题、情感等不同层面高效防范舆情风险。本部分基于前序分析结果，提出对应的社交网络舆情多平台信息风险防范策略如下。

1. 发挥多平台内容互补优势

结合平台功能差异，社交网络舆情在多平台传播过程中的信息内容及信息发布结构存在差别，进而导致平台舆情扩散的速度和规律存在区别。同时平台提供的内容共创功能可以借助多主体权威性及群体共创智慧提升内容质量，吸引用户，提升信息内容传播广度及深度。多平台中社交网络舆情信息风险的防范可以从构建平台内容传播互补机制及平台主体内容共创模式两个方面进行。

一方面，利用社交网络舆情多平台传播优势，鼓励核心群落用户将其在不同平台发布的信息内容进行矩阵化联动，同时利用多平台宣传机制，提升真实信息传播的深度和广度。构建多平台内容矩阵发布格局，以直击现场的方式报道真相、消除网民质疑，加快信息传播速度，及时疏导网民情绪，高效引导网络舆论。另一方面，出台政策文件鼓励不同平台中多主体的合作。通过多主体把关及内容共创机制，提升内容创作质量和水准，合理利用舆情信息资源及意见领袖引导力，提升公众对信息内容的理解，以平台内容共创功能为舆情信息传播效率赋能，从而达到防范舆情风险的目的。

2. 协同监管全周期衍生话题

衍生话题是社交网络舆情在多平台传播过程中的产物。衍生话题的产生往往伴随着平台用户的深入思考，其形成路径及具体内容也因平台用户情感倾向和审视视角的不同而存在区别，因此衍生话题凸显了舆情生命周期中多平台的异质性特征。即同一平台中，舆情发展的不同阶段出现的衍生话题不同；不同平台中，整体舆情发展的进程中新增的衍生话题也不同。因此，对衍生话题的监管可以从多平台衍生话题的协同监管和周期性演化中话题的识别两个方面进行。

对于多平台衍生话题的协同监管，既要关注该平台中舆情主体的利益诉求，也要关注该平台本身舆论热度较高的主题信息，在衍生话题产生之初，尽早回应网民诉求，及时规避负面舆情发酵的风险。针对衍生话题在多平台中的周期性演化特征，要掌握衍生话题的产生规律。通过机器学习、机器视觉及人工智能等手段对多个平台中全流程发布的舆情信息内容进行实时动态监测，同时，通过系统路径追踪功能实现对极端、负面、不实信息的发布者的识别，对其进行警告或行政处罚，对其发布的信息内容进行限流或屏蔽，有效遏制衍生话题风险的发生。

三 社交网络舆情多平台环境风险防范策略

舆情环境是社交网络舆情多平台演化的支撑和场所，包含内部环境和外部环境。内部环境是社交网络舆情多平台演进的时空环境，包括舆情发展、衰退的时间节点和地理位置，且内部环境随着舆情的演进发生改变。外部环境是社交网络舆情多平台演进的经济、社会、法律和政治环境。本部分基于前序分析结果，提出社交网络舆情多平台环境风险防范策略如下。

1. 促成多平台线上线下联动引导

社交网络舆情的传播和发酵具有线上线下联动性，一般呈现线下发生、线上扩散的特征，即平台中的社交网络舆情受到真实社会空间中话题或社会事件发展情况的影响。尤其针对自然灾害、社会问题等网络舆情，现实社会中应急部门的积极行动及当地政府的及时事实调查可以达到纾解网民极端情绪的效果。社交网络舆情多平台风险的防范不能将线下事态的解决和线上舆情的引导割裂开来，而是应该挖掘其内在关联，达到线上线下联动治理，提升舆情引导的效率，从而防范舆情风险的发生。

首先，基于社交网络舆情在多平台时空中的特征规律，确定负面舆情传播和舆情信息生成的源头。应急管理机构或政府部门采取积极的应对举措，实现对焦点社会事件或突发自然灾害的有效处置，从源头消除社交网络舆情发酵、扩散的"病灶"。其次，建立线上线下联动事件处置机制，实现线下应对和线上回应的同步进行。在线下应对环节，针对舆情事件，相关部门要深入调查、客观分析并及时回应，确保应对行动的有效性。同时在线上实现多平台的同步转播，对社会事件的调查细节、自然灾害事件的紧急救援过程及步骤实现分阶段、分环节地转播和信息公开，形成覆盖全网的回应矩阵，有效解决网络空间中由话题信息模糊、事件回应迟缓造成的虚假信息扩散和网民愤懑情绪蔓延的问题。同时，平台要对已经扩散的网络舆情进行调查和收集，通过预分析过程明确网民信息诉求和关注焦点，以在线下有针对性地回应网民诉求，实现线上线下全方位、常态化的监测和引导，有效防范舆情风险。

2. 深化多平台外部环境支撑建设

社交网络舆情的传播和扩散受到经济、社会、法律和政治环境的制约，但不同平台中上述四种环境根据平台功能需求存在微弱的异质性。因此深化外部环境对于网络空间生态性和可持续性发展的支持需要从国家背景和平台背景两个视角进行优化。

首先，从国家背景的视角出发，整体全面地对我国经济、社会、法律和政治环境进行优化势在必行。在经济层面，我国应完善相关政策制度对平台变现手段进行约束，并对平台流量营销策略进行规范，鼓励多平台的良性竞争，以跨平台信息资源的交互和流动带来流量变现模式的更新，从而解决跨平台信息交互的难题。在社会层面，持续弘扬和宣传社会主义核心价值观，稳固主流思想在舆论中的主导地位，促进我国形成和谐、稳定、健康的网络空间，为社交网络舆情的正向传播护航。在法律层面，对于公民入网行动和公民数据隐私保护的准则和法律条例的优化可以进一步保障用户的权益。重点从用户实名制参与网络空间行动准则的制定和舆情数据隐私、数据共享伦理规则的界定和规范入手，规范用户参与舆情话题的信息行为。在政治层面，从不断提升防范化解重大风险能力出发，坚持总体国家安全观；切实了解公众诉求，制定适合我国国情的新政策、新规定和新战略，增强政府主体在网络舆论空间中的公信力、领导力和权威性。

其次，要重视经济、社会、法律和政治环境的全国性背景在平台中的异化和继承状况，将全国性环境的优势转化为社交网络舆情传播过程中多平台的具体效能。目前，我国经济、社会、法律和政治环境在平台中的继承程度呈现异化格局，主要体现在平台监管精度、平台响应效能等环节。因此，进一步优化四大环境在多平台中的继承情况，重点提升平台的监管作用，加强舆情多平台传播的协同。考虑到全国环境的整体性特征和平台的异质性特征，结合平台的舆情传播规律和特点，因势利导地进行平台内外部环境继承的合理优化。舆情外部环境的优化并不简单地依赖全国整体性环境政策的迭代，更重要的是多平台对于整体性政策内容的践行。通过优化平台建设制度，以共同塑造我国清明网络空间为共识，充分发挥平台舆情监管及引导的优势，建立科学、有效的外部环境继承机制，实现各平台网络空间建设的联动。

四　社交网络舆情多平台技术风险防范策略

信息技术是网络舆情传播及用户之间信息交互的关键纽带。同时人工智能技术、机器视觉技术、多模态融合等技术的不断发展和广泛应用，以及数据分析与监测技术的完善为社交网络舆情多平台的传播带来新的机遇。本部分基于前序分析结果，提出社交网络舆情多平台技术风险防范策略如下。

1. 优化多平台主体审核技术

多平台舆情风险发生的根源一部分来自极端主体在平台中扰乱舆论空间的不法行动。因此，对多平台主体审核技术的优化是防范舆情风险的关键。

一方面，优化多平台用户画像构建技术，通过构建全方位、立体化的用户情报感知数据抓取系统，集成数据采集技术、数据融合技术、数据库技术实现多模态、多类别数据的收集，打通数据流通壁垒，实现用户画像构建的多维性、全面性、立体性；同时建设用户舆情参与行为历史数据库，对用户在平台中的舆情参与行为进行时序性、历史性审查和分析，对参与舆情话题的用户实现精准定位和识别，尽早清除社交网络空间中的虚假信息。另一方面，促进跨平台用户数据共享机制的构建，通过信息资源跨平台的流动和共享，在规定时间内构建全局信息资源共享格局。实现跨平台用户信息监测、敏感用户名单共享以及跨平台用户行为轨迹数据的系统分析和挖掘，实现多平台用户监管和审核的全面性和同步性，提升舆情风险防范效率。

2. 提升多平台信息安全技术

信息安全问题在社交网络舆情的多平台传播过程中至关重要。不同平台对于舆情信息的存储、修改、加密、用户隐私保护等政策，对于舆情在该平台的传播产生重要影响。因此，要进一步强化平台信息安全技术建设，从信息不可篡改、智能审核等环节切入，实现对信息安全层面的舆情多平台风险防范。

一方面，针对智能代理虚假信息分发和涉敏信息识别等问题，进一步加强平台信息审核及监管技术的算法优化。采用多模态融合分析、文本语义关联等技术手段，实现对传统以涉敏词汇发现为主的信息审核手段的扩充。采用人机协同模式不断优化信息审核算法，实现对反讽言论的甄别，同时通过扩充包含表情、特殊用语、名称代号的涉敏词库，全面甄别平台中的敏感言论及不实信息。另一方面，加强对平台信息存储的加密技术的使用。通过使用多元的信息加密技术，包括单向散列加密、对称加密和非对称加密等，对平台中的敏感数据或关键信息进行数据加密，结合拓扑结构实现对平台信息内容的安全存储，强化平台的环境安全，从而增强网络信息安全，防范用户隐私数据泄露的风险。

3. 完善多平台空间监测技术

多平台传播的舆情信息内容包含着丰富的时空信息和数据，是在同一时空基准下描述行为主体在时空中关联性的大数据类型，是重要的舆情信息。对于时空数据的有效剖析可以判断网络舆情风险的生成概率；该话题下行动主体的空间轨迹，是透视群际关系联动和解读个体行为动因的最优注脚。目前社交网络舆情多平台风险动态性研判往往依赖相关机构的经验，对于舆情发展过程的分析存在黑箱，暴露出舆情信息收集的泛化、舆情态势分析的"雾化"等关键问题。而时空大数据的引入、舆情多平台演进中的时空信息的关联分析和发展进程的趋势预测是防范舆情风险的科学手段。

一方面，提升社交网络舆情多平台信息空间监测精度。将全球卫星导航定位技术、地理信息系统技术、大数据网络信息技术、遥感探测技术等纳入平台舆情空间监测环节，进一步优化舆情空间监测的尺度和最小单元，通过对各舆情要素的动态监测及统计分析，实现舆情全生命周期、动态性空间场域监测，实现舆情用户主体在时空尺度下的舆情参与行为的深度监测。另一方面，进一步促进平台空间监测技术、空间行为分析技术和舆情分析技术的融合，利用地理分析技术对平台中舆情的产生、传播和扩散区域进行可视化分析，并实现舆情时空演变态势的动态图表化输出和展示；将舆情用户的行为数据与时空数据进行有效关联，建立平台舆情时空场域的精准画像，实现对于用户舆情数据监测和研判的系统联动，形成动态研判及动态应对的空间监测格局。

4. 提升多平台基础设施建设技术

社交网络舆情多平台传播发酵速度更快、范围更广且形式多样、路径复杂，全面提升社交网络舆情多平台的网络基础设施建设技术是必要的且亟待进行的。在舆情的爆发期，与话题相关的舆论信息大量、高速涌进舆论场，高时速点击率及用户浏览量将造成短期内平台用户访问请求任务超过系统负载，导致平台服务器无法响应而造成系统崩溃。这种情况下的无法访问、信息缺失及信息模糊，将进一步引发网民对舆情话题的关注、质疑及信息恐慌。同时系统的广告分发、推荐引擎等技术也会影响社交网络舆情多平台的扩散和发酵。因此，提升且稳固各平台系统性能以实现舆情爆发期观点的有效流动和官方信息的有效供给是防范多平台网络舆情风险的关键。

一方面，进一步提升多平台信息流承载技术。构建以响应时间、并发数和平台任务吞吐量为核心要素的评价指标体系，对平台系统性能进行评价。通过系统平台负载测试、压力测试和稳定性测试等性能测试，实现对平台网络基础设施建设水平的阶段性审查。通过周期性的系统性能评估及反馈跟踪，找出平台系统性能的瓶颈，避免突发平台宕机给舆情传播及发酵带来风险。另一方面，推荐引擎是平台分发舆情信息的核心算法和技术支撑，对于推荐引擎的优化和完善也是必要的。融合多种数据集成技术及多模态融合分析技术，进一步优化用户推荐算法，同时对用户推荐的机制和原则进行改进，针对用户画像实现精准多层的信息推送。

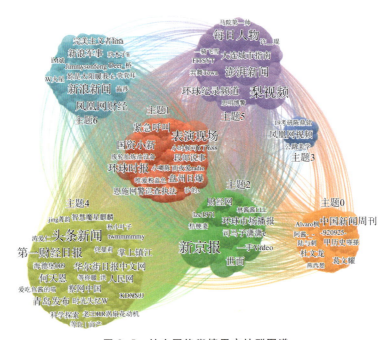

图 3-5　社交网络舆情用户社群图谱

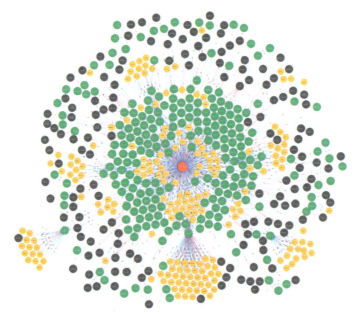

图 3-9　"重庆大巴坠江·非女司机逆行导致"微博谣言话题"大 V"主题图谱

注：部分 1000 节点。

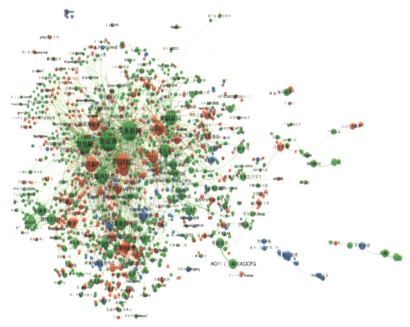

图 3-24　社交网络舆情用户情感图谱

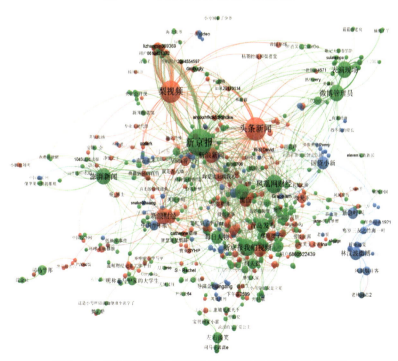

图 3-29　"埃航空难"爆发期社交网络舆情用户情感图谱

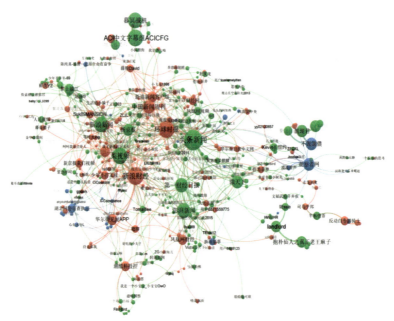

图 3-30 "埃航空难"蔓延期社交网络舆情用户情感图谱

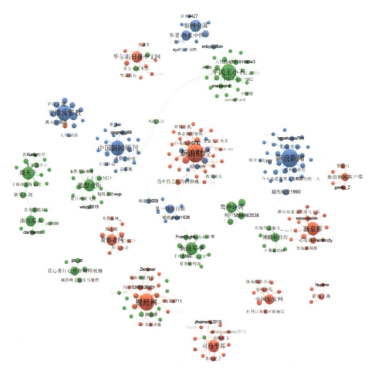

图 3-31 "埃航空难"衰退期社交网络舆情用户情感图谱

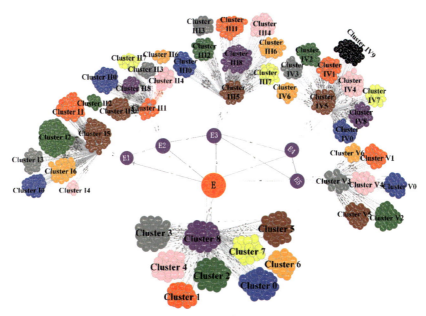

图 4-3　事件用户种群图谱

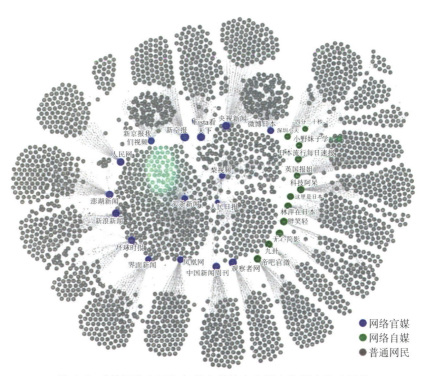

图 4-8　"钻石公主号"邮轮事件信息传播主体影响关系图谱

351

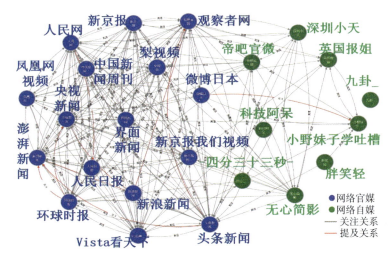

图 4-10 "钻石公主号"邮轮事件信息传播主体关系可视化图谱

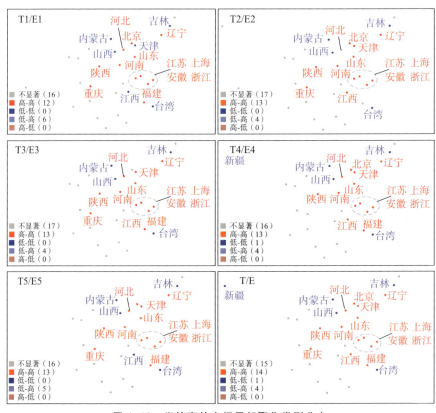

图 4-12 舆情事件空间局部聚集类型分布

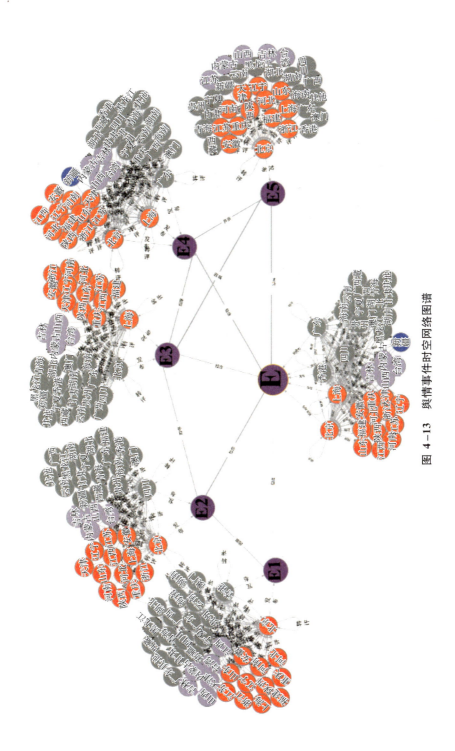

图 4-13　舆情事件时空网络图谱

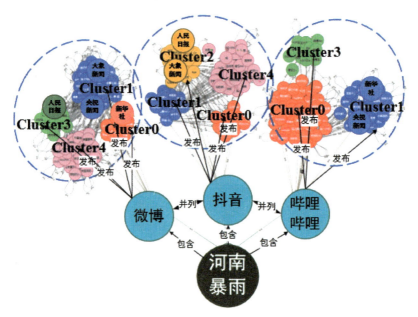

图 5-2　社交网络舆情多平台用户角色图谱（局部）

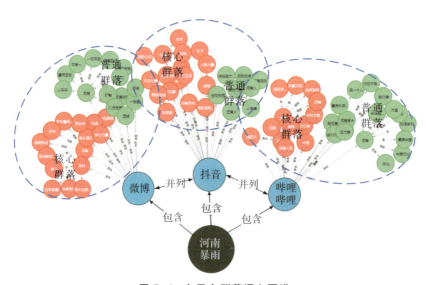

图 5-6　多平台群落语义图谱

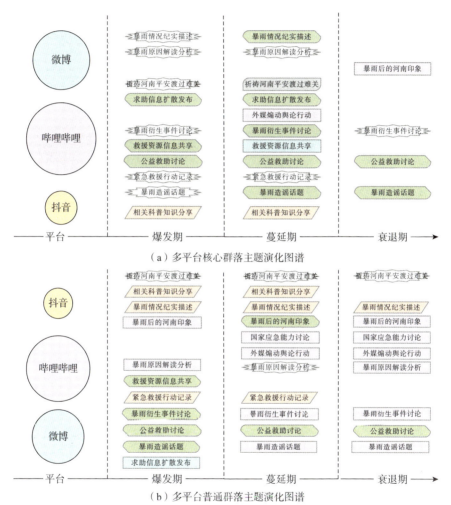

（a）多平台核心群落主题演化图谱

（b）多平台普通群落主题演化图谱

图 5-10　多平台群落主题演化图谱

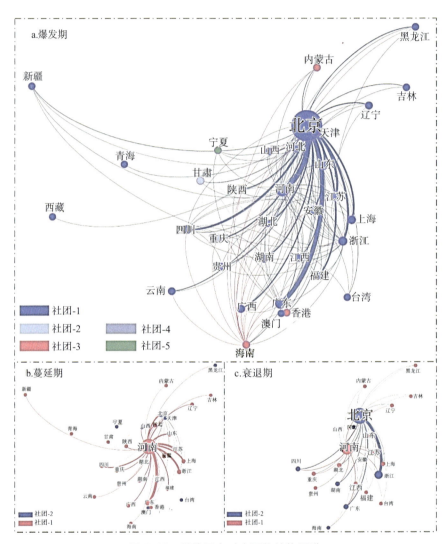

图 5-13　微博平台时空网络结构图谱

356

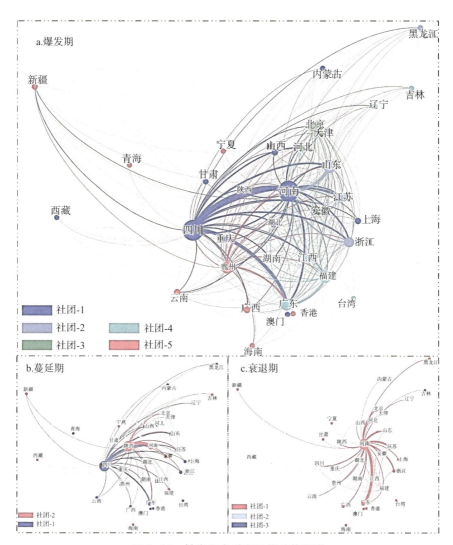

图 5-14　抖音平台时空网络结构图谱

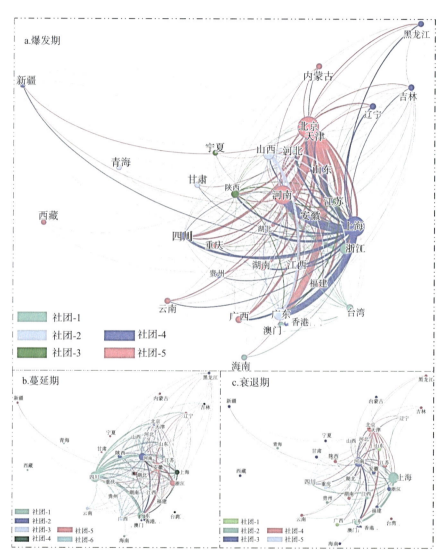

图 5-15　哔哩哔哩平台时空网络结构图谱

358

图书在版编目（CIP）数据

社交网络舆情主题图谱构建及调控策略／王晰巍著.

北京：社会科学文献出版社，2025.5.--（吉林大学哲

学社会科学学术文库）. --ISBN 978-7-5228-5184-6

Ⅰ.G219.2

中国国家版本馆 CIP 数据核字第 2025QW9647 号

吉林大学哲学社会科学学术文库

社交网络舆情主题图谱构建及调控策略

著　　者／王晰巍

出 版 人／冀祥德

组稿编辑／恽　薇

责任编辑／李真巧

责任印制／岳　阳

出　　版／社会科学文献出版社·经济与管理分社（010）59367226

　　　　　地址：北京市北三环中路甲 29 号院华龙大厦　邮编：100029

　　　　　网址：www.ssap.com.cn

发　　行／社会科学文献出版社（010）59367028

印　　装／三河市东方印刷有限公司

规　　格／开　本：787mm×1092mm　1/16

　　　　　印　张：23.25　字　数：308 千字

版　　次／2025 年 5 月第 1 版　2025 年 5 月第 1 次印刷

书　　号／ISBN 978-7-5228-5184-6

定　　价／138.00 元

读者服务电话：4008918866